西方哲學的發展軌跡

黃見德◎著

目　錄

前　言

　　一個研究生應該具備些什麼能力，而高等學校應如何培養他們這些能力？通常的看法是，學好了書本上闡明的專業知識，就有了解決一切問題的能力。毫無疑問，掌握教師傳授的專業知識，是十分重要的，因而容易為大家所重視。然而，除去社會實踐對於培養他們的重要性不說，僅以課堂教學而言，有一種能力的培養常常不被人注意和重視，這就是他們的理論思維能力；我認為，這是大學生，特別是各類研究生諸種能力中最基本的能力。

　　所謂理論思維能力，大體上包括抽象和概括能力、分析和綜合能力、歸納和推理能力、鑒別和判斷能力等。這種能力主要來自於一個人的世界觀和方法論的培養和鍛鍊。實踐證明，掌握現代科學知識固然重要，但是，具備現代思維能力，對於研究生來說，在科學飛速發展的今天，它的作用和重要性尤其應該反覆闡明和強調。恩格斯對於這種能力的重要性，曾經說過：「一個民族想要站在科學的最高峰，就一刻也不能沒有理論的思維。」①一個民族是這樣，對於一個人來說，也是這樣。因為一個人要成材，在社會生產和科學研究中取得成績，在一定程度上依賴於他的理論思維能力所達到的層次。科學史提供的事實說明，有的人勤學苦讀，累積了不少科學材料，但由於缺乏理論思維能力，不能從中提出問題，透過加工和整理把這些材料提昇為新的科學理論。相反地，有的人在同樣的材料較少的基礎上，由於

有較高的理論思維能力，卻能夠透過這些零散的材料，發現存在於其中的規律性，從而在科學上能夠有所發明和創造。弟谷觀察和掌握了大量的天體運行數據，為什麼不能在豐富的材料中發現行星運動的規律，而克卜勒所以成為行星運行三大規律的發現者，就是由於他的理論思維能力比弟谷高的緣故。科學研究的層次愈高，理論思維能力愈是顯得重要。

實際上，科學的發展就是科學材料理論化的過程，而在這個過程中，理論思維能力對於科學材料能否實現理論化，具有關鍵性的作用。

理論思維能力在我們日常生活中的重要性也是顯而易見的。只要留心觀察一下自己的周圍，即不難發現：有的人說起話來，囉囉嗦嗦，重重複複，說了半天，還不明白他究竟說了些什麼；他做起工作來，忙忙碌碌，辛辛苦苦，抓不住要領，分不清主次，該下功夫的地方不下功夫，不該費力的地方卻全力以赴。結果是：效率低，事倍功半，費力不討好。反之，有的人卻不是這樣。例如開一個會，人多事雜，會上七嘴八舌，嘰嘰呱呱，然而經他一歸納，雜亂的議論有了條理，而且中心明確，層次清晰，聽過後使人豁然開朗，貫徹起來，能夠做到心中有數。當他去執行某項任務時，由於善於分清輕重緩急，抓住關鍵環節，根據任務的主從採取不同的措施，使工作做得有聲有色。

日常生活中常見的這些不同結果，細細追究起來，都是由於各自思維能力不同的緣故。

我們高等學校肩負培養人才的重任，這種人才除了必須具有堅定正確的政治方向和掌握現代化建設的專業知識外，還必須具有適應現

代社會和科學發展的思維方式。正是在這一方面，應該引起我們的重視和採取相應的措施。

根據恩格斯的看法，思維能力是人的一種「天賦能力」。說它是天賦的，一是指人從動物界分化出來以後，它是人類頭腦中一種故有的能力。這是從人的自然秉賦來說的。正是因為人有這種思維能力，才能將感覺器官得到的感覺經驗提昇為理性認識，凝結成為科學概念或範疇。二是指在繼續實踐的過程中，使這些科學概念不斷得到豐富、充實、深化和精確化，並在人類一代一代的保存和傳遞過程中不斷積澱下來，形成人的生理結構和心理文化結構。這是從思維能力的社會遺傳來說的。列寧說：「人的實踐經過千百次的重複，它在人的意識中以邏輯的格固定下來。這些格正是（而且只有）由於千百萬次的重複才有著先入之見的鞏固性和公理的性質。」②列寧這裡講的公理意義的「邏輯的格」，就是人類在長期實踐中透過社會遺傳積澱在人類理性中的理論思維能力。當它一旦形成之後，人們運用它們去理解和思維，並以此為基礎再創造出新的科學概念。從這個意義上說，它們也是天賦的；但這種天賦並非是頭腦中所固有的。對於個體來說，似乎是先驗的，但從整個人類來說，卻是在實踐中產生和形成的。

因此，像恩格斯說的那樣，現代科學和哲學「因為承認了獲得性的遺傳，近代自然科學便把經驗的主體從個體擴大到種：每一個體之必須親自去經驗，現在不再是必要的了；它的個體的經驗在某種程度上可以由它的歷代祖先的經驗結果來代替」。③這樣，一方面主體所具有的理論思維能力都不是在經驗之前產生的；另一方面，主體理論思維能力的近代和現代形態，又不是從經驗中直接產生的，而是正在

進行認識的主體依靠和運用歷代人類累積的理論思維能力的基礎上形成的。從這個意義上說，它就是天賦的。

任何一個智力健康的人都有這種能力；然而，有了這種能力只是具備了在實踐中取得成功的可能性，要把它變為現實，必須像恩格斯指出的那樣：「理論的思維僅僅是一種天賦的能力。這種能力必須加以發展和鍛鍊，而為了這種鍛鍊，除了學習以往的哲學，直到現在還沒有別的手段。」④這當然不是說，學習以往的哲學是提高理論思維能力的唯一辦法。但是學習哲學史對於提高理論思維能力具有十分重要的意義，則是毫無疑問的。

大家知道，任何科學學說都是理論思維的結晶，在這個意義上，一切構成科學理論的課程都可以發揮這個作用。但是，由於科學對象的層次不同，揭示這些對象規律性的理論層次也不同。在所有一切科學中，哲學是以極其抽象的理論形式表現的，人們對世界總體或自然、社會及思維領域的最一般的認識，因此，哲學是理論思維的最高層次。同時，哲學又是一門歷史科學，人們對世界總體的認識和把握是在不斷的歷史發展過程中逐步實現的，哲學史即是人類這樣一個認識的發展史。

由於主觀和客觀的各種原因，在人類認識的發展過程中，必然充滿著矛盾、曲折和起伏，然而，也有其大體上依存於社會經濟發展階段的思想起落的階段性。每一個階段的哲學運動，大體上都有一個思想的起點和終點，從問題的提出、矛盾的展開、範疇的演變、爭論的深入，到思想的總結，形成一個首尾相應的邏輯過程。在這個過程中，由於它所反映的客觀過程本身的矛盾性，人類的思維必然呈現出波瀾和反覆、肯定和否定、成功與失敗。不過，就人類思維發展的整

體趨勢來說，前後相繼出現的哲學，它們作為哲學史的各個環節，總是一步一步地由抽象到具體，由片面到全面，由簡單到複雜地向前發展，從而不斷地接近於真理性的認識。

學習哲學史，即透過對哲學史上各種哲學學說的考察，在揭示出客觀世界的規律性和總結人類思維的發展規律的過程中，不僅可以學會如何從具體上升到抽象，從個別上升到一般，從感性上升到理性，從現象上升到本質的思維方法，而且在這個過程中，還可以吸取前人思維上成功的經驗和失敗的教訓，在充分理解和掌握各種哲學學說如何把人類思維向前推進的基礎上，鍛鍊和提高自己的思維能力。可見，哲學史，其中包括西方哲學史，猶如人類思維過程中的一面鏡子；學習哲學史就是「以史為鑒」，對於我們提高理論思維能力是不可缺少的重要方法。

恩格斯也正是因為這個原因，才把學習以往的哲學視為提高人們思維能力的有效手段。

根據這個思路，作者編寫了呈現在讀者面前的這本《西方哲學的發展軌跡》。毋庸多說，它的內容是西方哲學史方面的。然而，它不像一般西方哲學史的著作那樣，把它所論述的那個地域和那個時代哲學發展過程的各個哲學派別及這些派別的所有哲學家，這些哲學家的所有哲學觀點，章章節節以及各方面，毫無遺漏地作出介紹和分析；而是從服務於鍛鍊和提高讀者的思維能力的目的出發，依據西方哲學發展的內在邏輯聯繫，全力尋找和總結西方哲學從萌芽到馬克思主義哲學問世這個過程中的發展規律。因此，作者在寫作本書時，在材料運用上，僅僅選擇了構成上述發展過程不可缺少的理論環節，以此作為線索，再展現出作為構成人類理論思維一部分的西方哲學史由簡單

到複雜，由膚淺到深刻的發展趨勢。若能通讀本書的全部內容，不僅可以清晰地認識到西方哲學從古代希臘樸素唯物論和樸素辯證法的結合，到近代機械唯物論和辯證法的分離，後來經由黑格爾唯心論和辯證法的結合，再得以過渡到馬克思唯物論和辯證法的結合，是一個艱苦曲折的發展過程，而且還能從中親切地感受到，我們今天達到的思維水準，實際上是前人長期奮鬥探索的成果。

而在具體論述這些內容時，作者只是緊緊地抓住了構成西方哲學發展過程的各個理論環節，借用自然科學的語言說，這些理論環節就是哲學發展過程中的理論軌跡。它們如同一個人成長過程中的足跡一樣，新的足跡出現，標誌著這個人登上了一個新的台階。實際上，一個人從幼稚到成熟的歷史，主要是由這些足跡組成的。同樣地，一部西方哲學史也主要是由這些理論環節邏輯地構成的，把它們分析和論述清楚了，便能展現西方哲學的曲折發展過程。然而這樣的理論軌跡，在西方哲學發展過程中的具體表現是複雜的。有的是一個階段的哲學學說，有的是一個哲學派別，有的則是一個哲學體系；而從它們在哲學發展過程中的作用說，有的一個哲學體系甚至超過某些哲學發展階段。

因此，在具體表述這些理論軌跡的時候，我又把它們分成若干有內在聯繫的章；一章考察一個哲學問題。於是，有的章講一個哲學派別，有的講一個哲學體系，有的只講一個哲學命題；有的一章講幾位哲學家，而有時一位哲學家則要占幾章。對於各章的論述，在提供基本材料的基礎上，著眼於理論思維經驗和教訓的介紹、分析、思索和總結。

在介紹和分析時，跟隨哲學家的理論思路，從提出問題到得出結

論，盡可能地原原本本地擺出哲學家進行哲學創造時的思維過程。在反省和總結時，努力站在當代實踐和認識的高度上，在充分解剖和反思哲學家的思維創造過程中，歷史地肯定和評說其中的理論成就，辯證地批評和指出思維過程失敗的表現及其原因。

所有這些，都是西方哲學家在理論思維上留給我們的寶貴財富。一章就是一個經驗或教訓的總結，把它們系統地組織起來，便構成「西方哲學的發展軌跡」。從中可以看到，在揭示西方哲學發展規律的過程中，不僅記錄了西方哲學家在進行理論思維創造時的得失成敗，還滲透著今人為推進這些理論思維成果而付出的辛勤勞動。讀者如有餘暇可選讀其中任何一章，即透過對於一個理論問題起迄的完整把握，可以在前人進行思維創造和今人對這些思維成果充滿主體精神的評述中，吸取因思維正確而成功的經驗，避免因思維錯誤而失敗的教訓，一定能夠在理論思維上得到啟發和提昇。如果通讀全書，則可以在掌握西方哲學邏輯發展的基礎上，使吸取前人理論思維經驗和教訓的工作，系統和全面起來。

這些想法只是作者編寫本書的願望，結果將會怎樣，只能等待實踐的檢驗和讀者的評斷了。

註　釋：

① 恩格斯：《自然辯證法》，人民出版社，1959 年版，第 24 頁。
② 列寧：《哲學筆記》，人民出版社，1956 年版，第 204 頁。

③ 恩格斯：《自然辯證法》，人民出版社，1959年版，第224頁。

④ 同上，第23頁。

1 米利都學派論「始基」

　　在西方社會中，希臘人首先跨進了文明時代的門檻。西方哲學史上第一個哲學派別——米利都學派，就誕生在這裡。它之所以能夠首先點燃西方智慧的火把，絕不是偶然的。

　　米利都學派的產生和發展，是在西元前 7 世紀到前 6 世紀，當時正是希臘城邦奴隸制的形成時期。奴隸制在人類歷史上雖是一個十分殘酷的剝削制度，但它卻是人類文明興起和發展不可缺少的階段。因為「只有奴隸制才使農業和工業之間更大規模的分工成為可能，從而為古代文化的繁榮，即為希臘文化創造了條件。沒有奴隸制，就沒有希臘國家，就沒有希臘的藝術和科學」。①正是在奴隸勞動的基礎上，希臘的社會生產力提高了。特別是它地處地中海東西交通要道這個得天獨厚的地理位置，不僅有利於航海和對外貿易的發展，而且還能現成地接受先進的古代東方文明。隔海相望的埃及和巴比倫，早在西元前 4000 年到西元前 3000 年，已經擁有相當水準的生產力和科學技術。具有開放性格的希臘人樂於接受並且善於消化了這筆珍貴的歷史遺產，從而大大加速了自身的發展。從這個意義上說，古代希臘文明的興起，在客觀上可以說是東方文明與希臘本土正在形成的奴隸制相結合的產物。

　　在希臘社會正在形成起來的城邦中，以小亞細亞地區的米利都最為繁榮。在這裡，隨著生產的發展和財富的累積，社會中體力勞動和

腦力勞動逐步分離，因而分化出一些專門從事文化創造或進行精神生產的人。希臘最早的一批哲學家，泰利斯、阿那克西曼德和阿那克西米尼，都出生並活動在這裡，因此，哲學史上都把它們的哲學稱為米利都學派。

　　和其他民族一樣，希臘人從動物界分化出來後，長期處在原始意識中。與這種原始意識相適應，他們在思維上也是原始的。所謂原始思維是指對於世界的一種混沌表象的認識；它沒有形成對於世界的理性概念，還不能達到對於世界作出概括和抽象。哲學的產生是以形成關於世界的概念認識為標誌的。世界是怎樣產生的？它的本質是什麼？為什麼會有這樣的萬事萬物？這些問題就是剛從原始思維脫胎出來的米利都學派哲學家首先遇到並且必須回答的問題。他們把這些問題歸結為一個尋求宇宙萬物的本源問題。所謂「本源」，是指萬物的起源和歸宿，它是萬物生滅的基礎和萬物得以說明的根據。因此，他們又把它稱作「始基」；用現代的哲學語言來說，這是一個什麼是「第一性」的問題。在這個問題上，米利都的哲學家都一致地作出了唯物主義的解釋，但在具體概括上，卻又大不相同。

　　泰利斯（ *Thales*，約西元前 624～前 527 年）是這個學派的創始人。他出身於奴隸主家庭，本人是經商的。據說，他在經商活動過程中，到過埃及和巴比倫，他在這些地方學習了數學和天文學，並運用這些知識提出過關於尼羅河水氾濫的假說和測量金字塔高度的方法；指出過用星座可以測定航向；預言過日蝕的出現；確定 365 天為一太陽年。在當時，他不僅是著名的學者，而且還是一位政治活動家，被譽為古代「希臘七賢」之一。

　　作為西方哲學史上的第一位哲學家，他對世界本源作出的解釋

是：「水是萬物的始基」。他認為，水是觸發一切存在者生成變化的唯一本源。因此，它是永恒存在的；它之能夠變化成為萬物，原因在於它本身具有一種生動活潑的生命原理，即「靈魂」所致。

這個命題產生在西方哲學的萌芽時期，因此，它是這樣簡單而又幼稚，但是，它卻不失為一道真正的哲學命題。黑格爾說，西方「哲學是從這個命題開始的。」②因為這個命題從哲學上回答了一個世界本源問題，說明世界萬物不論它們的性質如何，不管它們的形態各異，也不論它們的變化怎樣多端，但它們都是來自同一來源，又回到同一本源，即水。從人類思維發展來說，顯然這是試圖從感性直觀把握的事物和現象出發，來尋找這些事物和現象的共同的物質基礎。這是在「多」中求「一」，從「個別」之中尋找「一般」。如果說，認識只有從把握個別進到把握一般的時候，哲學才有可能產生的話，那麼，泰利斯「水是萬物的始基」這個命題在哲學史上的意義，正好體現了人類認識自個別中概括出一般和本質。這是早期希臘哲學家企圖從統一性與總體上把握世界的可貴嘗試。而且，他在這裡把物質的東西「水」作為世界萬物統一的基礎，完全拋棄了用超自然的力量來說明世界的神秘觀，而是用自然的原因說明自然，這就奠定了古希臘哲學唯物主義路線的基礎。對此，恩格斯是十分讚賞的。他說：「在這裡完完全全已經是一種原始自發的唯物主義了，它在它自己發展的最初階段便十分自然地把自然現象的無限多樣性的統一看作自明的東西，並且就在某種一定的有形體的東西中，在一個特殊的東西中去尋找這個統一，如泰利斯在水裡去尋找一樣。」③

有人認為，這個命題是把早先流傳的神話譯成了科學語言，因為無論在希臘還是在埃及的神話中，都稱泰世之初，一切皆水，萬物皆

由水而生，甚是看重水在宇宙中的地位。又據亞里斯多德分析，泰利斯所以把水看作是萬物的本源，是由於他觀察到世界萬物都以潮濕的東西為滋養料，例如種子，如果失去水分，便不會發芽生長。這些看法，顯然只是一種猜測，準確與否，無法驗證。但是，它們卻反映了一個不可忽視的事實，那就是，水作為生命不可缺少的元素，在社會生產和人們的日常生活中，具有舉足輕重的特殊作用。地中海的洶湧波濤，孕育了古代希臘的文明，泰利斯耳聞目睹，體會是十分深切的，這不能不對他提出這個命題產生深刻的影響。由此我們認為，把他的這道命題看作是人們最早的生活經驗和生產實踐的理論概括是有充分理由的。

泰利斯的觀點在米利都學派的第二個代表人物阿那克西曼德（Anaximander，約西元前 610～前 546 年）那裡得到了發展。阿那克西曼德是泰利斯的朋友和學生，他通曉當時的自然知識，尤以天文地理知識見長。據說，他繪製了希臘第一張地圖，第一個描繪了海陸的輪廓，第一個發明了日晷的指針，而且還曾經寫了古希臘第一部自然哲學著作《論自然》。

在探索世界萬物的「始基」問題上，他不贊成泰利斯把水規定為世界「始基」的主張。在他看來，如果世界萬物是由「始基」變化而來，那麼，這個作為「始基」的東西，必定不是任何能被限定的事物。換句話說，世界本源的概念本身應該是一種不被限定的存在本體，否則，它就不能被稱作「始基」。泰利斯的「水」就是一種可以被限定的具體物質。一種東西受限制，便說明它是有生有滅的和有窮有盡的，如果用它作為萬物的「始基」，必然有些現象得不到說明。例如，用水就不能解釋火的產生，因為水不是無限的，而世界卻是無

限的，有限的不能作為無限的始基。他指出，既然已知的元素中沒有一種具有這個條件，那麼，作為世界萬物的「始基」就只能是「無限者」。

這個被他規定為「始基」的「無限者」是什麼？他認為：

一、「無限者」無論在時空中（量上），還是在質的方面，都不具有任何界限，它是不被任何特殊物質所限定的東西。相反地，「它包容萬物，並且支配萬物」。④

二、「無限者」所具有的無限意義，不是抽象的或概念化的，而是具有物質的、空間的性質。在這裡，他所理解的「無限者」還未消除由直觀所得知的物質性質。

三、因為無限是「無限者」的根本性質，所以它本身是不死不滅的，而萬物卻由於它自身所故有的分離作用才得以產生。總之，「無限者」是一種沒有固定性、沒有固定形態的混沌。他認為用這種混沌狀態的物質可以更充分地解釋世界上多種多樣的事物和現象。因為「無限者」是一個比「水」具有更普遍、更一般性的物質性東西，可以更有力地解釋世界萬物多樣性的統一。

十分清楚，阿那克西曼德把「無限者」這種物質性的東西規定為世界萬物的「始基」，這表現了他與泰利斯共同的唯物主義立場。但是，把兩者的觀點加以比較，不難發現在唯物主義路線上，阿那克西曼德要比泰利斯前進一步。因為「無限者」雖然和「水」一樣，同屬物質的東西，不過，這個「無限者」卻在一定程度上揚棄了「水」所具有的特定具體性質和形態，比水更具有普遍性。從人類認識史的發展來看，這個「無限者」作為世界萬物的「始基」或本源的提出，是人類從認識個別轉向認識一般這個新的征途中的一個積極成果。

米利都學派發展到它的最後一位哲學家阿那克西米尼，對於「始基」的探討得到了進一步的深化。阿那克西米尼（*Anaximenes*，約西元前 588 ～前 526 年）是阿那克西曼德的學生。他熟悉當時的自然知識。據說，他最先區別了行星和恒星，還提出過一些科學上的猜測，如認為雲遇冷而成雪、雨凍結而為冰雹、陽光投射在極濃厚的雲上為虹等等。在哲學上，他也像他的先輩一樣，用自然的原因來解釋自然，在物質的東西中尋找世界萬物統一性的基礎。不過，他不贊成把「水」和「無限者」規定為世界的「始基」。他認為，作為萬物始基的東西不應該是有限者，例如泰利斯的「水」；然而用阿那克西曼德那種「無限者」作為「始基」，由於它是不定形和不定性的，因而又產生它為什麼能夠分離出具有特定物質和特定形態東西的問題。因此，他提出具備「始基」條件的，應該既具有無限的性質，又具有流動性的特定形態。

　　在日常生活中，人和其他生物必須依靠呼吸空氣才能生存，因此，古代希臘人常把空氣當作一個生命原理來看待。人與生物如此，推而廣之，整個宇宙莫不如此。這樣看來，只有「空氣」才有資格配作世界萬物的始基。支持他提出這種主張的理由，還在於他認為只有這樣才能避免米利都學派其他哲學家在這個問題上碰到的困難。例如，泰利斯規定「水」為始基的理由是水具有流動性，能夠變成萬物萬物。他問道，如果流動性是始基一大根本特性，那麼，空氣和水比較不是更富於流動性嗎？而對於阿那克西曼德的「無限者」，它雖然在理論上有了更大的普遍性，然而在他看來，卻不合乎當時希臘人所具有的形象和直觀的思考習慣。因此，一方面他繼承始基不被限定的思想，另一方面又踏著從具有特定形態的東西中尋找始基的老路，認

為「空氣」既是無所不在的，符合阿那克西曼德的要求；又是具有流動性的特定形態，能夠說明世界萬物的產生和變化。這就說明，只有「空氣」在量上較「水」具有無限性，它包容了水和地等，它又是直觀對象，多少有被限定的意義。由此可見，「空氣」作為始基的概念，實際上是泰利斯的直觀性（限定性）和阿那克西曼德的一般性（無限性）的綜合。

作為一個統一的學派來說，米利都學派三位哲學家的哲學都是在早期希臘社會變革和人們征服自然的鬥爭實踐中產生的。他們既有共同探索的主題，即世界的本源或始基問題；在解決這個哲學問題時又有相同的立場，即唯物主義立場。然而，他們又是一個有聯繫的發展過程，這不僅因為他們之間存在著師承關係，主要還在於他們所探討的理論內容，並不全都停留在一個水平上，而是隨著社會的進步、知識的增長以及認識能力的提高，這個學派的哲學思想也在不斷地豐富和深化，各個哲學家的思想便成為這個發展過程中相互聯繫的環節，這明顯地表現在「始基」問題上。泰利斯的「水」是一種具有特定形態的物質，他以此解釋萬物的統一性，顯示在他的思想中，既想要把握世界的一般本質，但又不能把一般與個別明白地區別開來，充分表現了其哲學的原始性、直觀性和樸素性。阿那克西曼德用「無限者」否定了「水」，雖然兩者同屬物質的東西，然而前者卻在一定程度上揚棄了水所具有的特定性和特定形態，比水具有普遍性與一般性。這是人類認識發展的早期從認識個別轉向認識一般的一個積極成果。到了阿那克西米尼，從表面上看來，他提出的「空氣」雖然回復到用一種具體物質來說明世界統一性的觀點，但從他對「空氣」所作的規定中，還包含了「無限者」無所不在的這一不被固定性。如果我們的目

光不因「空氣」具有直觀對象而被遮住，那麼，作為「始基」所具有的內涵來說，卻是前面二者的綜合和概括。總之，儘管他們的哲學有不可避免的局限性，但米利都學派作為西方哲學的開端，它對後來西方哲學發展的影響是深遠的。正如恩格斯說的：「在希臘哲學的多種多樣的形式中，差不多可以找到以後各種觀點的胚胎、萌芽。因此，如果理論科學想要追溯自己今天的一般原理發生和發展的歷史，它也不得不回到希臘人那裡去。」⑤

註　釋：

① 恩格斯：《反杜林論》，《馬克思恩格斯選集》第 3 卷，人民出版社，1972 年版，第 220 頁。

② 黑格爾：《哲學史講演錄》第 1 卷，三聯書店，1956 年版，第 186 頁。

③ 恩格斯：《自然辯證法》，人民出版社，1959 年版，第 151 頁。

④ 亞里斯多德：《物理學》第 3 卷，《古希臘羅馬哲學》，商務印書館，1982 年版，第 8 頁。

⑤ 恩格斯：《自然辯證法》，《馬克思恩格斯選集》第 3 卷，人民出版社，1972 年版，第 468 頁。

2　畢達哥拉斯論「數」

　　當米利都學派在希臘東方小亞細亞地方開展哲學活動以後，在希臘西方的義大利半島上，出現了用它的創始人命名的畢達哥拉斯學派。他們和米利都學派的哲學家一樣，關心和探索萬物的本源，並且在理論上作出了不同於後者的解釋。

　　畢達哥拉斯（*Pythagoras*，約西元前 *580* ～前 *500* 年）出生在與米利都隔海相望的薩摩斯島。他從小愛好自然科學，為此，曾經渡海向泰利斯等人請教。在他們的影響下，開始探索萬物的本源。後來，他到埃及、巴比倫和波斯旅行和學習，前後達 *15* 年之久。在這裡，他吸收了當地的算術、幾何學和天文學等方面的科學知識，還接受了他們的宗教思想和靈魂轉世等迷信觀念。回到故鄉後，因看到薩摩斯島處在僭主政治的控制之下，便移居義大利南部的克羅頓。當時，這個地方正處在貴族奴隸主統治下，和東方小亞細亞比較起來，政治落後，經濟尚未開發，科學文化也不發達。他在這裡建立了一個既是政治團體，又是宗教和學術團體的盟會組織。參加這個團體的人必須履行一套宗教儀式，遵守一套清規戒律。畢達哥拉斯及其學派的盟會成員積極從事政治活動和宗教活動，同時，還進行了多方面的科學研究，並在數學領域中取得了重大貢獻。著名的畢達哥拉斯定理，就是其中的一項。西元前 *5* 世紀末，因克羅頓和西巴利斯發生戰爭，畢達哥拉斯逃到麥他邦汀，不久，他即在那裡去世。他死後，這個學派

並未就此停止活動，時斷時續，在歷史上存在了好幾百年。這裡講的只涉及其早期思想。

畢達哥拉斯學派從「淨化」人的靈魂的宗教目的出發，開展了音樂、醫學、數學和天文學的研究，並從這裏出發進入哲學領域。他們不像米利都學派那樣在具體的物體之中選擇始基，因為「始基」作為世界的本原，它本身是構造一切事物而又為一切事物所共同具有的東西。這種東西是什麼呢？畢達哥拉斯學派透過對數學的研究，運用數學的精神對這個問題作出了回答。

據記載，有一次畢達哥拉斯路過一家鐵匠鋪門口，從店裏傳出來陣陣音響，叮叮噹噹，甚是悅耳，於是，他便進去探尋產生這種奇妙效果的原因。當他認真觀察和反覆思索之後，他明白了：原來鐵匠在敲打鐵器時，使用了不同重量的鐵錘和使出了不同氣力。接著，他比較了不同重量的鐵錘所發出的不同諧音之間的比例關係，並將它運用到琴弦的演奏上進行試驗，最後找到了 8 度、5 度和 4 度音程的關係。就是：如果甲弦負重 12 磅，乙弦負重 6 磅，即兩端之間是 2：1 時，便發出 8 度音的諧音；如果是 12：8 或 3：2 的比例時，則發出 5 度音的諧音；如果是 12：9 或 4：3 的比例時，則發出 4 度音的諧音。在對音樂的這種研究中，他們認識到，由於琴弦的不同長度，才能造成高低不同的音調，並由此形成和諧的樂曲。由此可見，「數」是產生美妙音樂的根本原因。音樂如此，以此類推，人的身體和靈魂、地上的山川草木和天上的日月星辰，也莫不如此；它們不僅都有一定的長短、高低、輕重、大小等數量關係，而且在他們之間還要符合一定的數的比例關係，才是健康的、正常的與和諧的。總之，在數中，要比在水、氣中更能看到與一切存在和變化之物的共同性。因

此，只有「數」才是萬物的「始基」。正如恩格斯指出的，畢達哥拉斯「正是把數、把量的規定性理解為事物的本質」①。

那麼，畢達哥拉斯學派提出的這個「數」是什麼？在哲學史上，對於這個問題有著矛盾的記載。同是亞里斯多德，在單獨論述畢達哥拉斯學派時，說「事物本身就是數」，而在批判柏拉圖聯繫畢氏時，則說「事物的存在是『摹仿』數」。如果根據前者，把數和個體事物等同起來，它的唯物主義成分是鮮明的；要是根據後者，把個體事物看作是由摹仿觀念的數而產生的，則是唯心主義了。這是怎麼回事呢？從哲學的發展來看，當時對於物質和精神的關係問題，尚處在混沌未分的過程中。而畢達哥拉斯學派在這裏卻是企圖把可知的一般的數和可感的個體事物區別開來，然而，從當時整個思維發展的水平來看，還沒有成熟到能夠把它們分離開來的程度。因此，他們既把數看作是可感的個體事物、物質的東西，又看作是一般的、觀念性的東西。這種現象的出現真實地反映了在早期畢達哥拉斯學派的學說中，唯物主義和唯心主義兩種因素交融在一起。不過，這種觀點潛伏了從唯物主義向唯心主義轉變的可能性；還是用亞里斯多德的分析來說明。他說過，畢氏學派認為「一切其他事物就其整個本性說都是以數為範型的，而數目本身則先於自然中的一切其他事物，……數目的基本元素就是一切存在物的基本元素」。②不難看出，當畢達哥拉斯學派把「數」看作不同於和先於可感事物的另一類本體時，它就把包含在事物中的量的規定性誇大為和客觀事物相脫離的獨立的第一性的東西。客觀事物有一定的數量關係，具有數的屬性，這是誰也不能否定的。但是，有關數的各種概念都是在實踐過程中從客觀事物中抽象出來的。它是第二性的。就像恩格斯批判杜林時說的，「數和形的概念不

是從其他任何地方，而是從現實世界中得來的」。③畢氏學派認識到了量的規定性，即數是客觀事物的本質屬性之一，這本是他們哲學的一大貢獻，但他們卻把它加以絕對化，將它看作是產生萬物的「始基」。這樣一來，透過他們對「數」的這種理解，就為從米利都學派建立在可感事物基礎上的「始基」過渡到後面將要講到的埃利亞學派以純粹思想當作「始基」作好了準備；從這個意義上說，沒有畢氏這個「數」，要形成巴門尼德精神性的「存在」概念是難以想像的。因此，「數」就成了從唯物主義向唯心主義轉化的一個重要環節。

當畢達哥拉斯學派論述數和具體事物的關係時，關於數的客觀唯心主義本質，表現得更為清楚。不過，它不是簡單地認為萬物由於摹仿數而產生，而是認為其間尚存在一種比較複雜的過程。具體說來，是：

一、從構成數的元素產生數。他們認為，只有數的本源才能構成萬物的本源，而數是由構成數的元素構成的。對此，他們進行了多方面的說明。比如說，「1」，就是元素。凡數必以「1」為基礎，「1」是絕對的和諧。從 1 中再產生出數，1 加於偶數便成奇數，如 2 + 1 = 3，1 加於奇數，則成偶數，如 3 + 1 = 4，因此，「1」可以說是奇偶數。

二、從數產生形。具體說，從數目產生出點；從點產生出線；從線產生出平面；從平面產生出立體。

三、從幾何圖形產生可感事物。有人把畢氏這個觀點概括為：「從立體產生出感覺所及的一切物體，產生出四種元素：水、火、土、空氣。這四種元素以各種不同的方式互相轉化，於是創造出有生命的、精神的、球形的世界。」④然而，宇宙間一切事物究竟怎樣從

幾何圖形中衍生的，他們也沒有說清楚。

從上可知，在「數」與具體事物的關係上，畢氏認為萬物的整個系統都是從點、線、面等幾何圖形衍生出來的，這就完全顛倒了它們之間的關係。這種理論，實際上是把「數」看作是世界始基觀點的具體的和進一步的論證。我們認為，數的概念和形的概念一樣，都只能在思想上從現實世界的具體事物中抽象出來，而在客觀世界中，卻不能離開具體事物而存在，更不能先於具體事物而存在，「數」是依賴於事物而存在的。畢氏的錯誤在於，把本來從現實世界中抽象出來的數的規定性，反過來要求整個世界去適應這種數的規定性。這是一切唯心主義，特別是客觀唯心主義的共同特徵。

在這裡，我們把畢氏學派和米利都學派在探索「始基」上提出的觀點比較一下，就可以看到：後者的水、空氣和無限者，都是直觀的對象，從思維的發展來看，還沒有抽去物體的具體形象和特殊性質，還不能真正從本質上把握世界。無論是水還是無限者，它們作為始基，一方面它們自身是具有特定性質的東西，而另一方面哲學家又規定它是萬物統一的基礎；因此，「始基」是一種矛盾的結合。以後哲學的發展，必須揚棄這種單純而直接的範疇，畢達哥拉斯學派用具有一般性和普遍性的「數」這個範疇代替了米利都學派始基的具體性，實現了這個揚棄，這意味著人類抽象思維能力向前進了一步。因為在當時，人們對物質世界本身辯證過程的發展表現的認識還不夠充分，在對它所形成「一般」與「個別」的概括上，還是十分模糊的。因此，當哲學家在感性世界的「個別」中找不到存在於它們之中的「一般」（始基）時，便脫離具體物質的感性形象，而把探索的目光轉向事物的屬性與事物之間的關係中去。這樣，他們在研究中，撇開對象

質的差別性，只是著眼於事物量的規定性。畢氏提出的「數」就是這種研究的產物。這種關於「數」的理論比以往更詳盡地揭示了事物的空間形式和數量關係，充分地肯定了事物普遍具有的量的規定性。就是說，他們已經認識到了客觀世界的任何事物都具有數的共性。這種在「個別」中發現「一般」的歷程反映了古代希臘社會中數學繁榮的景象，也為在事物的相互關係中探求世界的共同本質開闢了一條新的途徑。它在科學史上和哲學史上都產生過深遠的影響。

註　釋：

① 　恩格斯：《自然辯證法》，人民出版社， 1959 年版，第214 頁。

② 　亞里斯多德：《形而上學》第 1 卷，《古希臘羅馬哲學》，商務印書館， 1982 年版，第 37 頁。

③ 　恩格斯：《反杜林論》，《馬克思恩格斯選集》第 3 卷，人民出版社， 1972 年版，第 77 頁。

④ 　《第歐根尼‧拉爾修》第 8 卷，《古希臘羅馬哲學》，商務印書館， 1982 年版，第 34 頁。

3 赫拉克利特論「火」與「變」

畢達哥拉斯在探索世界「始基」時，發現了「數」這個事物所共同具有的屬性。但是，這種屬性還是事物比較表面的東西。畢氏哲學就停留在這個表面上，再沒有透過揭示事物的數量關係進一步揭示事物的共同本質。原因在於，他們從哲學上對這種屬性加以概括並用它來否定了米利都學派用具體事物作為始基的觀點後，誇大了這種屬性，將它絕對化，使本來依附於事物的量的規定性被當作萬物的本源。這樣一來，在認識上就堵塞了繼續探索的通道。哲學要前進，必須把畢氏用來堵塞道路的障壁推倒，起來承擔這個使命的哲學家是赫拉克利特。

赫拉克利特（*Heraclitus*，約西元前 540～前 470 年），出生在小亞細亞地區希臘殖民地城邦愛非斯的貴族家庭。據說，按照世系他可以繼承王位，但是，他卻把王位讓給了他的兄弟，然後一心一意地在阿爾迪美斯女神的廟宇附近研究哲學。他寫了不少著作，但只留下一百幾十條殘篇，從其文風來看，比喻形象，語言生動；但在內容上卻使人難於理解，所以被人稱為「晦澀的哲學家」。

赫拉克利特生活的時代，從希臘來說，是科學文化取得輝煌成就的年代；而從他所生活的依奧尼亞地區的政治形勢來看，卻是盛衰多變，不斷反覆。這種社會背景對於其哲學思想的形成產生了很大的影響。在對自然的研究方面，他的成績沒有前面講的那些哲學家突出，

但他的哲學思想在早期希臘哲學家中，卻是十分重要的。

和他的前輩一樣，赫拉克利特開始哲學活動時，也是熱衷於探討萬物的始基問題，不過，他著眼於運動和變化來考察。他認為，作為萬物的始基，必須具有變動不居的性質和生動、鮮明的特徵；具備這個條件的東西只能是他提出的「火」。因為在他看來，火，既最能表現宇宙萬物的運動和變化，又給人生動而醒目的鮮明形象。他寫道：「這個世界對一切存在物都是同一的，它不是任何神所創造出來的，也不是任何人所創造的；它過去、現在和未來永遠是一團永恆的活火，在一定分寸上燃燒，在一定分寸上熄滅。」①在這裡，他著重強調的是，火是萬物生成變化的物質基礎。從他把「火」作為萬物的本源，與米利都的哲學家提出的那些「始基」一樣，都是從某種具體物質來說明物質的統一性。他們的樸素唯物主義立場是一致的。

但是，赫拉克利特賦與作為始基的「火」的含義，要比米利都學派的「水」等具體物質要豐富而深刻得多。

一、赫拉克利特除了賦與「火」以物質性以外，還賦與它以理性的含義，以此闡明了一系列的精神現象。例如，他把火與靈魂聯繫起來，甚至等同起來，用來解釋世界的統一性。他認為，由於人也是由火所構成的，它和用火構成的神比較起來，只不過摻有不少不純的成分而已。因此，就神和人比，「人的心沒有智慧，神的心則有智慧」。②「在神看來人是幼稚的，就像在成年人看來兒童是幼稚的一樣」。③然而，人的靈魂由於有著宇宙中純粹的火，因而也從這方面分享著理性能力。用這種觀點來解釋世界的統一性，在深刻性上超過了米利都學派。

二、就是以「火」作為世界的始基來說，這雖是用一種新的具體

物質來代替水、空氣等，表面看來，似乎又回復到了米利都學派的觀點；然而，這裡的「火」與水、空氣比較起來，被賦與了新的內容。火是在日常生活中經常見到的直觀現象，但它卻不是一種固定不變的實體。它的出現只是存在於各種物體的燃燒過程之中；伴隨它的，是被燃燒物的變化和消逝。火是物體這個變化過程中的直觀表現。赫拉克利特用火來比喻一切存在物，意思是說，它們都在流動著和變化著，一切事物都是作為不斷向其他事物轉化的過程而出現的。火不是變化的這物或那物，而是變化本身。由此可見，赫拉克利特把火規定為世界的始基，實際上是把事物歸結為過程。對於這一點，黑格爾說過：「了解自然，就是把自然當作過程來闡明。這就是赫拉克利特的真理，這就是真正的概念。」④

三、他還認為，火的變化是按一定分寸進行的，也就是說，火的燃燒變化不是雜亂無章的，而是有「一定分寸」。這裡包含了規律性的思想。不僅如此，他還用「邏各斯」這一概念表述了這一思想。對於赫氏提出的「邏各斯」是否等於今天我們所說的規律性範疇，應另當別論；但是他說過，所謂「邏各斯」在客觀上是指「永恆的活火」燃燒和熄滅的分寸，是火與萬物之間變換的「比例」或「份量」，它是指導一切和駕馭一切的力量，可見，其中包含著規律性思想是不能否認的。

宣稱「火」是世界的始基，這種唯物主義世界觀應該肯定，不過，決定赫拉克利特在哲學史崇高地位的原因卻不在此。前面講過，赫氏把「火」作為世界始基的基本想法之一，就是因為火是最富於變動性的實體。正是在火這個堅實的唯物主義基礎上，他又提出了「一切皆流」和「一切皆變」的思想，以此強調和論證事物的變化。這個

深刻的思想集中地表現在下述命題中：「人不能兩次踏入同一條河流。」⑤透過這個命題，赫拉克利特在哲學上提出和論證了什麼問題呢？

我們知道，世界上任何現實的事物都在不斷地運動，都處在由此及彼的轉化過程中。而現實的過程是連續的，不可截然分割為幾個絕對區別開來的部分，即使在思維中，人們對過程也只能做相對的區分。因此，在一定的過程中，此物與彼物，存在（對此物的肯定）與非存在（對此物的否定）沒有絕對的界限，它的每一瞬間既是此物又是彼物，既存在又不存在。赫拉克利特的上述命題正好反映了現實過程的這一辯證性質。而且，他和其他希臘哲學家一樣，把抽象的哲學命題披上感性的外衣，借用河水的流逝，比喻萬物的變動不居。江河之水，奔騰不息，生生不已；舊水流去，新水隨來。人若再入水時，此水已非前水。河水每時每刻都在發生變化，河流也由此一河流變為彼一河流，因此，「人不能兩次踏入同一條河流」。河水如此，萬物也都是這樣，世界上無物常住，恆久不變的事物是沒有的，運動和變化是絕對的和普遍的。

本來，「一切皆變」的思想，自泰利斯以來就很流行；現在，赫拉克利特把這個樸素辯證法的觀點透過上述命題，把它提高到哲學的層次，這就大大加深了對世界的分析和認識。黑格爾認為：「這是人們在認識方面所得到的一個偉大的洞見」。⑥恩格斯也提出，「當我們深思熟慮地考察自然界或人類歷史或我們自己的精神活動的時候，首先呈現在我們眼前的，是一幅由種種聯繫和相互作用無窮無盡地交織起來的畫面，其中沒有任何東西是不動的和不變的，而是一切都在運動、變化、產生和消失。這個原始的、樸素的但實質上正確的世界

觀是古希臘哲學的世界觀，而且是由赫拉克利特第一次明白地表達出來的；一切都存在，同時又不存在，因為一切都在流動，都在不斷變化，不斷地產生和消失。」⑦

從赫氏對辯證法的貢獻來說，我們認為，不在於他強調了運動和變化，重要的是他用對立統一和鬥爭的思想充實了它，使之成為更加系統和更加豐富的哲學思想。其實，「人不能兩次踏入同一條河流」這個命題，本身就包含有對立統一的意思在內。這種對立統一現象，從泰利斯到畢達哥拉斯，也都不曾懷疑過，只是他們沒有能夠指出對立面之間生動具體的關係，赫拉克利特在其前輩學說的基礎上，不僅論證了對立統一現象的普遍性，而且對對立面之間的生動具體的關係也進行了初步分析。

一、赫氏提出了統一物是由兩個對立面組成的觀點，並且運用具體事實論證了這個觀點。在他看來，在自然界中是從對立的東西中產生和諧，由聯合對立物產生和諧，而不是與此相反。例如，自然是將雌與雄相配，而不是將雌配雌，將雄配雄；在繪畫中，是在畫面上將白、黑、黃、紅各色混合，造成與原物相近似的形象；在音樂中，是將各種不同的高低音和長短音配合，造成和諧的曲調；在社會生活中，戰爭與和平、正義與非正義、善與惡，也是這樣，離開了前者，便難以理解後者；在人身上，生與死、醒與夢、少與老、饑與飽，都始終是一個東西。後者變化了，就成為前者，前者再變化，又成為後者。所以，「結合物既是整個的，又不是整個的，既是協調的，又不是協調的，既是和諧的，又不是和諧的，從一切產生一，從一產生一切。」⑧由此可見，赫拉克利特沒有把對立統一現象限於某些領域，而是把它提高到遍及一切、貫穿一切的普遍原則。對於這個觀點，列

寧不僅摘錄了赫氏論述的原文，而且指出，「統一物之分解為兩個部分以及對其矛盾著的各部分的認識，是辯證法的實質。」⑨這就足以說明赫拉克利特的上述思想是怎樣地被列寧所重視和肯定。

二、他還認為，對立面的雙方是相反的，但又結合在一個統一體中；於是，它們相輔相成，相互依賴。就拿弓來說，弓背的自然傾向是要張開來，但是弓弦卻把它緊緊繃住，使它張不開。因此，掛在牆上的弓，看起來好像沒有運動，似乎是絕對靜止的，但事實上卻是緊和張兩種矛盾力量暫時均勢或統一的表現。可見，對立面雙方關係的一種表現就是它們之間的「和諧」，即相互依賴，沒有對立的這一方也不會有對立的另一方。他說，「互相排斥的東西結合在一起，不同的音調造成最美的和諧。」⑩「如果沒有那些『非正義的』事情，人們也就不知道正義的名字。」⑪正是因為這樣，病了才知道健康的寶貴，餓了才體會到飽足的意義，累了才感覺到休息的舒適。

三、對立面雙方之間除去「和諧」以外，還有「戰爭」，即它們之間還有鬥爭性的一面；而且兩者比較起來，後者顯得更為重要。畢達哥拉斯正是不懂得這個道理，因此，他雖然發現了不少的對立現象，但它們之間的關係是僵死的。赫拉克利特認為，這種看法是極其膚淺的，例如，善和惡就不是固定不變的，而是相互轉化的。不僅善惡如此，世界上一切對立面之間也無不都是這樣。在他看來，對立面之間的「和諧」固然必要，但還必須要看到對立面之間的「戰爭」。他指出，「應當知道，戰爭是普遍的，正義就是鬥爭，一切都是透過鬥爭和必然性而產生的。」⑫又說，「戰爭是萬物之父，也是萬物之王。它使一些人成為神，使一些人成為人，使一些人成為奴隸，使一些人成為自由人。」⑬事物中對立面的雙方都不是固定不變的，這是

由於「戰爭」的力量促使雙方不斷地發生變化。在這裡，他借用「戰爭」這個大家熟悉的軍事術語來比喻對立面之間存在的第二種聯繫，即「鬥爭性」，絕非信手拈來。實際上，它是古代希臘流行的「強者為王」觀念的反映。不過，他透過這個形象比喻提出了對立面的鬥爭是事物運動和變化動力的嶄新觀點。十分清楚地，鬥爭是普遍的、正常的，正是由於對立面的鬥爭推動了事物的變化，從而組成了這個無限豐富的大千世界。人們所追求的和諧、寧靜、和平，便是事物對立面鬥爭所構成的。如果否定對立面的鬥爭，就意味著這個世界的解體和毀滅。

赫拉克利特生活在西方哲學的萌芽時期。從上面的介紹可以看到，他對這些思想的表達的確花了九牛二虎之力，還不能說他所使用的範疇都是確切的。但是，他所要闡明的思想卻是清晰的。我們認為，赫氏提出和論證的對立面統一和鬥爭的學說，在理論上是早期希臘哲學關於事物運動和變化形象而集中的概括，從而使他的樸素辯證法達到了高峰。所以列寧給他以崇高的歷史地位，他指出，「如果恰如其分地闡述赫拉克利特，把他作為辯證法的奠基人之一，那是非常有益的。」⑭

還要指出，赫拉克利特的「觀點雖然正確地把握了現象總畫面的一般性質，卻不足以說明構成這幅總畫面的各個細節；而我們要是不知道這些細節，就看不清總畫面。」⑮他的辯證法是從直觀出發的，因此，他有總的看法，沒有分析解剖，有正確的結論，卻缺乏充分的科學根據。因此，他在對世界的發展作出理論概括時，往往出於種種猜測，沒有解釋提出這些觀點的根據是什麼；因此，這些觀點在思維方式的進一步發展中，就有走向反面的可能性。

註　釋：

① 赫拉克利特：著作殘篇。《古希臘羅馬哲學》，商務印書館， 1982 年版，第 21 頁。

② 同上，第 26 頁。

③ 同上。

④ 黑格爾：《哲學史講演錄》第 1 卷，三聯書店， 1956 年版，第 305 頁。

⑤ 赫拉克利特：著作殘篇。《古希臘羅馬哲學》，商務印書館， 1982 年版，第 27 頁。

⑥ 黑格爾：《哲學史講演錄》第 1 卷，三聯書店， 1956 年版，第 300 頁。

⑦ 恩格斯：《反杜林論》，《馬克思恩格斯選集》第 3 卷，人民出版社， 1972 年版，第 60 頁。

⑧ 赫拉克利特：著作殘篇。《古希臘羅馬哲學》，商務印書館， 1982 年版，第 19 頁。

⑨ 列寧：《哲學筆記》，人民出版社， 1956 年版，第 361 頁。

⑩ 赫拉克利特：著作殘篇。《古希臘羅馬哲學》，商務印書館， 1982 年版，第 19 頁、第 21 頁。

⑪ 同上。

⑫ 同上，第 23 頁、第 26 頁。

⑬　同上。

⑭　列寧：《哲學筆記》，人民出版社， 1956 年版，第 320 頁。

⑮　恩格斯：《反杜林論》，《馬克思恩格斯選集》第 3 卷，人民出版社，
　　1972 年版，第 60 頁。

4　巴門尼德論「存在」

在「始基」問題的探索方面，赫拉克利特提出的「火」，它作為過程，已經初步超越了早期希臘哲學家提出的感性事物階段。但是，必須看到，赫拉克利特的「火」，還不能說它不是感性直觀對象。這說明：他雖然認識到了作為「始基」的東西不應該是特殊的事物，然而，普遍性到底是什麼，他卻沒有找到一個恰當的概念來概括它。這樣一來，特殊性被揚棄了，普遍性卻沒有被規定下來。於是，哲學要向前發展，就必須找到並從哲學上對世界的始基作出新的概括。與赫拉克利特對立的埃利亞學派對這個問題進行了大膽的嘗試。

所謂埃利亞學派，是因為它的代表人物的家鄉都在義大利南部的埃利亞城邦，所以，人們才這樣稱呼他們。他的創始人是克塞諾芬尼（Xenophanes），但其真正代表則是巴門尼德和芝諾。在哲學上，他們和赫拉克利特針鋒相對，認為宇宙萬物是永恆不動的。這個理論在克塞諾芬尼（約西元前 568～前 473 年）那裡已露端倪。他把米利都的自然哲學和批判傳統的宗教觀念結合起來，一方面把「多神教」改造成為「一神教」，另一方面又認為這個「神」是一，它是永恆不動的。巴門尼德接受了這些觀點，並且吸取了畢達哥拉斯的某些思想，把「神」改造成為「存在」的概念，把克塞芬尼的學說推向一個新的水平。

巴門尼德（Parmenides，約西元前 524～前 445 年）是埃利亞

本地人，出身於富有的貴族家庭。據說，他積極參加過城邦的政治活動，對埃利亞在法制上的改革產生過良好的作用。早年，他信奉過畢達哥拉斯的學說，與之決裂之後，在克塞諾芬尼哲學的基礎上創立了自己的學說，成為埃利亞學派的主要代表。掌握了他的思想，對於理解這個學派具有關鍵的意義。

巴門尼德的哲學思想是透過女神的啟示來表述的。不過，它不同於過去的神話傳說，因為他的理論是運用推理和論證的方式闡明的。這集中表現在兩個命題上：「存在物是存在的，是不可能不存在的。」①「存在物是不存在的，非存在必然存在。」②他認為前者是圓滿的真理，後者是不可設想的。意思是說，只有「存在」是存在的，「存在」以外的「非存在」是沒有的，它是不存在的。

「非存在」是什麼？它為什麼不存在？實際上，巴門尼德的「非存在」，除了可以理解為克塞諾芬尼所否定的諸神以外，主要是指具體事物的屬性和物質形態，也就是說，事物的現象。這裡的矛頭無疑是指向米利都學派的哲學家。因為他們埋頭於具體事物的研究，企圖從那裡找到「始基」。然而，在巴門尼德看來，他們把它看作「始基」的那些東西，由於都是變動的，因此，它們都不是真實的，而是假象。對於這個「非存在」為何不存在，他是這樣論證的：「因為你既不能認識非存在（這確乎是辦不到的），也不能把它說出來」。③意思是說，如果「非存在」是存在的，那麼，它就可以被認識。能夠認識的，就說明它可以成為認識對象，而當它一旦被認識之後，就會得到一定的內容。然而，「非存在」是「無」，這種東西不可能成為認識對象。如果說，認識沒有對象，認識便沒有任何內容，而無內容的認識便不成其為認識。既然如此，怎麼能說它是存在的呢？在這

裡，巴氏論證這個觀點的邏輯是：因為「非存在」不可認識，所以「非存在」是不存在的。那麼，為什麼不可認識的東西就是不存在的？因為在巴門尼德看來，能夠被思維或設想的東西，與能夠存在的東西是同一個東西；反之，不能被思維或設想的東西就是不存在的。這就是所謂的「思維與存在是同一的」原理。④因此，「非存在者存在」這個命題是錯誤的。

否定了「非存在」的存在，反過來，也就證明了「存在」的存在是正確的。「存在」是什麼？在論證中，巴門尼德認為它有下面一些基本特徵：

一、「存在」只是存在著，它不分過去、現在和未來存在著。換句話說，它不生不滅，在時間上有永恆的現存性。如果說它不是永恆的，那它就只能是被產生出來的。那麼，它又是從哪裡，以什麼方式產生？要是來自「非存在」，「無不能產生有」；不能言說的東西怎麼能夠產生出「存在」來？這是說不通的。要是從「存在」產生，存在產生存在，不過是重語反覆，仍然說明不了「存在」的永恆現存性，可見，「存在」是永恆的。

二、「存在」是一，是連續的，不可分的。因為「存在」無所不在，既不能說這裡的存在多一點，也不能說那裡的存在少一點。存在物與存在物之間緊密相連，完整無缺，沒有虛空（空間），是不可分的。整個宇宙不過是獨一無二的存在的充實體而已。如果是可分的，那麼，它就必然有「多」和「變」；有「多」和「變」，就沒有「一」和「不變」的「存在」了，而這是不可能的。

三、「存在」是不動的。巴門尼德把前面提出的兩條論證，作為不證自明的公理用來證明「存在」是不動的，不過他的證明並不是有

力的。他只是說，「因為產生與消滅已經被趕得很遠，被真正的信念趕得無影無蹤。存在永遠是同一的，居留在自身之內，並且永遠固定在同一個地方。」⑤這就是說，存在是不生不滅的，因此，連簡單的位移都沒有，自然就是永恆靜止的。因為在他看來，運動必須設想「虛空」存在，既然宇宙等於「存在」的充實體，沒有虛空與空隙，也就沒有它運動的地方，因此，「存在」是不動的。

四、「存在」是有限的球形。巴門尼德並不主張「存在」是完全抽象的，沒有形態的實體；相反地，因為「存在」不可能在某一方向大一點或小一點；從每個方向出發與外界的距離都是相等的，因此，「存在」有一條最後的邊界，即它是有限的；而這樣的「存在」，只有球形最能滿足它的充實性和完全性的要求。在這裡，他吸取了畢達哥拉斯學派的數學知識，把圓形的性質加到「存在」上去，以此證明「存在」是圓滿的和均衡的，以為這樣便足以說明「存在」是「一」的完整性。這種理論充分表現了古代希臘人善於運用直觀的思維方式。不過，由於巴門尼德把「存在」比作球形，因而給「存在」設定了一條最後的邊界。那麼，界限之外是什麼？後來麥里梭意識到這種看法與「存在」的本性是不相容的。因為說「存在」是有限的、球形的，就等於承認「存在」是有體積的；有體積的東西就有長、寬、高；於是就有「多」，有「多」就不是「一」，因而沒有完滿性。因此，麥里梭便把這個觀點修改為「存在」是無限的和無形體的。

從巴門尼德對「存在」特徵的這些論述中，得到的結論是：

(1)只有「存在」，沒有「非存在」，「存在」是唯一的，是絕對的「一」。

(2)「存在」無論在時間上還是空間上都是無限的。

(3)「存在」沒有任何變化：在時間上，不能產生，也不能分割，
也沒有任何位置的移動；在性質上，它沒有任何變化，因為無
論哪種變化，都要發生由這一個變為那一個的問題；可是「存
在」只有一個，在它以外沒有任何別的東西，無論怎麼變動還
是存在，所以，它只能是不動不變的、絕對靜止和萬古不變
的。

這個「存在」是什麼？從他的論述中，可以看到，他所說的「存
在」，是指客觀的存在，但是他所指的範圍卻超過了物質的存在，還
包含有精神的存在在內。凡是人能想到的和能說出的一切東西（包括
空想和幻想在內）都是存在。因此，客觀存在的東西，如這個人，那
張桌子，固然都是存在，然而它們的本性、形式、數量、性質、關係
等等，也都是存在。「有」當然是存在，就是「無」，當我們說它是
「無」的時候，也是一種存在。就是「非存在」，當我們說它是「非
存在」時，也便成為存在了。由此可見，「存在」和「非存在」，本
來是一雙對立的範疇，有「存在」就必然有「非存在」，它們的關係
是相對的。但是，巴門尼德卻將這樣相對的「存在」變成絕對的「存
在」，將「非存在」也包括在「存在」裡面，這樣一來，當然可以
說，「非存在」是不存在的了。

我們還看到，在阿那克西曼德那裡，他把所有物質的特性都抽
掉，得出了最一般的「物質」，即「無限者」這個概念。在巴門尼德
這裡，他將範圍擴大，不僅包括所有物質的東西，而且包括精神的東
西，將它們所有的特性抽掉，留下最一般的共性——「是」，他稱它
為「存在」。這樣，「存在」便無所不包了，因而「存在」和「無限
者」便也區別開來了。阿那克西曼德的「無限者」是物質的抽象，巴

門尼德的「存在」卻把物質和精神的東西的共性抽象出來，因而它不完全是物質的抽象。而且，他把這個抽象出來的一般的東西，說成是客觀實在的和絕對的「存在」，這就將認識的某一個方面片面地加以誇大成為脫離了自然的絕對。在這個意義上，巴門尼德的「存在」理論染上了唯心主義的色彩。

但是，巴門尼德提出的「存在」概念在哲學發展過程中是一個重大的進步：

一、巴門尼德對「存在」的論述，從哲學發展的歷史來看，完全擺脫了早期自然哲學的具體性，而把事物的共同特點概括為「存在」。雖然這個「存在」還沒有完全脫離具體事物的物體性，但從整個來看，他賦與「存在」的主要含義是「一」，是「全」。這就是說，哲學研究的根本問題不是探索具體事物或具體事物的形態，哪怕這種物質形態被稱為「始基」也是一樣；哲學要探索永恆的和不變的真理，這個真理是「一」，是「全」。「存在」既然是「一」和「全」，它就是完滿的，因而也是永恆的和無始無終的，這種看法就從根本上動搖了早期自然哲學家關於「始基」的理論。

二、由於「存在」具有上述特徵，它就不是一般的具體事物的形態，而是事物的本質。巴門尼德的「存在」概念體現了哲學上一種「本質」的意義，雖然它在細節上還帶有某些樸素性，但不妨礙巴門尼德在主導思想方面的創造性。從此開始，哲學上便出現了運用抽象的即哲學的方法來尋求一種確定的和不變的本質，在這一點上，他是蘇格拉底和柏拉圖理念論的直接先驅，並對以後哲學的發展產生了重大的影響。

三、就是他把世界的共同本質概括為「存在」的這種理論，雖然

還有與具體事物相混的地方，然而，從主導方面看，巴門尼德已經把「存在」從感性事物中抽象出來了。從人類認識的發展來看，這個概念的提出反映了人類認識從個別向一般的進展，體現了人類抽象思維能力的提高。這是古代希臘哲學發展過程中從某一具體事物的物質形態或質量的屬性中尋找事物的統一本源，並以此說明整個自然現象進步到能夠運用普遍概念概括事物共性的重要標誌。

四、巴門尼德對「存在」的論述推動了思維上推理方法的發展。我們知道，米利都學派把某種物質形態當作萬物「始基」，雖然這是經過他們的觀察後提出的，但他們的理由往往都是具有歷史局限性的，而且提出的方式也是「宣布」而已，一般都缺乏推理和論證，通常都是一些武斷的命題。巴門尼德的「存在」就不同了。他從畢達哥拉斯的數學中得到了方法論方面的啟示，創造和運用了推理和論證的方法，從「存在」是單一的、不動的，得出了「存在」的諸標誌，然後再加以邏輯的論證。由此可見，「存在」概念的形成是撇開了具體的物質形態，抽去了事物的數量關係，依靠抽象思維而概括出的一個最一般的哲學範疇。這種論證方法反映了人類理論思維和認識所達到的一個新的水準。

總之，古希臘哲學發展到巴門尼德發生了具有重大意義的變化：從最初以樸素的自然哲學思想和原始的宗教思想的對立為特徵的哲學基本問題的鬥爭，開始以更明確的形式表現哲學基本問題上唯物論和唯心論，辯證法和形而上學的對立。這從哲學思想的發展來看，意味著古代希臘哲學克服了早期思想的樸素性，說明思維能力和概括能力得到了很大提昇，而反映這一鬥爭新形式的哲學也進入了一個新的階段。

註　釋：

① 巴門尼德：著作殘篇。《古希臘羅馬哲學》，商務印書館， 1982 年版，第51頁。

② 同上。

③ 同上。

④ 同上。

⑤ 同上，第53頁。

5　芝諾對「多」和「變」的否定

　　把埃利亞學派的基本觀點歸納起來，其一是，宣稱「存在」是「一」，其二是，斷言「存在」是不動的。據說，自巴門尼德對這兩個觀點提出論證後，招來不少人的嘲弄和駁斥。為了捍衛上述觀點，埃利亞學派的另一個代表芝諾對此作了更為詳盡的論證。

　　芝諾（Zeno，約西元前 490～前 436 年）是埃利亞城邦的社會活動家，據記載，他因反對僭主政治而被處死。政治上的這種頑強性和他的哲學活動是一致的。他是巴門尼德學說的辯護士，但他沒有從正面來發揮後者的觀點，而是透過揭露論敵觀點的矛盾，從反面為發展巴門尼德的理論掃清了道路。因此，在論證方法上，他和巴門尼德也有所不同。巴門尼德是運用直接法，即從「存在」本身出發來指示「存在」的含義，芝諾的論證則是間接法，即先假定反論是正確無誤的前提，然後由此逐步推演，導致得出兩種邏輯上相互矛盾的結論，以此肯定前提不能成立，反過來便證明自己觀點的正確。芝諾的論證包括否定「多」和「變」兩個方面，透過對「多」和「變」的否定，他在巴門尼德論證的基礎上，進一步肯定了「存在」的唯一性和不變性。

㈠芝諾怎樣否定「多」？

　　在哲學的發展過程中，巴門尼德提出的「存在」概念，無疑是事

物共同本質的抽象概括；然而，後期畢達哥拉斯學派從數的觀點出發，提出了一種近似原子論的多元世界觀，用來反對巴氏「存在」是「一」的學說。芝諾對這種以「多」否定「一」的論點進行了如下的反駁：

一、如果「存在」是「多」，那麼，它就會出現無限大和無限小兩種可能。

(1)「存在」是由有體積的單位構成的，因之，「存在」是可以分割的。同樣，構成「存在」的每個單位本身也必是能夠分割的，因為它是由更小的單位構成的。而這些更小的單位本身還可以進一步分割，並且能夠無限地分割下去。這就證明「存在」是無限大的。

(2)「存在」是由沒有體積的單位構成的，因之，「存在」是不可分割的。不過，單位既無體積，它就等於零。零上加零，加至無窮，仍然是零。這又恰好證明：「存在」是無限小的。所以，假定「存在」是「多」，就會同時既是無限大又是無限小，「小會小到沒有，大會大到無窮」。①顯然這是矛盾的。因此，「存在」不可能是「多」。

在這裡，芝諾論證的思路是：如果堅持「存在」是「多」，必不可避免地要回答這個「多」是大還是小。他論證的結果是：既是大又是小。這個矛盾的出現，便證明了「存在」只能是「一」而不是「多」。因為在他看來，肯定「存在」是「一」就不會發生分割的問題，而沒有分割便沒有與其他相對的部分，當然就不會出現大和小的矛盾。沒有矛盾便證明「存在」是「一」。其實，這是形而上學的看法。

二、如果「存在」是「多」，那麼，在數量上它又會產生有限和無限兩種可能。

(1)因為它們的數目與實際存在的東西正好相等，必不多也不少，恰如其分。換句話說，「多」是一個確定的數，亦即有限的數。

(2)因為「存在」是「多」，於是在「存在」與「存在」之間還有區別兩者的第三者存在；而在這些存在之間還必定有別的存在。以此類推，「存在」的組成份子就有無限的數。因之，「存在」既是有限又是無限，這是矛盾的。所以，「多」是不存在的。

這也另外是一種揭露矛盾的方法。芝諾認為，如果「存在」是「多」，前一條已經指出，它就會既是大又是小的；這一條又指出，它是有限的又是無限的。因此，承認了「存在」是「多」必然出現上述矛盾；矛盾的出現，說明證明「多」的前提或理由是不能成立的。

應該指出，這一條推論和前一條推論一樣，並不是有充分理由的。因為在這裡，論證有限時利用了事物數目是有限的，從而把需要證明的命題作為前提。同時，在論證有限時，沒有利用無限分割，而在論證無限時，則利用了無限分割。於是這裡又引進了一個附加條件，可見，這些推論都是很勉強的。然而，在當時的條件下，卻是相當雄辯的，因為它用邏輯的形式揭示了對方的矛盾，從而使「凡有矛盾的命題都是假的」這個觀念得以確立起來。

我們認為，就芝諾揭露「多」的矛盾來說，這項工作他做得相當出色，這種發現矛盾的本領至今還是令人讚賞的；但這個水準也還是歷史的，他的論證本身也有些自相矛盾的地方。至於芝諾本人的正面

主張，這方面他固然沒有新的觀點，但他是忠於他的老師的；也就是說，對於巴門尼德的學說，芝諾在積極方面並無多大貢獻，而在捍衛這個學說的過程中卻提出了極為重要的問題。

(二)芝諾怎樣否定「變」？

埃利亞學派的另一個基本觀點是，「存在」是永恆的和不動不變的。這是對赫拉克利特「一切皆變」的否定。在赫拉克利特那裡，他雖然強調了對立面的鬥爭是事物發展的動力，但是，由於他沒有指出對立雙方是怎樣相互同一的，因而不能說明事物之間的相互轉化。巴門尼德把這個觀點推向極端，認為由於存在的東西和不存在的東西沒有同一性，不可能同時存在也不可能相互轉化，由此得出結論，沒有「非存在」，唯一的「存在」沒有運動，它是靜止不動的。巴門尼德這個觀點受到當時不少人的駁斥，因為整個古代哲學的傳統，特別是赫拉克利特的思想是一種樸素的、感覺的變化觀。芝諾為了捍衛埃利亞學派的基本觀點，執意像否定「多」那樣來否定「變」，因為如果把萬物歸「一」，「存在」就沒有空間允許它運動，這是巴門尼德論證了的。因此，否定「多」和否定「變」是緊密相連的。不過，對於「變」的否定，巴門尼德並沒有展開；在他之後，芝諾對此提出了四個論證。

一、「二分辨」：芝諾假定，有一個物體從甲地向乙地運動，在到達終點之前，它必須經過整個距離的一半；同樣，在通過這一半距離之前，它還必須通過這個「一半距離的一半」；以此類推，可以無限地分割下去。因此，芝諾肯定，運動的物體永遠不能到達終點；如果承認了運動就會得出這樣的結論。

事實上，如果我們提出要不停地向前走，一方面必須經過路程的各個部分，但是另一方面，每走一步，都在向目的地邁進；由於路程的每一個單獨的部分都是和整個路程聯繫在一起的，因此，無疑是可以達到終點的。芝諾的錯誤在於，他只看到了運動的間斷性，而完全忽視了運動的不間斷性，並把前者絕對化，不懂得真正的運動恰恰是間斷性和不間斷性的統一。

二、「追龜辨」：芝諾首先假定，以善跑著稱的阿基里斯追趕爬得最慢的烏龜，烏龜在前，阿基里斯在後，其間距離是 *100* 米。再假定阿基里斯跑的速度是烏龜爬的速度的 *100* 倍，也就是說，阿基里斯跑完 *100* 米，烏龜可以爬行 *1* 米。芝諾認為，結果只能是：當阿基里斯跑完 *100* 米到達原先烏龜所在的地方時，烏龜已經爬到阿基里斯前面 *1* 米的地方去了；當阿基里斯再跑完 *1* 米時，烏龜又爬到它前面的 $\frac{1}{100}$ 米的地方去了，這就是說，阿基里斯追到烏龜新的出發點時，烏龜又向前爬行了。總之，阿基里斯為了追上烏龜，就一定要先跑完它與烏龜原先相差的距離，而在這段時間內，烏龜又一定往前爬行了一段新的距離。所以，阿基里斯永遠都只能做到無限地接近烏龜，卻趕不上更不能超過烏龜。芝諾指出，承認了「運動」就會得出跑得最快的追不上爬得最慢的結論。

這一推論和前一個推論具有相似的性質，即芝諾在推論過程中，只承認了空間與時間的間斷性和無限可分性，完全忽視了在考察物體運動時它的不間斷性，因此，在前一個推論中，肯定了從起點到終點是不可能的，而在這一個推論中，又肯定了跑得最快的追不上爬得最慢的，兩個推論都與無限分割有關，究其原因，在於芝諾認為只有「多」才能承認運動，而「多」又不可避免地要承認無限分割。

三、「飛矢辨」：芝諾首先假定，運動場上有一位運動員準備用箭射靶，運動員站立的地方距箭靶是 *10* 米；再假定從箭離靶射出到中靶的時間是 *1* 秒鐘。這樣，當箭射出去 *0.1* 秒鐘時，箭在第 *1* 米的地方。*0.2* 秒鐘的時候，它便在第 *2* 米的地方。……由此可見，無論哪個時候，箭都在一個位置上占有一定空間。也就是說，箭在每個時間上都在一定的點上，在這一點上，說明它是不動的。所以芝諾斷言，當在一定時間內，一支箭從某個地方飛到另外一個地方時，說箭在運動，實際上這是一種錯覺。因為只要我們對這一時間和空間作無限的分割，我們就會發現，箭僅僅是此時此刻在此點上，彼時彼刻在彼點上，運動僅僅是這些無限的「刻」和「點」的總和構成的一種假象。由此可見，飛矢是不動的。

在這一條推論中，芝諾認為，既然任何事物在一個瞬間都佔有與自身同一的空間，那麼，這個瞬間在這裡，另一個瞬間便在那裡。這樣，每一個瞬間都是靜止不動的，因而運動是一種虛假的現象。芝諾的這種看法，實質上是把空間和時間都分成了不可再分的小點，在各個小點之間，是沒有連續性的。因此，芝諾這個推論所設定的前提，在空間上「存在」是「多」而不是「一」，在時間上則否認了連續性，即空間上否認了統一性，時間上否認了連續性。因此，他把運動看成是靜止的簡單總和，完全忽視了運動和靜止的辯證統一。

四、「運動場辨」：芝諾首先假定：有三列平行的物體，分別用 *A*、*B*、*C* 表示，每行四個，按下面形狀排列在運動場上。然後，對它們進行調整，使隊列整齊起來。為了達到這個目的，芝諾又假定，當 *B* 隊和 *C* 隊各以相等的速度向相反的方向運動，即 *B* 隊向右邊運動，*C* 隊向左邊運動時，*A* 隊是靜止不動的。

```
A        · · · ·
B      · · · ·
C            · · · ·
```

　　最後芝諾還假定，一個物體走過前面隊伍中間兩物體之間的距離，所需要的時間是一秒鐘。經過這樣調整後的三個隊列的隊形，便成為如下狀形

```
A    · · · · ·
B      · · · ·
C      · · · ·
```

　　現在再來看一看，B隊調整後要和A隊整齊，必須越過A隊的兩段距離，說明它運動了兩秒。同樣，C隊調整後和A隊對齊，也必須越過A隊的兩段距離，說明它也運動了兩秒。然而，當它們三隊達到整齊劃一的目的時，B隊越過了C隊的四段距離，這說明它運動了四秒；同理，C隊越過了B隊的四段距離，這也說明它運動了四秒。可見，無論B隊還是C隊，運動的時間都只有一個，都是兩秒。可是，在它們都走過同樣的一段距離的時間中，B隊越過了C隊，或C隊越過了B隊的物體的數目，都要比它們越過A隊中物體的數目多一倍。這樣，一半的時間豈不等於一倍的時間嗎？這是矛盾的，所以，運動不可能。

　　對於芝諾這個推論也應該從「一」與「多」的對立以及連續性與非連續性的對立等方面作一貫的考慮，即芝諾關於反駁運動的四個推論，說明他的思想是一貫的。在這個推論中，芝諾顯然設立了一個

「多」的前提，即空間、時間皆非以「0」的原子組成即由「多」組成。於是，按照上述隊伍的移動，就會是：B隊和C隊的每一瞬間一個方位的速度向相反的方向前進，這樣，C隊對於A隊只是走了一個瞬間，B隊對於A隊也只走了一個瞬間，而B隊對於C隊或C隊對於B隊卻走了兩個瞬間，於是這裡沒有B隊中間那個物體的瞬間。所以在芝諾看來，如果時間空間由非「0」的「多」組成，則運動不能成立。這裡的第四個推論和第三個推論一樣，都把空間、時間分為微粒的「點」的瞬間，則運動就會出現矛盾，因而運動不能成立。

芝諾對「變」的駁斥與對「多」的駁斥是有密切聯繫的，但是，前者比起後者來，除了哲學意義外，還有豐富得多的科學意義。它在哲學史上具有大得多的影響。這主要表現在，他在涉及有限與無限這類最根本的問題時，鮮明地提出了矛盾的問題。從哲學上講，毫無疑問，運動必須以矛盾為前提，沒有矛盾就沒有運動，就沒有存在。芝諾企圖透過所謂揭露矛盾來否認運動，當然是錯誤的。然而，芝諾是駁斥「變」的論證中，又確實揭露了運動的真實矛盾，問題在於對它採取什麼態度。芝諾認為既然出現了矛盾，那麼，就應該否認運動，而事實恰恰相反，運動的本質正在於既在這一場所又不在這一場所。這樣看來，芝諾否定運動的意義，實際上出乎他本人的意料之外；他想透過揭露矛盾來否定運動和變化，從而捍衛那個不動不變的「存在」；然而，事與願違，由於這些矛盾的揭露，正好證明了運動的不可避免性。正是在這個意義上，我們一方面說，他的結論是形而上學的；另一方面，他又從反面接觸到了辯證法。因為他在推論的過程中，深入地思考了運動的矛盾本質，在否定赫拉克利特運動觀的同

時，又把他的運動觀詳細地展開了，並取得了豐富的內容。這對辯證思維的發展是有積極意義的。因此，全面地看，芝諾從赫拉克利特倒退了，但在上述意義上，無疑又前進了。哲學思維就是在這種矛盾中向前推進的。

註　釋：

① 芝諾：《論自然》，《古希臘羅馬哲學》，商務印書館， 1982 年版，第 60 頁。

6 「原子論」是希臘自然哲學的重大成就

埃利亞學派第一次在思維中把世界的本質抽象為「存在」範疇，使「始基」作為一種普遍本質的意義被規定下來。這個範疇的提出，標誌著理論思維發展的新水準。

但是，它雖然有了一定的概括性，卻由於埃利亞學派把「存在」這個從客觀事物中抽象出來的屬性當成唯一真實的東西，即把本來在特殊性基礎上形成的普遍性認作世界的本源，從而否定了它存在於具體事物之中。這樣，普遍性和特殊性便被割裂開來了。還由於他把整個世界解釋成完全被「存在」所充實的東西，從而否定了運動和變化的可能性。然而，事物的運動和變化是客觀存的，如果只是堅持事物的存在，而否定事物的運動，仍然不能正確地解釋客體。在這個問題上，赫拉克利特哲學雖然承認事物的運動，卻沒有對世界的本源作出普遍性概括；埃利亞學派雖然作出了這種概括，卻否定了它的運動。哲學的發展要求哲學家既堅持世界本源的存在，又承認事物的運動變化；在對這個問題的探索過程中，產生了「原子論」哲學。

「原子論」哲學的出現，除了上述哲學發展的內在邏輯規律作用之外，與當時希臘的社會歷史條件也是分不開的。馬克思曾把「原子論」產生的這個時期的希臘稱為希臘社會的鼎盛時期，這主要表現在，隨著政治經濟的昌盛，科學文化得到了空前的繁榮。以恩培多克勒、阿拉克薩戈拉、留基伯和德謨克利特為代表的「原子論」唯物主

義，就是這種興旺發達的象徵。

阿拉克薩戈拉和恩培多克勒分別提出了關於「種子」和「四根」
（水、土、氣、火）的學說，為原子論的創立提供了重要的思想資
料，留基伯是原子論的奠基者之一。關於他的情況和學說，留下的資
料太少。因此，我們在這章裡，將著重介紹德謨克利特的「原子論」
觀點。

德謨克利特（ *Democritus* ，西元前 *460* ～前 *370* 年），出生在希
臘北部靠愛琴海的阿布德拉的奴隸主家庭。幼年時，他跟著一些有學
問的人學習各種知識。後來，他搬進家中花園裡的一間小房，成天面
壁苦讀，潛心鑽研學問。有一天，他父親牽來一頭牛在小屋門前宰
殺，臨到喊他參加獻祭時，他才察覺身邊發生的事情。由於他不滿足
於書本知識，因而決心到廣闊的世界去探索，他把家中給他的一批財
產變賣後便外出求訪名師。他先後到過埃及、波斯和印度等地；他在
這些當時文化先進的國家裡，向有學問的教士、祭司和星相家請教。
他考察過天文、氣象，編過曆法，探索過尼羅河水氾濫的原因，研究
過圓錐切割定理、動物生理胚胎形成、植物生長、醫療養生等等。所
有這些都是「原子論」產生的堅實科學基礎。在科學上，他具有崇高
的獻身精神。他說：「找到一個原因的解釋比成為波斯王還好」。由
於他的這種專心踏實的學風和探索真理的精神，使他累積了廣博的科
學知識，成為一位偉大的「經驗的自然科學家和希臘人中第一個百科
全書式的學者。」①在哲學上，他在早期自然哲學家探索的基礎上，
創立了具有重大成就的「原子論」。

和早期自然哲學家不同，德謨克利特提出，世界上萬事萬物的共
同本源是「原子」和「虛空」。這是原子論的兩個中心概念。他在解

釋這些概念時,首先肯定了它們的客觀實在性。他說,「原子」是充實的和堅固的,所以它是「存在」;而「虛空」則是空的和虛的,所以它是「非存在」。不過,「非存在」並不是不存在,它只是相對於「原子」有充實性來說,它缺少這一點罷了。因此,「非存在」和「存在」一樣,都具有客觀實在性。總之,作為充實存在的「原子」和作為「非存在」的「虛空」,是構成世界的共同本源的兩個基本要素。

「原子」的本意為不可分割的意思,德謨克利特的「原子」,就是指這種最小的、堅實、不可分割的物質微粒,它是構造萬物最基本的物質單元。從其內部結構來說,原子有如下性質:

(1)它是絕對充實的,每個原子內部沒有任何空隙,因此,它是不可分割的和不可穿透的。

(2)各個原子在性質上都是相同的,在數量上是無限的,它們只有形狀、大小的不同,從而衍生出它的屬性,如冷熱、明暗等。

(3)原子本身是不能改變或毀損的,但又處於運動之中,它們相互撞擊又相互組合。

在德謨克利特看來,「虛空」是世界的另一始基。所謂「虛空」是指原子之間的空隙,它是空洞的空間,也就是原子運動的場所。這是西方哲學史上首次出現的「空間」範疇。德謨克利特還把「虛空」稱作「非存在」,但它並不是「無」,只是指它的稀空和不充實,同樣是構成世界的一種基本要素。由於這個新穎的見解,就使原子運動,以及由它們構成千差萬別的事物有了可能。不僅如此,他還把「虛空」看作原子組成不同的形成結構,從而造成事物不同特性的重要因素,因為原子結合的次序與位置,都是在虛空中形成的。有了這

個「虛空」概念，巴門尼德那個僵死不動的「存在」也就能夠運動起來了。

德謨克利特認為，原子的數量和虛空的大小都是無限的。無限多的原子在無限的虛空中運動，從而形成宇宙萬物。根據原子論的說法，這個形成過程簡單說來是：具有各種形狀、大小不等的無限數量的原子，在無限的虛空中間向四面八方、往上下左右急劇而又凌亂地運動著，它們彼此碰撞，造成一種漩渦運動。這種漩渦運動既遵循著「同者相聚」的自然法則，又遵從「輕重有別」的運動方向。所謂「同者相聚」是指在漩渦運動分離作用下，形狀大小相同的原子結合起來，形成土、火、氣、水等元素。例如，由圓形、光滑、細微和活躍的原子組合而成火；由鈎形、粗糙和較大的原子聚合而組合成土。所謂「輕重有別」是指在漩渦的分離作用下，小而輕的原子及結合物，由於它小而輕，因而運動速度快，如火原子及其結合物，便被拋向漩渦的外層邊緣；大而重的原子及其結合物，由於它大而重，因而運動速度慢，如土原子及其結合物，便沉落在漩渦的中心。德謨克利特依據上述漩渦運動的法則，以豐富的科學想像力，進一步描繪了世界的形成與宇宙演化的宏偉圖景，從而展示了自然現象與本質相統一的整體畫面。

這裡，僅以我們人類生活的天體系統的形成過程來說明。德謨克利特認為，由於上面講到的原子運動的法則，它們在運動的過程中，必然是重原子落在漩渦的中心，輕原子則像篩過似地被拋向外層空間。於是，沉入中心的原子緊密地結合成為最初的一團球形物，它一方面像一層殼包裹著各種物體，另一方面又因隨著漩渦中心的推動力而旋轉，新的物體不斷地依附在殼上，形成處於漩渦中心的地球。拋

向外層的物體也不斷地有自由原子與新的物體附著上去，分別形成緊密的一團，最初潮濕，後來乾了；它們的本性與地球一樣，都是原子的結合物，只因為它們充溢了許多火原子，而且處於漩渦的外層，運動速度快，因而燃燒起來並閃閃發光。月亮、太陽和各種星辰就是這樣形成的，它們的運動軌道，由於與漩渦中心的地球的距離不等，因而運動速度不等。我們人類所處的這個世界體系，就是這樣一種井然有序的原子運動的大漩渦之一。這種宇宙形成的理論是一種地心說。它不像後來亞里斯多德——托勒密的天動說那樣精緻，但是，它認為整個天體系統是物質原子自身運動的必然產物，毋須神的第一推動力，其唯物主義精神是十分鮮明的。

總之，日月星辰、天地萬物的變化生成無不都是原子的組合與分離。而且，因為虛空是無限的，原子在虛空中的運動是永無休止的，所以，這樣形成的宇宙也是無限的。有無數個世界在不斷地產生和消滅，我們這個世界只不過是其中的一個。

不僅如此，德謨克利特還用原子在虛空中的運動來說明其他各種自然現象、精神現象和人類的認識問題。其中，他用原子的漩渦運動來解釋萬物產生時，提出了事物的生滅變化都有自己的原因，都受嚴格的必然性支配的觀點。留基伯說過，「沒有任何東西是任意的，一切都能說出理由，並遵循必然性」。有人記載，德謨克利特說過：「一切都遵照必然性產生」。②並對「必然性」這個概念進行了論述，使它構成原子論哲學的重要組成部分。

「必然性」是什麼？狹義地說，是指原子在虛空中運動生成宇宙萬物的法則，特別是漩渦運動的法則，因為漩渦運動是一切事物構成的原因，這對他來說，便稱為「必然性」。廣義地講，是指一切事物

都有其因果關係。科學研究就是探求事物的因果關係。他的名言是：「只要找到一個因果的解釋，也比成為波斯人的王好」。③由此可見，德謨克利特引入「必然性」範疇，說明原子運動與自然萬物的生滅都是有規律的。這是他建立自然哲學體系的一塊基石，貫穿於他用原子論對自然界的全部說明中；它不僅否定了當時流行的神意決定論，還否定了神學目的論，大大增強了他的哲學體系的科學意義。

不過，與此同時，德謨克利特又否認了偶然性的客觀存在。他認為，世界上沒有什麼真正偶然的事物；所謂偶然，不過是人對原因尚處在無知中的一種主觀狀態。任何看來偶然的事件，都是由它先在原因所決定。他舉例說，有一天有一個人外出，一出門便被天空落下的烏龜砸破了腦袋，這似乎是件偶然發生的事，其實細究起來，也是由必然性決定的。他解釋說，老鷹十分喜愛吃烏龜肉，但烏龜殼太硬，只能把它砸破之後才能吃到。因此，每當老鷹抓到烏龜之後，便飛到空中，當它用敏銳的目光發現地上有光滑堅硬的石頭時，便猛地把烏龜往石頭上扔去；這次，它把那人在陽光下閃閃發亮的禿頭誤認為是石頭，結果使他遭此橫禍。由此可見，任何表面看來是偶然的事情，深究一下，都有其必然的原因。這種對偶然性的理解，顯然表現出他對因果必然性有機械論的傾向。

當把原子論的主要觀點介紹之後，不難發現，這個學說既堅持了米利都學派的唯物主義原則，即用物質本身的原因來說明全部自然，但它又把米利都學派的物質始基從個別性上升到作為萬物共同始基的「原子」這種普遍性；它還把埃利亞學派那個不可分割、混沌抽象的「存在」或「一」，改造為無數個生動活潑，自身同一的「原子」個體，這既堅持了尋找萬物共同本源的普遍性，又用原子的能動性否認

了它不動不變的屬性。而「虛空」與形式結構的引入，實質是對畢達哥拉斯學說的揚棄，它在物質結構方面是最早提出用量與形式來說明質的思想。透過這些思想的提出和論述，在原子論這裡，一與多，變與不變，自然的本質與現象的本質，豁然貫通，初步統一了。因此，原子論是對早期各派哲學在唯物主義基礎上揚棄並加以昇華為一種比較完善的科學的自然哲學體系。在這個體系中，德謨克利特的「原子」，從科學上說，雖然還缺乏實驗科學的論證，但它卻是立足於科學知識的基礎上所提出的一種科學抽象，在當時來說，還是比較合理的和完善的物質結構學說；在哲學上說，「原子論」是循著探索物質結構的方向，尋找自然物質自身的共同始基和一般本質，這在那個時候來說，也達到了比較科學的「物質」概念。

不過，還要看到，它不是在科學實驗而是在直接觀察的基礎上建立起來的一種樸素觀點，因此，它還不能把大小（體積）和輕重科學地區別開來，以為原子大的就是重的，小的就是輕的；又如把靈魂也歸結為原子，這雖是表現了唯物主義，同時也表現了它不能把物質和精神分離開來。特別是它還帶有機械性，如把自然界的變化都說成是根源於原子的機械位移；把事物質的多樣性最終都用原子的幾何形狀與形式結構加以說明；而個體原子內部既然不動不變不可分割，也難以說明運動的動力究竟來自何方等等。所有這些都表現了近代機械論的某些特徵；可以說，這些表現是德謨克利特在取得重大理論成就過程中的失誤。

註 釋：

① 馬克思、恩格斯：《德意志意識形態》，《馬克思恩格斯全集》第 3 卷，人民出版社， 1965 年版，第 146 頁。

② 第歐根尼·拉爾修，《古希臘羅馬哲學》第 9 卷，商務印書館， 1982 年版，第 97 頁。

③ 歐瑟比注狄奧尼修，《古希臘羅馬哲學》第 14 卷，商務印書館， 1982 年版，第 103 頁。

7 　從對自然的研究轉到對人的初步探討

　　希臘哲學發展到西元前 5 世紀，隨著社會經濟和政治的發展，研究的重點從早期著重研究自然現象、世界本體轉到人類社會、政治制度和倫理道德等方面。普羅泰戈拉提出的「人是萬物的尺度」和蘇格拉底提出的「認識你自己」等命題，就是這一轉變的起始和表現。

　　哲學研究重點的轉移，首先是希臘哲學發展的必然結果。從泰利斯到德謨克利特，他們都是透過對自然現象的研究，來接觸和探討哲學問題；他們所以是哲學家，不是因為他們研究了自然現象，而是因為他們透過這種對自然的研究提出了哲學理論，即萬物始基的觀點。這種哲學在古代從傳統宗教神話創世意識的統治下破門而出，其意義是巨大的。然而，這種研究又有其局限性。一是從具體的自然現象（水、氣）的概括而提出的某種始基，既具有物質的屬性，又是抽象的哲學概念，這在早期是思維發展不可避免的過程。但是，隨著這種思路的發展，由此形成的哲學觀點的內在矛盾也暴露了。例如，以「原子」概念為例，它是物質的抽象，為何是不可分的？二是作為研究的對象既然同屬一個客觀世界，為何哲學家提出的始基卻各不相同？這種差別的出現，並不在於研究對象，而在源於研究者。這個事實說明，為了認識客體，不能僅限於對客體進行考察。它們作為主體的認識對象，總是和主體聯繫著的。因此，主體為了認識客體，不能只研究客體，而必須使研究的側重點從客體回復到主體上來。

其次，這種轉變也與當時奴隸制政治和經濟的發展分不開。從經濟上說，希波戰爭（西元前 492～前 449 年）後，希臘進入了高度繁榮時期。社會經濟的繁榮是人的力量的確證。同時，由於人們改造自然的勝利，認識能力提高了，視野開闊了，因而使他們有可能既關心自然現象，也有可能關心社會政治問題。特別隨著航海與商業的發展，在和異國異族的交往中，接觸到許多社會現象，人們對它們的評價並不是一致的。於是這些問題便成為哲學家共同關心和研究的題目。從政治上說，自伯里克利掌握政權以後，在自由民中實行了較為廣泛的民主，學術有較多的自由，因而哲學家們關心城邦大事和人的和各種問題的研究。這些都推動了哲學側重點的轉移。

普羅泰戈拉（ *Protagoras*，約西元前 481～前 411 年），出生在阿布德拉。他本是一位搬運工，一次捆綁木料，由於他的熟練技巧被同鄉德謨克利特發現了，收留並資助他上學受教育，後來果然一舉成名。他支持雅典的民主制，被伯里克利所器重，但因他不是雅典人，按照當地的傳統不能參加這裡的政治活動，他只好以講演、談話、勸諫和說教等方式影響雅典青年。這就是他的智者生涯。晚年，因他的《論神》這部著作，有人控告他觸犯神靈，被迫離開雅典，後來死於渡海去西西里島的途中。

普氏與以往的自然哲學家不同，他是從研究社會生活，解決為人處世的實用目的出發研究哲學的。當他把注意力轉到這個領域上時，一個不同於自然過程的現象展現在他的眼前：自然界受盲目自然力的支配，人類社會則不同，它是人類自覺活動的結果；參與社會活動的每一個人，又都帶著各自的目的和動機；在這裡，生活在社會中的不同階級、階層和集團的人，對於各種社會問題的評價都各有各的標

準。這就說明：對於社會問題的研究要比對於自然界的研究困難得多。研究的對象是複雜的，而作為研究者的主體卻還處在人類思維發展的童年時期；因此，當智者派對社會生活從哲學上進行概括時，他們所得到的結論就只能停留在社會現象的表面。從表面上看去，社會上的一切好像都是人為的、相對的，無所謂真理。在訴訟中，辯得贏就能獲勝；發表演說，能吸引聽眾就能得到支持；法律和制度，各個城邦的公民愛怎麼訂就怎麼訂。於是，國家、法律和道德是人為約定的還是自然的，便成了爭論不休的問題。普羅泰戈拉「人是萬物的尺度」這個命題，就是在這種情況下提出來的。

他是這麼說的：「人是萬物的尺度，是存在的事物存在的尺度，也是不存在的事物不存在的尺度」。①顯然地，這個看法是針對埃利亞學派提出來的。它的意思是，存在也好，不存在也好，其尺度都是人。以人為尺度就是以人為標準來判斷事物存在還是不存在。所以，這個命題的實質是把人當作判斷事物存在與否的標準。人以什麼作為判斷事物真假的標準？他回答：是人的感覺。因為在他看來，人都是個體的感性的人，而人的一切感覺都是真實可靠的。例如，風是冷還是不冷，他說這就要看誰在感覺了。「風對於感覺冷的人是冷的，對於不感覺冷的人是不冷的。」因此，「對我而言，事物就是我所感知的那樣；對於你而言，就是你所感知的那樣」。②各個人的感覺對他自己都是真理，事物就是各人所感知的那樣，這就是普羅泰戈拉的感覺主義，他認為人們就是用他所理解的這種感覺作為標準來衡量事物存在與否。

事實上，這個命題不僅是一個哲學命題，而且還是智者派政治、倫理、法律觀點的綜合命題。它衝破了傳統的人與神，人與自然關係

的思想束縛，把人置於歷史舞台的中心地位，在某種程度上反映了人類在擺脫動物界和原始蒙昧狀態後，不斷提高了控制自然能力的歷史趨勢。所以，它在當時對破除傳統宗教的束縛，為人民積極干預生活從理論上作了積極的論證。在哲學上，這個命題肯定了認識必然受到認識主體的制約，認識總是有賴於認識主體的，從而強調了主體在認識中的地位和作用。從哲學的發展來看，它的出現意味著哲學的對象從宇宙起源和自然現象擴大到社會起源和社會現象，開始探討有關社會生活的理論問題，從而從其中概括出新的哲學原理。

不過，這個命題只是對社會生活表面現象的概括；如果依照這個思路去觀察世界萬物，有可能使人類認識走上歧途。因為它從感覺主義和個人主義出發，誇大了認識過程中的感性因素；如果事物都是呈現給各人的那個樣子，事物的好壞並不決定於事物的客觀基礎，那麼，在處理主觀感覺與客觀對象的關係時，必然把事物的好壞都看作是主觀感覺的產物，從而取消了事物好壞的客觀基礎和客觀標準。在這個人人都是真理化身的理論土壤裡，便孕育著隨心所欲和為我所用等觀點的劣根。因此，它雖然促進了人們對主體作用的重視和研究，但由於這種感覺主義不但沒有給早期哲學的紛爭找到一條統一認識的途徑，反而給這種紛爭提供了新的理論根據。要對已經提供的各種觀點的真理性作出判斷，在當時的認識水平上是作不到的，讓認識上的這種混亂狀態繼續下去，對人類認識的發展是不利的。在這種情況下，蘇格拉底從新的角度出發，探討了解決這個問題的新途徑。

蘇格拉底（Socarates，約西元前 469～前 399 年）出生在雅典附近一位石匠家裡。早年隨父學雕刻工藝，但不久他即轉向哲學研究。人生的一切方面都是他研究的課題。他喜歡和別人談話、交換意

見和探討問題，他談吐生動，引人深思，因此吸引了很多人在他的周圍。他自己沒有留下什麼著作，他的思想主要是他的學生記述下來的。晚年因有人告他藐視傳統宗教、敗壞青年和反對民主等罪名，被判處死刑。

蘇格拉底開始哲學活動時，和其他自然哲學家一樣，也是主要研究自然現象。但是，經過一番思索之後，他失望了。因為在他看來，那些哲學家提出作為「始基」的所有自然物質，並不是宇宙萬物之所以如此的根本原因；作為具體自然事物的原因，還可以不斷地追問下去，永遠沒有滿意的時候。那麼，什麼才是世界萬物的根本原因？他認為，這種根本原因不在孤立的具體自然物質屬性中，而是一種原則；它說明事物之所以各得其所，宇宙之所以和諧和有秩序地運行的原因。實際上，這就是所謂「始基」問題。

在尋找這個原因時，蘇格拉底提出了「認識你自己」這個命題。據說，他的一個名叫凱勒豐的朋友，一天到德爾菲神廟去問廟裡的女祭司：誰是世界上最聰明的人？女祭司回答：是蘇格拉底。當蘇格拉底得知這個「神諭」後，他認為自己並不聰明，然而，「神諭」是不能輕視和違抗的。為了證實「神諭」的正確性，他到處找人談話；交談的結果，證明這些人的確沒有知識，卻裝著有知識的樣子。然而，他反躬自問，他的智慧表現在哪裡？最後他明白了：他的智慧就在於他自知自己是無知的。因此，他提出要「認識你自己」。這本是德爾菲阿波羅神廟牆上的一句格言，他把它哲學化，並提升為一個哲學原則。蘇格拉底從此出發進一步思考，自然界的因果系列是不可窮盡的，在自然界本身並沒有早期哲學家所追求的「始基」。上窮碧落下黃泉，何處是「始基」？這是當時無法回避的問題。蘇氏指出，儘管

早期自然哲學家對此作了不少探索，但是，他們探索的方向有問題。他們提出的那些「始基」所以不能成為「始基」，是因為「始基」並不存在於宇宙自然界，而是在自己身上，在自我之內。不在客體，而在主體。這是早期希臘哲學發展中的一個方向性轉變。有人把這種變革說成是哲學從天上回到人間，說來也不是沒有道理。

當從「自我」出發探尋世界的最終根源，由於科學水平的限制和人的複雜性，因此他在考察人的時候，著眼點主要在人的精神或思想方面，這種想法有其歷史原因。我們知道，古代多數人相信人有靈魂，認為它比肉體活得長久；這種思想傾向最初表現為神比人有持久性。這種對人生倏忽的意識，是物質與精神、靈魂與肉體分化的最初表現。隨著人類認識的發展，神的持久性轉化為人的靈魂要比肉體獲得長久。後來由於畢達哥拉斯從埃及販回「靈魂轉世」說以後，使這種思想得到了進一步發展。不過，在此以前，「靈魂」的學說是一種想像的產物，因而基本上還是屬於神話傳說的範疇。而哲學需要邏輯推理。在西方哲學史上，這項工作是從蘇格拉底開始的。他把早期希臘哲學家的「始基」，德謨克利特的「原子」，普羅泰戈拉的「人」都從外在世界搬到他的「自我」的心中，從物質實體轉化為精神實體——靈魂。也就是說，自古以來哲學家所尋求的那種最初的、也是最後的東西，不在外面，而是在我們心中，他認為只有這種精神性的靈魂才真正具有單一的和不可分割的特性，因為靈魂不是組合的，它是自身同一的。於是，蘇格拉底肯定，人們長期要找的世界「始基」終於找到了，這就是與自然物質在本質上、種類上和原則上不同的精神實體。不過，這個東西究竟是什麼，在蘇格拉底這裡，尚未形成一個明確的概念；提出這個概念是柏拉圖哲學的任務。不過，他把精神實

體作為世界的根源，從此哲學上才真正開始了精神和物質的分化，在這個意義上，蘇格拉底是一個真正的和自覺的唯心主義者。

在西方哲學史上，蘇格拉底哲學是一個重要的轉折。這個轉折從總的方面來說，就是使哲學研究的對象轉向自身，從外在自然轉向人類社會，使人類認識的領域和哲學研究的視野大大擴展了。對於這一點，他和普羅泰戈拉是一致的。但是，在對主體的理解上，他們之間卻大不相同。普羅泰戈拉著重從感性方面說明主體，蘇格拉底卻從理性方面研究主體。在這種認識的基礎上，他們對知識的理解也不盡相同。普羅泰戈拉所理解的知識是建立在感覺之上的，而蘇格拉底則把知識理解為人們所公認的普遍命題；為了獲得這種知識，在方法上他提出了從個別現象的分析中去概括出一般概念的觀點，即透過歸納尋求概念的定義。這種方法對於認識論和邏輯學的發展都具有重要意義。

這裡要提出的是，雖然普羅泰戈拉和蘇格拉底對主體進行了這些有意義的研究，但就整個古代哲學的發展過程來說，它只是其中一個小小的插曲，真正對主體系統而深入的研究，那是近代哲學的任務。

註　釋：

① 普羅泰戈拉：著作殘篇。《古希臘羅馬哲學》，商務印書館， 1982 年版，第 133 頁、第 138 頁。

② 同上。

8　柏拉圖的理念論哲學體系

　　把前面幾章聯繫起來看，不難發現，在早期希臘哲學的發展過程中，已經出現兩種傾向：一是自然哲學家把哲學研究的對象直接指向客體，而忽視了對主體的考察；二是普羅泰戈拉和蘇格拉底，雖然使哲學的研究轉向了主體，又忽視了客體在認識中的意義。特別應該指出的是，後者離開客體僅僅由主體建立起來的那種知識，由於沒有與它相對應的對象相符合，因而這種知識的真理性無法得到保證。為了解決問題，不能像蘇格拉底那樣把知識僅僅限制在主體的範圍內，而必須把主體與客體統一起來，在主客體之間建立起一致符合的關係。初步著手這項工作的哲學家是柏拉圖。

　　柏拉圖（*Platon*，西元前 *427* ～前 *347* 年），出身於雅典的名門望族，他的幾位近親都是斯巴達支持的貴族派首腦人物。尚未成年，他即立志為了他的理想國而投身於政治活動，但均告失敗。*20*歲時他接近蘇格拉底，不久便完全皈依他。蘇氏被處死後，他先躲避到麥加拉，後來可能遊歷過埃及和小亞細亞一帶，結識了一些自然科學家和數學家。西元前 *387* 年，柏拉圖在雅典建立自己的學園。他和他的助手們在這裡一邊給學生講課，一邊進行哲學研究；他不像蘇格拉底那樣把研究的領域局限於倫理道德，而是廣涉自然、社會和思維的各個方面。他以對話的形式撰寫了許多著作，其中早期有：〈申辯篇〉、〈克里多篇〉、〈卡爾米德篇〉、〈拉凱篇〉、〈歐諦弗羅篇〉；中

期有：〈美諾篇〉、〈斐多篇〉、〈會飲篇〉、〈國家篇〉、〈巴門尼德篇〉；晚期有：〈智者篇〉、〈克里底亞篇〉、〈蒂邁歐篇〉；而且絕大部分都被保存下來。

在他的哲學體系中，雖然包容了赫拉克利特的學說，承認了事物的存在和它的流動性，但是他認為，透過感官所感知的這個世界是不真實的，因此，從他的哲學出發點來說，主要是沿著蘇格拉底從理性、精神中尋找世界共同本源的路線，以便對世界的統一性作出解釋。在具體步驟上，他從區分感性世界和理性世界出發，然後過渡到精神世界，並在理念論的基礎上建立了他的哲學體系。

柏拉圖認為，處於我們周圍這個耳聞目睹的現實世界，它的存在是不能否認的；由於它所具有的一些特徵，所以這個世界不過是一個現象世界。這些特徵是：

(1)它是變動不居和轉瞬即逝的。隨著時間和地點等條件的變化，它總是處在生滅無常的流逝之中。

(2)它是相對的。任何具體事物都是不完善的。以美的事物來說，只有當它和醜的事物比較時，才顯示它的美；如果和更美的東西比較，它便不算美了。而且，它今天美，明天未必還會美；它在南方、在某種情形下、在某些人眼裡，它是美的，在另外的環境和其他人的判斷中，不一定被認定是美的，可見，現實世界的一切都是不完美的。

(3)由於它的變動性和相對性，現實世界的一切都是不真實的，而凡是不真實的東西，它的本質便不能由其自身決定，因此，世界的共同本質不能在現象世界裡找到，即它不存在於物質世界之中。

那麼，世界的共同本質在哪裡？它是什麼？柏拉圖認為，在日常生活中，母親為了救護孩子，寧願犧牲自己的生命；戰士為了保衛國家，可以獻出他的一切；哲學家為了追求真理，能夠以身殉職。如果我們把這三件事加以比較，就會發現它們具有同一特徵，都來源於善的理念。又如，當我們把畫家的作品，戲劇家的喜劇和一個美人加以比較時，在這三種不同的對象中，便會出現一個共同之處，即美或美的理念。還有，當我們把類中的個體，例如，人類中的個體加以相互比較時，就會發現它們的共同本質，這種本質在個體中再現出來便組成人的理念。從上述幾個事例中，可以看到，柏拉圖所說的理念，實際上對一類事物進行概括形成的一般概念。但是，概念不像蘇格拉底那樣，僅僅限於道德領域，概念也不僅僅是思想中的範疇和只存在人的心中，而是獨立於事物和人心的實在。柏拉圖就是把這種一般概念稱之為「理念」。

「理念」具有什麼特性？柏拉圖認為：

⑴它是同一類具體事物中的共性。美的事物是多種多樣的，有花之美、景色之美、少女之美等，而美的理念只有一個，它是多中之一。

⑵它是永恆不變的；具體事物就不是這樣。例如，任何美的事物，無論它怎麼美，絕不是絕對的或純粹的，只有美的理念才是，因而它是永恆不變的。

⑶它是真實的。一切具體事物都不像理念那樣真實，太陽的理念比照耀大地的太陽真實，人的理念比張三、李四等具體的人真實。

⑷它是一切具體事物追求的目的。例如，一切美的事物都想達到

絕對的美，於是，「理念」作為一類具體事物的目標，而善的
理念作為一切事物的目標推動著一類事物或一切事物向它而
趨。

這些特性說明：「理念」除了一點而外，幾乎具有巴門尼德「存
在」所具有的特質；這一點就是巴門尼德的「存在」是「一」，是唯
一的；而柏拉圖的「理念」卻是同一類事物中的一個，對於這一類事
物來講，它是「多」中之「一」，然而世界上有無數類事物，如人的
類、數的類、美的類等等，因而有無數個「理念」。從這個意義上
說，「理念」又是「多」。

柏拉圖指出，所有的「理念」構成一個「理念世界」，它存在於
那個變動不居的現象世界的後面，只有它才是絕對的實在，因而它是
一個真實的世界。這樣，在柏拉圖的哲學中便出現了兩個世界，即理
念世界和現象世界。對於這兩個世界的關係，他認為：理念世界是本
源或原型，現象世界是影子或摹本。前者是第一性的和起決定作用
的，後者是第二性的和被衍生出來的。一言以蔽之，我們生活在其中
的這個現實世界是神照著那個永恆不變的和最完美的模型——理念世
界創造出來的。在具體論述這個觀點時，柏拉圖吸收了畢達哥拉斯的
「摹仿」說；所謂「摹仿」說，就是認為「數」是原型，個別事物都
是「摹仿」原型而產生的。柏拉圖把它稍加改造後提出了「分有」
說；所謂「分有」說，是說個別事物之所以能夠產生和存在，是因為
它們「分有」了理念的緣故。人們看到的這匹馬那匹馬，是馬的理念
的摹本或影子，它們是「分有」「馬的理念」的產物。一個美的東西
所以是美的，乃是因為「分有」了美本身；大的事物所以為大，更大
的東西所以為更大，乃是由於大或更大本身。依此類推，現象世界的

萬事萬物都是理念世界的摹本和「分有」理念的結果。但是，具體事物到底怎樣分有了它們的理念，柏拉圖也沒有說清楚，事實上也是無法說清楚的，他只是要人相信「分有」和被「分有」的關係就行了，至於它們怎樣「分有」，可以不去管它。

理念世界中的那些理念，在柏拉圖看來，並非完全處於平等地位，而是有其高下之分的。居於最低層的是具體事物的理念，如桌子、椅子、花草、樹木、道路、橋樑等；稍高一些的是數學或科學概念或範疇的理念，如一、二、方、圓、大於、等於、動、靜、同、異等；再高者則是道德和藝術的理念，如美、醜、善、惡、節制、勇敢等；處在最高的是「善」的理念。由此看到，不同的理念隨著它的高下之分而形成一個階梯體系，居於這個體系頂端的是「善」的理念，其下的那些理念依次都以它為目標，並受其統轄。在這裡，「善」的理念不僅屬於道德範疇，它還是本體論和認識論的範疇。它作為最高的理念，同時也是認識和真理的源泉。它好比太陽；太陽使我們的視覺感知現實世界的事物，善的理念使我們洞察理念世界的一切。這樣，以善的理念為最高目標的理念世界便成為一個目的論的體系。柏拉圖認為，哲學的任務就是用邏輯思維來把握這個理念世界的本質及其內在秩序。

在理念的基礎上，柏拉圖提出了認識論的理論。他認為，真正的知識必須是可靠的和真實的；所謂可靠的，是指知識中不允許有矛盾和錯誤，並能明確表達的；所謂真實的，是指它必須具有永恆不變的特性。根據這個標準，他還認為，這種知識只能來自理念世界。然而，人是生活在現象世界的，如何才能獲得這種知識？我們知道，柏拉圖的理念實際上是反映事物本質的一般概念，而所謂知識不過是一

般概念的認識和把握。因此，按照他的看法，對於理念的認識不能依靠感覺，而只能透過「心靈自身」，即透過理性思維活動才能達到。對此，他吸取了畢達哥拉斯靈魂轉世的觀點，提出了所謂「回憶」說。他認為，認識主體是由肉體和靈魂構成的，肉體必然死亡，靈魂卻是不朽的。當人的靈魂尚未和肉體結合之前，它生活在理念世界，這時，它便先天地有了對於理念世界的一切知識。但是，當靈魂在投胎取得肉身時，由於受到肉體的玷污，使原有對理念世界的一切知識都通通忘光了。為了重新取得這些知識，必須經過一段時間的學習，而所謂「學習」，在他看來，就是要把出生時忘記了的知識重新回憶起來，正如他所說的，「一切學習都只不過是回憶罷了」；①學習的過程即是回憶的過程。在論證這個觀點時，他以蘇格拉底和某個小奴隸的對話為例，說這位小奴隸從未學習過幾何學，可是，他在蘇格拉底的反覆詰問下，居然正確地解答了蘇氏提出的幾何學問題。柏拉圖用這個事實來證明，這個小奴隸所以能夠回答得出來，原因在於他的靈魂早就獲得了這種知識，透過蘇格拉底的提問，只是幫助他把原有的先天知識回憶起來罷了。所以，知識既不是透過感覺經驗獲得的，也不是透過別人傳授得來的，而是經過自己的回憶獲得的，他人的教育只是一種誘發而已。

在理念的基礎上，柏拉圖還建立了他的倫理和政治學說，實際上，後者不過是前者在社會生活中的具體應用而已。在理念論中，他把理念劃分為不同的等級；和理念的等級相適應，在他的倫理學中，他把人的靈魂分為理性、理智和欲望等不同的等級。他認為具有不同靈魂的人會有不同的德性：具有理性靈魂者都是有智慧的人；具有理智靈魂者必是勇敢的人；具有欲望靈魂者則必須是個節制的人。他指

出，如果這些靈魂不同的人，各盡其性，那麼，他們就都是有道德的人。在政治學說中，與理念的等級相適應，他把人分為統治者、武士和勞動者等不同的等級。他認為不同等級的人在社會中有不同的功能：統治者管理國家，武士保衛國家，勞動者生產社會所需要的物質財富。他指出，如果這些不同等級的人，各盡其職，那麼，國家就會和諧一致。從這裡可以看出，他從理念出發，用人的靈魂的天賦秉性來解釋人的德性和確立道德行為的準則，並進而論證社會等級的劃分。按照這種理論，人們道德和社會等級的區分都是由人的本性決定的和不可改變的，這種勞心者治人、勞力者治於人的歷史觀是唯心的。

　　總的來說，柏拉圖探討了宇宙論、認識論、概念辯證法、道德論和國家學說等重大問題；所有這些問題都不是各自獨立和互不聯繫的，而是把它們建立在理念論的基礎上，因而形成了一個有統一原則的哲學體系。這種體系的建立，只有人類的理性思維能力發展到一定程度才有可能；因此，它在西方哲學史上，標誌著思維發展進入一個新的階段。就是他提出的「理念」這個範疇，也要作具體分析。應該承認，柏拉圖企圖從具體事物、從許多個別事物之中尋找一般、共性，從人類認識發展史來看，也有重要意義。科學和哲學離開了對事物一般和共性的探索，即拋棄了規律性的探索，便無科學和哲學可言。問題只是柏拉圖在探索中，把人類思維能力的產物，即精神性的理念看作是事物的本源和第一性的東西，而物質世界或具體事物被視為是由它衍生出來的，是第二性的，這的確顛倒了思維和存在的關係。因此，柏拉圖的哲學體系無疑是客觀唯心主義的。他之所以提出這種看法，從理論思維上吸取他失足的教訓來說，首先在於他錯誤地

把一般與個別的對立看成是真實的與不真實的對立。他認為，具體事物都是變動不居的，因而是假象；只有一類事物的概念，即理念才是真實的和永恆的。也就是說，個別是不可靠的，一般才是真實的。實際上，一般所以是真實的，完全在於它來源於個別的真實，離開了個別的真實，絕沒有一般的真實，因為一般只能來源於並存在於個別之中。由於他把一般與個別的關係歪曲成了真實的與不真實的關係，因此，他便得出結論：不真實的事物不是世界的本源、本質，世界的本質只能在真實的東西中去找。其次，當他把理念肯定為唯一真實的東西後，進一步使它絕對化，把它變成脫離具體事物並且先於具體事物而獨立存在的和決定其他具體事物的東西，這就不僅把本來聯繫著的東西割裂開來了，而且完全顛倒過來了，這就使柏拉圖陷入唯心主義的認識論根源。

註　釋：

① 柏拉圖：〈美諾篇〉，《古希臘羅馬哲學》，商務印書館， 1982 年版，第 191 頁。

9 亞里斯多德從唯物論滑向唯心論

在理念論的基礎上，柏拉圖建立了龐大的哲學體系。在這個體系中，思維與存在，本來是絕對對立的兩個方面，後來他用存在於事物之外的「理念」作為事物的本質使他們達到了統一；正是由於這一點，給柏拉圖哲學帶來了嚴重缺陷。因為從理論上講，所謂事物的本質，它的本來意義只能存在於事物之中，柏拉圖卻從事物之外去尋求，這是說不通的。實際上，在將「理念」和事物完全割裂開來之後，他在具體論述中，也的確難以統一起來。他雖然用「分有」等方式對此作了解釋，不過，這不是理論上的論證，只能說是形象的比附。柏拉圖在理論上沒有解決的這個問題，他的學生亞里斯多德繼續探討，建立了一個集古希臘哲學大成的體系。

亞里斯多德（*Aristotles*，西元前 *384* ～前 *322* 年）出生在愛琴海西北岸色雷斯地方的斯塔吉拉，當時這個地方已經處在馬其頓的統治之下。他的父親是馬其頓王菲力的醫生。*18* 歲時，他到雅典進入柏拉圖學園，成為柏拉圖的門生，後來還擔任了該園教師。他在這裡學習和研究，長達 *20* 年之久，直到柏拉圖去世後他才離開。西元前 *342* 年，亞氏應馬其頓王菲力的邀請擔任王子亞歷山大的教師。亞歷山大繼位後，他回到雅典在呂克昂建立了一所學校，因他們經常在當地林蔭道上和學生一邊散步一邊討論問題，所以被人稱為「逍遙學派」。他雖然是亞歷山大的老師，但歷史上卻沒有關於他參加政治活

動的記載；可是當亞歷山大死後，他被視為親馬其頓黨，迫於反馬其頓黨的強大壓力，只得離開雅典，第二年在優卑亞島上去世。

亞里斯多德留下了大量的著作，對後世哲學和各門科學的發展都產生過深遠的影響。因此，馬克思稱他為「古代最偉大的思想家」①。他的哲學體系充滿了矛盾，特別在哲學基本問題上，動搖於唯物主義和唯心主義之間，確切地說，從唯物論開始，以唯心論結束。在此章裡，我們將著重談談這個問題。

在本體論中，亞氏首先對他的希臘前輩哲學家的學說，特別是柏拉圖的學說進行了分析和批判；他的學說就是在這個基礎上提出來的。他是柏拉圖的學生，但他並不墨守柏拉圖的體系。他說，「我愛老師，但我更愛真理」。根據這種精神，他指出，哲學本來是要尋找具體事物的原因，柏拉圖卻把這個原因歸結為存在事物之外的「理念」。他問道：「理念」為什麼是具體事物的原因？它們和具體事物之間又有什麼關係？他認為，「理念」論並沒有作出令人信服的說明。因為在他看來，作為事物本質的「理念」只能存在於事物之中，可是柏拉圖把這個從事物中抽象出來的「一般」當作實際上獨立存在的東西，就是將這個「一般」片面地誇大了。透過這種批判，說明亞氏的確抓住了理念論的要害，並超出了柏拉圖的學說。因此，列寧說：「亞里斯多德對柏拉圖『理念』的批判，是對唯心主義，即一般唯心主義的批判。」②

那麼，什麼才是世界真正的本源？對此，亞氏提出了他的本體學說。他認為有兩種本體，即「第一本體」和「第二本體」。前者具有下述特徵：

(1)它是主體，有關屬性都是它的賓詞，是表述它的，都不能離開

它而存在。因此,它是一切事物的基質。如白色存在於一切白的物體之中、語法知識存在於具有這種知識的人心中等。

(2)它又是一個「這個」,即它是一個具體的、能獨立存在的東西。如蘇格拉底這個人、在我們面前的這張桌子等。

　　總之,「第一本體」在任何意義上都是第一的:在定義上它是第一的,因為在每個定義裡,必須出現它的本體的意義;在認識秩序上它是第一的,因為只有知道一個東西是什麼的時候,才能說得上對這個東西的進一步認識;在時間上它是第一的,因為只有本體才能獨立存在的,其他表示數量或性質的範疇,沒有一個是能夠獨立存在的。說穿了,亞氏這個所謂「第一本體」實際上就是客觀世界上存在的一個一個的個別事物。

　　「第二本體」則不是這樣。它是個別事物所屬於的「種」和「屬」;例如,蘇格拉底這個具體的、活生生的單個的人。他是「人」,又是「動物」。這裡的「人」即是「屬」,而「動物」則是「種」。亞氏認為,它們也是本體,雖是「第二本體」卻不是事物的性質或數量等屬性。它和「第一本體」不同,這類本體是抽象的和一般的,不是個別的和具體的。

　　這樣,他就提出了兩個本體。他提出,凡是本體都有一個共同的特徵:它是獨立存在的。「第一本體」如此,「第二本體」亦然。不過,「第一本體」是最真實存在的東西,因此,可以最恰當地被稱為本體,因為它是其他一切東西的基礎。就是說,其他東西只能用來說明它們,只能用作表述它們的賓詞。至於「第二本體」,雖然它與其他表述「第一本體」的賓詞比較起來,最能說明「第一本體」是什麼,以此為理由它仍然是本體,但它和「第一本體」比較起來,「第

一本體」是個別的本體,「第二本體」是一般的本體。在這裡,他以個別性(這一個)作為主要標誌來區分本體。個別——屬——種的本體性是依次遞減的,只有個別的東西才是第一性的東西,第二本體的本體性則不如第一本體。

亞里斯多德的本體學說,實際上是在探討世界本源問題。他把原先的始基問題變為本體問題,認為具體的一個一個的具體事物是本體,這無疑是樸素唯物主義的觀點。他又認為,「屬」和「種」也是本體;從他沒有把它們看作是超自然和處於第一本體之上的東西,這種觀點也接近於唯物主義。不過,還必須看到,從一般和個別的關係看,他的觀點顯得有些混亂。這主要表現在對於「第二本體」的看法上;他認為「第二本體」可以用來述說主體,卻不存在主體裡面,就是說,它是獨立存在的。如「人」可以表達個別的人,它卻不存在作為主體的個別的人裡面。這樣,作為一般的「人」就可以離開個別的人而存在,把這種割裂「一般」和「個別」的傾向發展下去,就必然離開把「第一本體」視為本源的唯物主義立場。這是亞里斯多德從唯物論滑向唯心論的第一個教訓。

上述傾向在他的「四因」說中得到了明顯的反映。他說過,哲學的任務就在於說明具體事物所以能存在和發展的原因。為此,他從現實事物的存在中提出了質料因、形式因、動力因和目的因,認為有了這四個原因,就可以說明事物的產生、變化和發展。

所謂「質料因」是指構成每一事物的原始材料,建造房屋,磚瓦木料即是;所謂「形式因」是指事物根據什麼形成的,即事物的結構、比例或本質,如建造房屋,它的圖樣或模型即是;所謂「動力因」是指使它的質料取得一定形式的力量或來源,建造房屋的設計師

即是；所謂「目的因」是指具體事物之所以實現為形式的目的，建造房屋的用途即是。不管人造物或自然物，它的形成都得具備上述四因。

亞氏之前的各派哲學，雖然在探索中都涉及到了這些原因，但是，他們的看法在認識上都顯得膚淺。亞氏在考察過往各派學說的得失利弊的基礎上提出的「四因」說，透過尋求事物存在和變化的原因，實際上探討了自然界發展變化的規律問題。這對於哲學和科學的發展是很有意義的。在他的觀點中，認為資料是一事物之所以成為一事物的基質，這是用物質的原因來解釋事物的產生，當然是唯物主義的。但是，他把這四種原因不分主次折衷地結合在一起，特別聯繫到前面講的，在他作為本體的質料因中還包括了「種」和「屬」的概念，這些觀點繼續發展下去，離開唯物論將會越來越遠。

亞氏在具體解釋事物的產生時，把動力因和目的因歸結為形式因，足以說明這個問題。他之所以這樣作，是因為在他看來，形式因是事物的本質和整體的表現，而目的因是事物追求目的的實現；目的的達到，也即是本質的實現，因此，目的因實際上是形式因。而動力因是事物變化的力量，在這裡，事物之能夠變化乃是由於它趨向一種目的所致，目的是為一定力量奮鬥的結果。因此，目的因本身也是動力因；既然前面已經把目的因歸結為形式因，現在再把動力因歸結為形式因也順理成章。這樣，三種原因合而為一，「四因」便成為「兩因」了。到此，他提出，任何事物都不外是質料因和形式因的結合。

接著，亞氏還指出，在由質料和形式構成事物的過程中，它們分別都作為事物產生的原因。就它們構成的任何一個個體而言，質料和形式是不可分離的；絕沒有無質料的形式，也沒有無形式的質料，現

實地存在的任何事物，必定是質料和形式的結合。不過在這個結合中，兩者比較起來，形式因是主動的和積極的，質料因是被動的和消極的。因為質料因本身只是一種無性無狀的原始基質，這一個個體不同於另一個個體，並非質料有什麼不同，只是在於它們的形式不同。所以，亞氏斷言，形式是在先的，是運動的源泉，兩者是支配和被支配的關係。這種誇大形式作用，貶低質料的觀點，必然使他重蹈柏拉圖的覆轍。

關於這一點，要聯繫他的「潛能」與「現實」的理論才能說得清楚。上面講了，質料是被動的和消極的基質，形式是積極的和主動的本質，因此，形式給質料以規定性，使質料成為某個個體。這樣，質料本身不是任何個體，但它可以成為任何個體；它是潛在的個體，從這個意義上說，質料只是一種「潛能」。形式使質料確定而成為一個個體，使它轉化為「現實」。因此，亞氏指出，質料與形式的結合過程，實質上是潛能變為現實的過程。

在這裡，亞里斯多德不僅考察了「潛能」與「現實」這一對範疇的含義，而且還把它們和運動的理論聯繫起來，認為從潛能到現實的過渡就是運動；事物的生成變化不是從無到有，而是從潛在的「存在」到現實的「存在」。質料是形式的潛在，形式是質料的潛在性的實現。形式就潛在質料中，最後達到的目的即在起點中。因此，質料與形式的關係可以說是在發展中的關係。質和形是變化和發展過程的兩端，質是起點，形是終點。發展過程的兩端，個體雖未形成，然而在質中已潛在地有其形了。例如，葵花籽（質）中早已潛在地具有葵花（形），要不然葵花籽種下去怎麼能變成葵花呢？葵花籽種下後，長出葵花，表明個體形成了，潛能變成了現實。

可見，宇宙萬物就是一個從潛能到現實的統一過程。在這個過程中，從低級到高級形成一個等級式體系，低一級的事物是高一級事物的質料，高一級的事物是低級的形式。因此，雖然質料與形式的差別是相對的，但是，由於宇宙萬物的這個等級階梯系列不能是無限的，而是有頭有尾的。在這個系列的最低層是完全沒有形式的「純質料」，它是絕對的潛能；而這個系列的頂端則是完全不含質料的「純形式」，它是絕對的現實；因為它再也不能成為質料，所以稱它為「形式的形式」，還因為它作為最高的目的推動著整個宇宙一切事物向它而趨，因此稱它為「第一推動力」；它本身是不動的，然而它推動一切，故稱它為「不動的推動者」。實際上，它不是別的，它只能是「神」。這就是亞里斯多德本體論的歸宿和結局。不用多說，這是一種帶有神秘色彩的目的論世界觀。

從上面的論述可以看到，一方面，亞里斯多德在總結和改造以往哲學時，將人類認識向前推進了一步。這主要表現在，他提出了「物質」和「本體」這兩個哲學概念，並且規定「本體」為哲學研究的中心，這就使哲學獲得了獨立的研究對象。同時，他在論述中，主要著眼於解決主體和客體的統一問題，並以此自覺地綜合古代希臘各派哲學。但是，主體和客體的統一問題是一個更高的抽象問題，所以當他從現實事物出發時，他是唯物主義者，然而歷史的局限給他設置了種種障礙。因此，在一般與個別的關係問題上進展到高度抽象的理論領域時，他卻回到了柏拉圖的立場，最終陷入唯心主義。這在當時的歷史條件下，雖是不可避免的，但從吸取理論思維的教訓來說，卻是值得我們高度重視的。

註　釋：

① 馬克思：《資本論》,《馬克思恩格斯全集》第 23 卷，人民出版社，
  1972 年版，第 447 頁。
② 列寧：《哲學筆記》，人民出版社， 1956 年版，第 288 頁。

10 如何看待古代希臘的懷疑論哲學

　　希臘哲學發展到西元前 *4* 世紀，經歷了認識客體、認識主體到認識主客體統一的發展過程；亞里斯多德是這個發展過程的頂峰和結束。從此以後，希臘哲學隨著希臘社會歷史的演變逐漸走向衰落。

　　西元前 *238* 年，馬其頓王菲力動用武力使希臘各邦置於他的統治之下；西元前 *3* 世紀末，它不斷受到來自羅馬的侵略，經過多次戰爭，終於在西元前 *144* 年被羅馬人所征服。從此，希臘只是作為羅馬帝國的一部分而被延續下來。在歷史的這個巨大變遷過程中，社會的各種矛盾複雜化了和激化了。生活在社會動盪中的各個階層的人，迫切需要找到一種安身立命、適應複雜社會生活的指導。這對於當時的統治階級來說，更加具有特殊意義。在動亂的局面下，奴隸起義、窮人暴動、雇傭軍嘩變、宮廷內部傾軋，時常發生。面對這種形勢，他們感到當務之急是要控制社會秩序，在動亂中求得心境的寧靜。因此，作為奴隸主階級意識形態的哲學，雖然在某些方面也有所發展，但就整體來說，隨著奴隸制的沒落而走下坡路了。這表現在：

　　一、哲學家們的注意力已經不再集中在解決自然和社會的根本問題，探索宇宙萬物的本源，而集中在追求個人幸福，尋找擺脫痛苦的方法和途徑。因此，倫理學便成為他們哲學的中心問題，而本體論和認識論則被當作倫理學的準備或工具，在哲學理論的研究上很少提出什麼新的見解。

二、希臘哲學經過幾百年的發展，對世界、對人、對人與世界的關係問題，在哲學上各抒己見，曾經出現過「百家爭鳴」的繁榮景象。但是，限於當時的科學水平，各種觀點並不是建立在科學基礎上的，在表述上，也缺乏嚴密的理論論證。這些缺陷和問題，在當時的情況下是難以解決的。隨著社會歷史的演變，有些哲學家對已經提出的各種理論進行反省；在這種反省中，他們面對歷史上的各派學說，既沒有力量批判，更沒有可能發展，甚至透過比較從中分辨出哪些是真理哪些是謬誤，也深感無力辦到。於是，他們對此只能不置可否，一味抱懷疑態度。希臘化時期和羅馬時期的懷疑論就是這種態度的具體表現。

懷疑論的觀點，早在智者派活動時就有人提出過。但是，作為一個學派，並且在西方哲學史占有重要地位，則是產生在亞里斯多德以後的歷史轉折時期。當希臘城邦被馬其頓征服之後，希臘原先的統治者眼看自己掌握的城邦權力喪失，他們當然不會心甘情願地接受這個現實，但又無能為力，因為他們已經失去了按照自己願望改變現實的信心。這種狀況反映在哲學上，就表現為在險峻的現實中只求自己的精神能夠得到安寧，心境得到平靜，因而他們認為對於現實世界，既不能認識也無力改變，只能採用自我麻痺的方式，即透過對事物不作任何判斷的懷疑論來達到上述目的。有一則故事形象地反映了這種哲學的要義。據說，懷疑論哲學家皮浪和他的同伴，乘船在大海中航行，不巧碰上狂風暴雨，船顛簸不止，隨時有傾覆的危險。他們坐在船中，個個面面相覷，人人驚恐萬狀，此時在船上還有一頭豬，只有它不管風吹浪打，若無其事地咀嚼著食物。皮浪指著豬說，哲學家在任何情況下，要是能像牠這樣無動於衷就好了。這就表明，懷疑論者

把他們的哲學目的歸之於懷疑，恰巧為那些逃避現實而又不得不適應現實的人提供了一帖精神藥方。

懷疑論學派的發展，大致分為三個時期：

(1)希臘化時期即早期懷疑論，流行於西元前 4 世紀到前 3 世紀，它為皮浪所創立，後由其弟子蒂孟所發揮。

(2)中期懷疑論學派，流行於西元前 3 世紀到西元前 1 世紀。

(3)羅馬時期即晚期懷疑論，流行於西元前 1 世紀到西元 2 世紀，主要代表有埃奈西德穆和塞克斯都·恩披里可。

這個學派的創始人是皮浪（Pyrrhon，約西元前 365～前 275 年）。他的生平缺乏可靠資料，只知道他受教育於麥加拉派哲學家歐幾里德（不是幾何學家歐幾里德）的學生希爾遜。他是亞歷山大的朋友，曾經跟隨他遠征，還與波斯僧侶、印度婆羅門有過交往。據說，為了表明他對知識的懷疑而決意不從事任何著述，因此一生沒有留下什麼著作。他的懷疑論學說是透過其門徒蒂孟的著作，我們才得以知道。皮浪的懷疑論既是哲學的，又是倫理道德的。

從覬覦內心的恬靜出發，皮浪反對像自然哲學家那樣研究那些問題；他認為圍繞那些問題展開的爭論，不但沒有取得共同的看法，反而擾亂了人們心境的安寧，破壞了人們的幸福。因此，他主張在哲學上首先要作到「萬物一致而不可分別」。①意思是說，對待任何事物都不要作出判斷。從這種觀點出發，從理論上和實踐上分別提出了他的懷疑論學說。

一、在哲學上對任何事情不作任何判斷。他認為要判斷事物的是非，必須依靠感官，而在他看來，感覺是不能判斷真假的。這是針對他同時代的唯物主義哲學家伊比鳩魯主張感覺不會錯的觀點提出來

的。伊比鳩魯認為，由於感覺和外界事物直接接觸，和外界事物最為相似，因而判斷事物的真理性應以感覺為標準。就像他說的：「永遠要以感覺以及感觸作為根據，因為這樣你將會獲得最可靠、確信的根據」。②然而皮浪卻認為，人們的感官並不可靠。依據感覺，我們只能說一件東西呈現為白的或黑的，而不能說它是白的或黑的。主體的感覺並不具有認識事物真假的能力。正是因為這個原因，人們對同一事物，不同的人可以作出不同的判斷，甚至完全相反的判斷。因此，人們對待任何事物，既可以肯定，也可以否定，要對事物取得確實的知識是不可能的；絕對真理不可求，也不可得。他寫道：「我既不能從我們的感覺也不能從我們的意見來說事物是真的或者是假的。所以我們不應當相信它們，而應當毫不動搖地堅持不發表任何意見，不作任何判斷，對任何一件事物都說，它既非不存在，也非存在，或者說，它既非存在，也非不存在。」③他認為，即使我們對於事物作出了判斷，這種判斷也是不可信的。「因為我們對於任何一個命題都可以說出相反的命題來。」④例如，上面關於存在和非存在，就說出了各種相反的命題，每個命題都可以證明也可以推翻。總之，由於對一切事物都不能分別，因此，我們不能對任何事物作出判斷，就是作出了判斷也都不可信，這就是哲學上的懷疑主義。皮浪認為，只有堅持這種懷疑主義，才能達到最高的善。「最高的善就是不作任何判斷，隨著這種態度而來的，便是靈魂的安寧，就像影子與形體一樣。」⑤

二、把哲學上的懷疑主義原則運用到倫理方面就會產生實踐上的消極效應。因為既然不能對任何事物作出判斷，由此決定了：世界上的事情沒有絕對的善惡之分和美醜之別。人們的每一種行為既可以說是這樣，也可以說是那樣，根本沒有什麼評判的客觀標準。因此，對

一切事物只能採取淡漠無情，無動於衷，莫之是，莫之非，隨遇而安的態度；對生活中所遇到的任何事物或變化都毫不介意，無論居住在哪個城邦，都應順應那裡的風俗，無論信仰什麼宗教都無所謂，隨大流即可；無論碰到什麼事情都不要區別高貴與可恥，正義與不正義，快樂或痛苦，只要堅持對一切事情不動心，這樣就不會使自己捲入是非和矛盾的漩渦，心靈才能恬靜安寧，這才是真正的幸福和善。據說，皮浪因不相信感性知覺的確實性，當駿馬迎面奔來時，他不躲避；當行走前有高牆擋道時，他不繞道；當外出惡犬向他撲來時，他不閃開。這些傳說是否可靠，無法斷定；人們編造這些傳說的目的，無非是挖苦和嘲弄皮浪的懷疑論在現實生活中是行不通的。

皮浪的懷疑論經過新柏拉圖主義者的發展，到羅馬時期更加系統化了。他們認為，無論感性知覺還是理性思維都不能提供可靠的知識，所以不可能有「自明」的真理；而因為沒有自明的真理，因而由推理獲得的知識也是不可靠的。「無論感性知覺或思維都不能給我們提供出一個真理的標誌，我們可以用來當作真理標誌的一切，都是充滿矛盾的，都是不可靠的。」⑥事物不可知，真理不可得，一切都可疑。因此，對事物的本質和價值不要作任何判斷，「對一切都應當保持不決定的態度。」⑦為此，埃奈西德穆（ *Aenesidemus* ）提出了十個論據，為他們的主張進行了全面論證。這裡，選擇其中的一部分進行介紹：

一、由於經驗主體器官的差異，對同一對象必然產生不同甚至相反的表象和感覺。例如，患黃疸病的人，無論看見什麼都是黃的。因此，人們對於自己的感覺只能說我感到某物有某種性質，而不能說，事物具有某種性質；對於事物是否具有某種性質，主體所作的一切判

斷是永遠值得懷疑的。

二、同一種類中的不同個體，由於身心稟賦各異，對同一對象的感覺也會不同。例如，同樣是人，可是對毒物，有的人稍服一點即中毒，有的人即使服用量較大也不會。這種差異性還表現在對社會的各種現象，往往也會對同一問題作出正相反的判斷。

三、就是同一個人，由於各種感官之間的差異，使用不同的感官去感知同一對象，也會產生不同的甚至相反的印象。一幅油畫，用眼睛看，覺得光滑；用手觸摸，卻感粗糙。同是水果，鼻子聞之甚臭，用舌嘗之則甜。

四、由於感覺主體所處的環境不同，同一個人在不同的情況下對於事物也會有不同的感覺。例如，人在清醒時與在睡夢中，年少時與年老時，健康時與患病時，所感事物的印象是不同的。

五、同一對象由於所處的位置不同，方向不同和遠近不同、人們所得到的感知也就不能確定。一艘遠處的船，遠遠的看去像靜止一般；點燃的火把，白天見之，光弱，夜間見之，光強。所以，對事物的感覺總是受位置和遠近的影響。既然我們知事物必須處在某一位置上或某一距離上，因此，我們所能說的，就只能是處在這種位置上和這種距離間的某物，並非某物離開這些關係時的自身；經驗所能顯示的，只是相對的認識而已。

如此等等論據，有的從主體方面，有的從對象方面，有的從主客體關係方面論述了人們對任何事物作出判斷都是不可能的。因為在他看來，各人的感覺都是各不相同的，不同的人對同一對象有不同的感覺，同一對象在不同的環境、時間和條件下也有所不同。由此可見，各種感覺都受主觀因素和客觀因素的制約和影響。他就是這樣透過誇

大感覺的相對性和主觀性否定了感覺和知識的可靠性。

懷疑論出現在希臘哲學史上，並成為哲學中的一種主要傾向，雖然有其出現和發展的必然性，但它在哲學的發展中卻是一次重大的曲折。從理論上說，懷疑論的各種論點和論據，一個共同的特點是，它們幾乎都建立在「凡是矛盾的就是不可能的」這個形而上學公式的基礎上。例如，他們認為，每一個命題都有一個與它相反的命題存在，因此，便不能對任何問題作出判斷。這是用矛盾來否定真理。然而，它們在對自己觀點的論證中，矛盾卻比比皆是。同時，就其結論來說，由於它不對任何事物作出判斷，因而它否定了客觀真理的存在以及人們有認識真理的可能性。因此，這種理論在哲學史上必然產生消極的影響。

但是，我們在分析懷疑論哲學時，如果把這種在哲學史上存在過長達五個世紀之久的理論加以簡單否定，那便不是科學的態度。前面說過，懷疑論的出現是對以往哲學進行反省的一種表現，既然是反省，就會有肯定的和否定的兩個方面；懷疑論顯然屬於否定的反省。雖然它沒有得出什麼具有積極意義的結論，然而，它卻揭露了以往各種理論的缺陷和片面性，因此，在否定這些理論的同時，實際上從一個方面提出了有待進一步解決的各種理論問題。有的人說，懷疑論並不是對於教條的選擇，而只是一種引導，一種廣義的外在的選擇。⑧這個說法表明，懷疑論提出和經過論證加以否定的許多問題，其實都是過往哲學家所未解決而在以後的哲學發展中必須繼續探討的重大問題。懷疑論指出以往哲學在這些問題上的缺陷，促進了人們對這些問題的思考和研究。從這個意義上說，懷疑論的出現有利於認識的前進。因為人類認識發展到能夠對自身提出懷疑，正是人類具有自我意

識能力的表現。經過這種反省和懷疑後，人類思維能力在新的起點上將會取得更大的進展。

註　釋：

① 皮浪：著作殘篇，《古希臘羅馬哲學》，商務印書館， 1982 年版，第 341 頁。

② 伊比鳩魯：著作殘篇。《古希臘羅馬哲學》，商務印書館， 1982 年版，第 358 頁。

③ 皮浪：著作殘篇。《古希臘羅馬哲學》，商務印書館， 1982 版，第 341～342 頁。

④ 同上，第 342 頁。

⑤ 同上。

⑥ 恩披里可：《皮浪學說概略》，《古希臘羅馬哲學》，商務印書館， 1982 年版，第 457 頁。

⑦ 同上。

⑧ 轉引自黑格爾：《哲學史講演錄》第 3 卷，商務印書館， 1959 年版，第 113 頁。

11 哲學成為神學的婢女

　　在從希臘哲學產生到它衰落的過程中，哲學家們圍繞著哲學的基本問題，有的著重從客體的個別方面或一般方面進行研究，有的則著重從主體的感性方面或理性方面進行研究；其結果，前者被分解為個別和一般而得不到統一，後者被分裂為感性和理性而得不到統一，因而在哲學的探索過程中出現了矛盾。這主要表現在，對世界的認識應以感性所接觸到的個別事物為起點，而哲學的任務是要認識整個世界的共同本質。如果僅僅依靠感性認識是不能達到世界普遍本質的，而離開感性認識僅僅依靠理性也同樣無法把握事物的本質，於是在認識的起點和認識的目標之間便無法統一起來。懷疑論發現並指出了哲學發展中的這個內在矛盾，然而，它在否定以往哲學觀點之後，卻無力解決這些相互對立的理論問題，即不能以任何一種肯定的哲學觀點代替它們。在這種情況下，一種新起的宗教意識作為早期各派哲學的對立面，在古代社會的衰落過程中登上了西方哲學的舞台，並在以後相當長的時間內占據著意識形態領域的絕對統治地位。

　　宗教作為一種新的理論的出現，除了哲學發展的內在因素外，當時的社會歷史也為它的興起準備了條件。隨著羅馬奴隸制的全面崩潰，取代它統治歐洲的是日爾曼民族。在當時，從社會發展的階段來說，日爾曼人尚處在原始社會的後期，在認識和思維水平方面要比羅馬人落後得多。古代希臘羅馬的科學文化對於他們來說，既不理解也

不需要，他們從古代世界承襲的唯一精神財富就是基督教。基督教產生在西元 1 世紀巴勒斯坦地方的猶太人中間。本來，它是羅馬奴隸社會下層勞動者的宗教。在羅馬奴隸制的衰敗過程中，它由被壓迫者的宗教變成為羅馬統治者服務的宗教；在奴隸制被封建制取代以後，它又由為奴隸主服務的宗教演變成為封建地主階級服務的宗教。在這種演變完成之後，從查理曼時代開始，封建統治者對基督教採取了一系列的變革措施。其中，為了實現基督教的大一統天下以及有效地控制被統治的勞動群眾，他們在各地設立學校，利用基督教神學作為教學內容，使受教育者俯首貼耳地聽命於封建主的任意宰割。這些學校除了教學以外，還是神學的研究中心；在研究過程中，建立了一種與基督教教義完全相符合的特殊哲學——經院哲學。

經院哲學的基本任務，是根據封建統治階級的需要，為基督教的信條和教義進行繁瑣而細緻的論證，使基督教的信仰理論化，以便實現基督教對世界統治的目的，即使當它的教義在受到無神論或異教的攻擊時也不致有所動搖。從它的基本內容來看，有以下一些鮮明特徵：

一、它研究和論證的唯一對象是創造一切和支配一切的上帝和其他神靈事物，而《聖經》和其他教會著作則是這類知識的源泉。因此，它排斥一切新鮮事物、實踐經驗和科學事實，反對從實際經驗的研究中提出問題和研究問題。這樣一來，他們的所謂研究工作就只能圍繞著《聖經》打轉，或從中挖字眼、鑽牛角尖，不是玩弄文字遊戲，就是爭論一些諸如「天堂裡的玫瑰是否有刺」以及「一個針尖上能站幾個天使」之類的問題。

二、在真理標準問題上，它只以教條或教義為根據，盲目崇拜權

威。在他們看來，《聖經》的詞句、教會的信條，都是至高無上的和永恒不變的真理；它們是真理的唯一來源和檢驗真理的唯一標準。即使在他們的研究中發現它與事實並不相符，也只能盲目信仰，甚至還要絞盡腦汁來證明其為真理。伽利略講過一個故事，說一個經院哲學家在實驗室裡解剖屍體，看到神經是在大腦裡匯合，他卻發出感嘆：「要不是亞里斯多德說過神經是在心臟裡匯合，我就會承認我所看到的一切是真理。」

三、經院哲學家對問題的論證，完全採取形式主義的方法。因為在他們看來，一切真理已由《聖經》和教會權威提出來了，他們唯一的工作只是對這些真理從理論上進行一番論證，以便使人信服。這就決定了他們的論證方法，一是不厭其煩地從權威的著作中大量引證和摘錄，然後羅列一堆空洞的定義，咬文嚼字地進行辨異，組成「贊成」和「反對」兩組命題來構成證明；二是按照演繹法的公式，從權威的命題中用三段進式進行空洞的和繁瑣的推論，以此寫成一篇篇文章或一本本著作。在辯論中，在很多情況下，論辯雙方要靠引證的多少來決定勝負。正是由於這種方法，歷史上便把經院哲學稱為繁瑣哲學。

這些特徵告訴我們，經院哲學的目的完全在於為基督教神學提供理論基礎；它的內容僅僅限於《聖經》和教會信條的範圍內；哲學世界觀是透過對基督教問題的論證表現出來的。在這裡，哲學已經失去了獨立意義和地位，完全變成了基督教神學的婢女或奴僕。

在經院哲學的形成和發展過程中，湧現出一批經院哲學家，其中著名的有安瑟倫、托馬斯‧阿奎那、羅吉爾‧培根、鄧斯‧司各特和威廉‧奧康。在此章裡，我們簡要地介紹前面兩位正統經院哲學家的主要哲學思想，以便加深對這種哲學本質的認識。

安瑟倫（ *Anselm of Canterbury* ，西元 *1033 ～ 1109* 年），本是義大利人，出身貴族。早年在英國諾曼底的貝克修道院作僧侶，後任該院主持，他是坎特伯雷大主教蘭弗朗克的門生。老師死後，他升任坎特伯雷大主教，直到去世。在其任大主教期間，追隨敎皇格里哥利七世，為敎權高於皇權的原則作辯護，並成為早期經院哲學家的主要代表。

在哲學上，他宣揚信仰高於理性。他說，上帝把理性交給信仰使喚，因此，信仰是第一位的，在現實生活中，他要求「不是理解了才能信仰，而是信仰了才能理解」。①所謂理解，是指理解信仰。要理解信仰，就得先承認信仰。哲學家的任務就在於，在堅決信仰敎義的前提下為敎義提供使人理解的證明。信仰是一切知識的基礎，理性不過是用來論證信仰的一種手段，透過這種手段使人們相信並能理解敎義。

安瑟倫的一生就是在這個原則指導下，為了證明信仰的合理性，曾經為上帝的存在作過多種證明，「本體倫的證明」就是其中著名的一個。他說，我們心中有一個上帝的觀念，即最完滿、最偉大的實體的觀念；而最完滿最偉大的東西必然包含著存在性，否則，它就不是最完滿最偉大的東西了；既然上帝是最完滿最偉大的，那麼，它就不僅存在於我們心中，而且也存在於現實中。如果將這論證改用形式邏輯三段式來表達，即：

一、大前提：上帝是最偉大的。

二、小前提：凡是偉大的必存在。

三、結論：所以上帝必存在。

不難看出，安瑟倫的這個證明，是從「一般」高於「個別」的原

則出發的。在他看來，愈普遍的東西愈存在，上帝是一個最普遍和最一般的概念，因此，上帝最實在。實際上，這個證明是從柏拉圖的理念論出發的，即把抽象的一般概念看作不是主觀上的存在，而是一個在個別事物之先，離開個別事物而獨立存在的客觀實在。因此，愈普遍的東西愈實在，既然上帝的觀念最普遍，因此上帝最實在。馬克思在批評這個證明時，認為它在邏輯上是一種空洞的同語反覆。因為在安瑟倫用以論證的前提中，預先就包含了他要證明的結論，這就是他對上帝是最完備的實體的肯定，後來的證明並沒有增加什麼新的內容。實際上，它只是證明了論證者本人思想的存在，而沒有證明上帝的存在。人們是否有上帝的觀念，這本是首先要證明的，然而安瑟倫卻把它作為不證自明的前提來推論其存在，因此，他只是依靠思想的存在去證明思想之外的存在。事實上，作為一個思想對象存在，並不一定能真實存在。儘管思想中可以設想若干不真實的或不可能的對象存在，例如，思想中完全可以胡編某物為完滿的存在，然而在實際中未必能夠真實地存在。

在經院哲學家中，影響最大的要推托馬斯・阿奎那（*Thomas Aqulnas*，西元 *1224 ～ 1274* 年。）他出生在義大利羅卡西卡城一個世襲貴族家族，其父為羅馬皇帝之侄。早年，他在修道院接受教育，後來到巴黎和科隆跟隨當時享有盛名的神學家阿爾貝特學習，並取得了擔任大主教和在大學獨立講授的資格。在學習期間他只是靜聽，一言不發；由於他身材肥大，同學們呼他為「啞牛」，可是卻被阿爾貝特器重，說有一天全世界都將聽到他的吼聲。 *1259* 年，他回到義大利，先後在教皇宮廷等處從事神學研究和著述，積極參加了反對異端異教的活動。在他的主要著作《神學大全》中，除了歪曲和利用亞里斯

多德哲學以外，還汲收了斯多葛學派、新柏拉圖學派、奧古斯汀的一些觀點，以此論證基督教的信條，創立了一個相當系統的神學和哲學體系。

關於上帝存在的學說，是托馬斯哲學體系的基礎。他看到安瑟倫「本體論證明」遭到反對，便改變證明方法，提出了對上帝存在的所謂「宇宙論的證明」。他認為人類雖然無法直接認識上帝，但是，宇宙萬物均是上帝的創造物，可以由果溯因，透過上帝的創造物來認識和證明上帝的存在，即從有限的和相對的東西出發去推論出無限的絕對的東西存在。為此，他提出了五種證明上帝存在的方法。就是：

一、所謂運動論證。人們看到世界上的物體都在運動，而一切運動著的東西都是被推動的；只有不動的東西才不需要推動，這種絕對不動而又是運動的原因的東西就是第一推動力，即上帝。

二、所謂原因論證。人們看到自然界的各種現象之間是由因果鏈條聯繫著；然而這個因果鏈條不能沒有終結。如果真是這樣，那麼它就不會有起始的原因和最後的結果，也就不會有任何事物存在了，而實際上存在著萬物，因此必然有第一因，即上帝存在。

三、所謂偶然論證或可能性與必然性論證。因為一切東西都依賴於必然的東西，而必然的東西又依賴於絕對的東西，即上帝。

四、所謂完全論證。自然界的一切自然現象按其完善程度存在不同的梯級，而它們必須以一個絕對的完善者，即上帝存在為前提。

五、所謂目的論證。宇宙間的一切物體都是按一定目的安排的，然而所有這些合目的的關係與和諧結構，都是因為存在著宇宙組織的創造者的結果。

所有這些論證都是從亞里斯多德關於「第一因」和「宇宙的終極

目的」等觀點出發來推論上帝存在的。透過上帝的創造物，由下而上推出上帝的存在。對於這種方法，在托馬斯看來，它雖然是世俗的，但它是可靠的。因為上帝的存在是絕對的存在，不是抽象的觀念，而是真實的和具體的；因此，上帝與創造物的同一不是抽象的，而是由感性事物的真實存在就可以證明上帝的真實存在。在這裡，為了維護基督教的信仰，托馬斯順應時勢的變化給上帝的存在增添了一層世俗的色彩。

但是，儘管托馬斯利用感性世界的事物來證明上帝的存在，然而其結果，上帝還只是一種推論的存在。說來說去，上帝仍然不過是一個信仰的觀念，同安瑟倫的本體論證明在本質上並沒有什麼區別。因為它的證明無法擺脫基督教神學的一個根本難點，就是基督教信仰的上帝是無法證明的，上帝存在的觀念只是在信仰者的想像或思維中，在現實中並沒有客觀實在性。只要這個致命的難點不排除，關於上帝的證明無論怎樣花樣翻新，都不足以使人相信。上帝本是不存在的，因而怎麼賣力證明，都是枉然的。

托馬斯哲學的另一個基本內容，是對人以及與人緊密相關的認識論的研究。在認識論上，他認為由於有感性的和超感性的兩個世界存在，就人的認識能力而言，可以達到感性事物的本質，即相對的真理；對於超自然的真理，則要依靠神的啟示和信仰。因此，就出現了兩種真理和兩種真理的來源。不過，他不像安瑟倫那樣把它們絕對地對立起來，而是採取了調和態度，這表現在，他認為超自然的真理，雖是超理性的，但不是無理性的；在信仰的真理和自然的真理之間並沒有矛盾。因為真理只能與謬誤相對立，真理不會與真理相對立。既然信仰的真理與自然的真理都是真理，而且上帝是它們的共同源泉，

所以，信仰和理性之間可以協調一致。不過，托馬斯調和信仰和理性的矛盾，是以信仰主義為出發點的，因為他這樣作的目的，在於強調理性為信仰、哲學為神學服務。例如，利用理性去論證上帝的存在，以便駁斥反信仰的種種理論。可見，信仰高於理性的原則並未改變。

在倫理觀上，托馬斯認為，人有三種自然傾向，即自然的、理性的和意志的欲求。其中後兩種所追求的是普遍的和最高的善，即上帝。由此他斷言：這些自然的欲求是上帝刻印在人的心中的自然律，這個自然的道德律就是行善避惡。道德生活的最終目的也就是萬事萬物的最終目的，所以，托馬斯把道德定義為：道德是理性創造物向著上帝的運動。這樣，人類道德活動的方向、內容、規範和標準，完全是由上帝所規定的。可見，這種倫理學說完全是為神學服務的。

從安瑟倫和托馬斯的主要觀點的分析，可見他們所代表的經院哲學不外是一種神學唯心主義體系。這是西方唯心主義哲學發展的一種新的特殊的表現形式。這種哲學以論證上帝存在為核心；崇尚信仰，貶低理性；提倡神性，貶低人性；宣揚來世幸福，否定現實生活的意義。毫無疑問，它是不折不扣的神學的婢女。

註　釋：

① 安瑟倫：《宣講》，《西方哲學著作選讀》上卷，商務印書館，1981
年版，第 240 頁。

12 唯名論反對唯實論的鬥爭

在西方封建社會中，經院哲學對於一切知識領域處於至高無上的地位，這是不容否認的，但是，它並不是鐵板一塊，像一切事物一樣，由於其內部矛盾都會不斷分化，一旦條件具備，具有生命力的獨立思考和反神學的思想就會應運而生。唯名論就是在經院哲學內部產生出來的。它作為經院哲學的一個派別與經院哲學中的另一個派別，即唯實論的鬥爭，曲折地反映了當時社會上反對基督教神學的進步力量的要求，它的出現有著深刻的社會根源。

唯名論反對唯實論的鬥爭，有一個發展過程，在不同的歷史時期，它所反映的政治利益有所不同。具體說來，*11* 世紀到 *12* 世紀，歐洲封建社會的經濟有了很大發展，然而政治上各個國家仍處於四分五裂的割據狀態。因此，國家由分裂走向統一，建立君主制的民族國家，便成為社會向前發展的迫切需要。在這個問題上，以教皇為代表的教權派和以國王為代表的王權派，態度完全不同。前者極力維護分裂局面，以便有效地控制各個世俗國家；後者則極力主張實現國家的統一，以便有利於擺脫教皇的控制。早期唯名論和唯實論的鬥爭，就是以此為政治背景的。到了 *13* 世紀和 *14* 世紀，隨著歐洲封建社會的經濟發展進入鼎盛時期，當時歷史提出的任務，除了要求繼續反對教權的統治，建立統一的民族國家外，還要爭取自由、發展科學、提高生產、推動社會前進。因此，後期唯名論反對教權派的性質

和支持王權的內容，有了變化，他們不再是無條件地擁護王權了，同時還要求自由意志、發展科學，所有這些，都充分反映了當時新興的市民階級的政治要求和經濟利益。

唯名論和唯實論，是經院哲學在長期發展中逐漸形成的兩個哲學派別。唯實論代表經院哲學的正統派，唯名論則是經院哲學內部的反對派。唯名論反對唯實論的鬥爭，構成經院哲學發展的主要內容。兩派的基本分歧圍繞一般和個別的關係幾乎反映在中世紀經院哲學和神學研究的各個方面。因此，凡是較為重要的哲學家，或者站在這一方面，或者站在那一方面，都這樣或那樣捲入了這一鬥爭。

被視為反對派的唯名論哲學家，多半是些帶有自由思想傾向的人；產生這種思想的歷史條件，在當時的歐洲只有英國。因為英國地處歐洲大陸之外，從羅馬帝國以來，統治者對這裡的思想文化控制相對地比較薄弱，特別是日爾曼人占領羅馬以後，大陸不少學者為逃避迫害而遷居英國，更加強了自由思想的傾向。因此，像馬克思說的，唯名論主要是存在於英國經院哲學家中間。下面，我們著重介紹後期三位英國唯名論者的主要學說。

羅吉爾‧培根（*Roger Bacon*，約西元 *1214 ～ 1292* 年）出生在英格蘭一個貴族家庭，早年在牛津和巴黎大學學習，後來還在巴黎大學任教。他不僅研究神學和哲學，而且酷愛自然科學，長期從事科學實驗活動，是一位學識淵博、富有創造精神的學者。他認為迷信權威、因襲習慣、屈從偏見、盲目無知是掌握真理的四大障礙。由於他反對正統經院哲學，不斷遭受迫害，可是培根並沒有因此屈服，最後教會終於在 *1278* 年把他關入監獄，前後長達 *14* 年之久，出獄後不久就死去了。

在哲學上，培根堅持唯名論的立場，認為只有個別的事物才是真實的。他說，上帝創造的是個別的具體的人，而不是為具體的人而贖罪的一般的人；自然界產生的是個別的馬，而不是一般的馬和一般的動物；整個自然界是由千差萬別的個別事物構成的，不是由一般組成的。一般就是一類個別事物的共同性，它使一類事物成為一類事物，並使這一類事物和另一類事物區別開來。但是，一般不是獨立於個別事物而是和個別事物融合在一起的。從這種觀點出發，他尖銳地批判了唯實論者從一般中引申個別的錯誤。他指出，個別是客觀的，自身存在的，它不是一般的產物和反映，由此可見，在個別與一般的關係上，他不僅和唯實論針鋒相對，而且也不像早期唯名論那樣絕對。因為在早期唯名論者如羅瑟林（ *Roscellinus*，約西元 *1050 ～ 1112* 年）那裡，他認為只有個別的感性事物才有客觀實在性。存在的只是個別的人，人的類只不過是代表一般的名稱或記號，甚至也不是真正的理性概念。除了在語言中外，它沒有客觀實在性，而在這裡，他已經注意到了一般的客觀性。

在培根看來，任何科學知識都是以個別事物為對象和以感性經驗為基礎的。他說，「我現在想來說明實驗科學的基本原則；沒有經驗，任何東西都不可能充分被認識」。①培根所說的經驗，不僅指感官上的感覺、知覺，而且還有科學實驗。他指出，認識的道路是從感性到理性，沒有經驗就沒有理性認識。不僅如此，理性認識是否可靠還得靠實驗來檢驗。因此，雖然論證和經驗都是認識事物的不同方法，但是，兩者比較起來，經驗尤為重要。真正的學者應當依靠實驗來弄懂自然界的一切事物。凡希望認識真理的人都應成為實驗家，沒有實驗，就不可能充分認識任何事物。例如，一個從來沒有見過火的

人，他要想透過擴充的推理來證明火燒壞東西，其結果是不會令人滿意的，可是，當他把手或其他可燃的東西放到火中去，透過這種簡單的實驗即可證實這一點。因此，他常常用許多科學實驗的事例，一方面以此說明經驗在認識中的重要性，另一方面以此批駁唯實論。培根這種強調感性經驗和科學實驗的觀點，在客觀上促使上人們從經院哲學的文字遊戲和抽象論證中擺脫出來，為科學的發展開闢了道路。

在倫理觀上，培根也對教會進行了無情的鬥爭。他認為只有道德哲學才能教導精神善良，因此，它是一切科學的目的，是一切科學之王。在這方面，他重視現世的幸福，把它當作自己生活的目的。他揭露教會在宣揚禁欲主義的同時，自己卻過著荒淫無恥的生活，因此，他提出要用物質的劍和精神的劍來清洗教會。

儘管培根在許多方面超出了他的時代，不愧為一個偉大人物，但是，他還不是唯物主義者和無神論者。在他的認識論思想中，也包含不少唯心論和神秘主義的東西。例如，他把經驗分為所謂從外部獲得的感覺經驗和內在的啟示經驗。他看不到數學知識的經驗基礎，認為數學真理是天賦的等等，這表明培根對經驗的理解不可避免地帶有時代的侷限。

鄧斯‧司各特（*John Duns Scotus*，約西元 *1270 ～ 1308* 年），出生於蘇格蘭，就讀於牛津大學，並在這裡加入弗蘭西斯僧團。後來在牛津、巴黎和科隆等地任教。生前他的名聲即很大，被稱為精明的博士，是中世紀後期唯名論代表之一。

在哲學上，他不像培根那麼具有尖銳批判正統經院哲學的特點。例如，他承認神學高於科學，肯定教義只能信仰不能爭論。但是他又認為，理性雖然不會與信仰發生衝突，然而「三位一體」和「靈魂不

死」等信條都是不能被證實的，因此，要像托馬斯那樣用哲學的理論去論證宗教體系也是沒有用的，哲學和宗教應當分開。他在把神學限制在信仰範圍之後，他提出哲學的對象是對現實世界的認識，哲學有自己的理性真理，因此，哲學不該從屬於神學。他用這種既承認信仰真理又承認理性真理的「雙重真理」論，企圖以此割斷哲學和神學的聯繫，這是視哲學為神學婢女的大膽否定，對於使哲學從神學統治下解放出來具有重要意義。

對於一般與個別的關係，他認為在承認上帝存在和上帝創造萬物的意義上，它作為物質形式的一般存在於個別事物之先。當他這樣肯定時，他的觀點帶有實在論的色彩。但是，在把世界作為研究對象時，他強調只有個別存在，類和種都不是單獨的存在。他認為，一般不僅是人們心中的概念，它還表現許多個別的東西共同具有的性質的形式，它被濃縮以後存在於個別之中。透過邏輯分析，在任何個別中都能夠把各種因素區別開來。例如，在柏拉圖這個「人」裡，可以把「動物」、「人」和柏拉圖的個體區別開來，卻不能把柏拉圖的個性再行分開；正是由於這個個性，柏拉圖才與其他個別人區別開來。在這裡，司各特有把「一般」個別化的傾向，沒有真正解決一般與個別的關係。但是從總體上看，他強調了個別是最終的實在，一般存在於個別之中，這種觀點具有鮮明的唯物主義傾向。

在認識論上，他把對個體認識的感性知覺當作認識的基礎，強調一切知識都是從感覺產生的；人的理智好像一塊「白板」，在它上面沒有什麼天賦觀念。對於認識過程，他指出：開始是某個簡單的對象刺激感官，感官的運動作用於理智，於是理智就理解了簡單對象，然後，理智把它們結合起來，根據自身的自然之光，就能闡明複雜對象

的真理性。例如，我們從感覺經驗得到「整體」和「部分」，當理智把它們結合起來，它就直接明白整體大於部分這個命題的真理性。這就是說，關於整個和部分的知識來源於感覺經驗，理智的自然之光能使自己直接看到複雜對象的真理性。司各特的這些觀點表明他沒有真正理解理性思維和感性經驗的關係。但是，在當時，他的觀點卻是一種革新。他甚至斷言，人的理智毋須神的啟示就能達到某些真理，這也是相當大膽的。

司各特把關於上帝的意志高於理性的觀點和個體實在性的觀點引申到社會倫理領域，提出了他的倫理學說。他認為，在上帝創造的現實世界中，個體是最實在的存在。個人是個體，也就是最實在的存在，因而個人便是行動和道德的主體。在上帝那裡，意志高於理性；在個人這裡，也同樣是意志高於理性。也就是說，自由意志是上帝的本性，也是人的基本屬性。個人有權按照自己的意志去追求最高的幸福，在追求幸福時，個人不是消極被動的東西，而是積極的和能動的主體。他甚至認為，個人在爭取幸福時，上帝也不起決定作用，即使沒有神的幫助，個人的意志也能夠按照自己的道德要求而行動，永恆的幸福集中在意志的行動上，而不是沉思上帝。在這方面，他強調了個人作為道德的最終價值，這反映了市民階級要求個性解放的願望，不過，他並不否定上帝的作用。

全面地看，司各特的哲學思想雖然還沒有超出神學的範圍，但是，他卻明顯地表現了經驗論和感覺論的傾向，強調了知識的客觀性，在使哲學從神學的束縛下解放出來，作出了一定的貢獻。

繼承和發揮司各特學說的是他的學生威廉·奧卡姆（*William Ockram*，西元 *1300 ~ 1350* 年）。他生於英國蘇萊郡的奧康，先在

牛津後在巴黎接受高等教育。他參加過「屬靈派」，並且是這個派的領導人之一。1324年因反對教皇不幸被捕；1328年越獄逃出後投奔巴伐利亞皇帝。他說，「請你用劍保護我，而我將用筆保護你」。在皇帝的庇護下，他斷絕了與羅馬教廷的關係。他的主要著作有《邏輯大全》、《辯話集七篇》，此外還有不少政治論文，以此用來支持皇帝和反對教皇。

在哲學上，他從教權必須和王權分離的政治立場出發，主張信仰和理性也必須分開。他認為信仰的對象是天國，理性的對象是現實世界。前者為神學所研究，後者為哲學和科學所研究，各有各的管轄範圍。奧卡姆在把哲學擺脫了神學的束縛之後，在哲學的範圍內對唯名論的觀點作了全面的發揮。

一、在個別與一般的關係上，他認為只有個別事物是最終的存在，一般後於個別而存在，並以此從理論上駁斥了實在論。他指出，按照實在論的觀點，一般概念是存在於心靈之外的實體（如人這個一般概念是真實存在的）；一般概念又存在於每一個個別事物之內（如「人」這個一般概念存在於蘇格拉底這個人之內）；作為個別事物本質的一般概念和個別事物不同（如「人」這個一般概念和蘇格拉底這個人不同）；每一個一般又相區別（如人這個一般概念和生命、理性、存在等概念相區別），這樣一來，「人」這個一般概念，既不是蘇格拉底和任何個人，也不是生命、理性和存在。結果，「人」這個一般概念成了和任何一個存在物和任何其他概念都不同的單一存在。但是，一般概念的原意就是共相，是一個普遍的規定；按實在論的理論，具有普遍規定的一般概念卻分離成了各自獨立的存在，於是，一般就又是單一，單一就又是一般，說一般概念又是單一的存在，這是

邏輯的自相矛盾。因此，實在論在理論上是站不住腳的，在科學上是沒有意義的。

奧卡姆指出，所謂一般，不過是事物的一個「標誌」或記號，人們借助這些記號來認識事物。例如，反覆多次看到了石頭，於是人們根據相同的感受，於是在人的理性上便產生了「石頭」這個記號。由此可見，他否認一般的客觀性。上帝作為一般概念，也是這樣。就是從這裡出發，他尖銳地批判了安瑟倫和托馬斯對上帝存在所作的證明。

二、關於認識的問題，奧卡姆肯定單個的人是真實存在的認識主體，而且這個人的智力是屬於他自己的。人們運用智力所獲得的知識，首先是關於真實存在的個別事物的認識。作為認識對象的個別事物是「先於它所特有的活動，從起因上看，它也是在先的。」②這就肯定了認識對象是在心智以外客觀存在的事物。這些事物作為認識的起因先於人的認識而獨立存在；而且個別事物是感官的第一對象，因此，一切知識都起源於感覺。奧卡姆這些觀點是站在唯物主義立場上的，基本上是正確的。

三、奧卡姆的唯名論思想在反對唯實論的鬥爭中起了重要作用。他認為既然真實存在的只是個別事物，人們要獲得知識就只要去認識個別事物就行了。唯實論者提出在物質後面還有所謂「隱蔽的質」、「形式」等普遍觀念，他認為，這種說法，正如亞里斯多德在批評柏拉圖的理念論時所說的，不但沒有把多樣性的事物說清楚，反而增加了比原有事物多一倍的東西，而這些東西本身還有待說明。因此，奧卡姆主張，唯實論者所提出的那些東西，都是不必要的，能用較少的東西說明問題，那麼用較多的就成為無益之事，若無必要就不應該增

多實在的東西的數目。為了節省時間和精力，就應該用「剃刀」把它們統統剃掉，這就是哲學史上有名的「奧卡姆剃刀」。

奧卡姆的唯名論思想很快得到了廣泛的傳播，在巴黎，他的信徒們還建立了完整的學派。他們在當時的社會中受到排斥和打擊，但是其中一些傑出的人物卻不理會這一切，把研究的方向從神學轉向天文學、數學和力學。這種情勢的發展，預示著天文學上的革命即將到來。

總之，以上述三位哲學家為代表的唯名論對唯實論的鬥爭，動搖了神學和信仰的基礎，促進了經驗自然科學的發展，打開了唯物主義傳播的大門，這就從內部加速了經院哲學的瓦解，為文藝復興時期科學和哲學的發展準備了條件。

註　釋：

① 羅吉爾‧培根：《大著作》，《西方哲學原著選讀》上卷，商務印書館，1981 年版，第 287 頁。
② 奧卡姆：《邏輯大全》，《西方哲學原著選讀》上卷，商務印書館，1981 年版，第 292 頁。

13 人從神的統治下解放出來

　　經過漫長的中古宗教統治的西方，到 15 世紀、16 世紀，進入了它的歷史上引為自豪的發展時期；當時，儘管在社會形態上仍然是封建制度，然而，它已經開始由古代向近代社會過渡了，這就是一般被人稱為的文藝復興時期。

　　封建社會後期，隨著生產工具和生產技術的改進，生產力得到了迅速的發展，特別是中國三大發明的傳來，對於西方社會面貌的改變，其作用是無法估量的。因為有了火藥，遠洋航行和新大陸的發現才有可能；而新大陸的發現，貿易市場便擴大到海外，從而使工商業得到空前發展。隨著生產力的發展，資本主義生產關係首先在義大利的一些沿海城市如威尼斯、佛羅倫斯等地萌芽和發展起來。這種新的生產方式與封建主義的生產方式相比，它的顯著特點就是它是商品經濟。在這種生產方式下，不僅產品是商品，勞動力也成了商品。為了適應社會發展的這個特點，要求人們普遍地具有自由和平等的權利；如果沒有自由和平等，不僅商品交換難以進行，發展生產所需要的勞動力也無法得到。因為要發展生產力，最重要的是要有足夠的勞動力；對於資本主義的生產方式來說，這種勞動力還必須是擺脫了人身依附和行會束縛的自由勞動者。但是，在當時的社會條件下，封建的人身依附關係像一道緊箍咒把農民緊緊地束縛在土地上，使人動彈不得；要想離開鄉間自由地出賣勞動力都是不可能的。面對這種社會現

實，資產階級為了發展生產力就不得不起來反對阻礙資本主義因素發展的封建制度。然而，資產階級還處在積累力量的階段，鬥爭矛頭還不能直接地涉及政治領域，只能透過間接的形式表現出來，即主要是批判宗教神學，摧毀封建制度的精神支柱，為將來的政治革命作好準備。因此，資產階級反對封建制度的鬥爭，首先表現為對宗教神學的批判。馬克思說：「反宗教的鬥爭間接地也就是反對以宗教為精神慰藉的那個世界的鬥爭」。①因為神學蒙昧主義是封建制度套在人們身上的精神枷鎖。它為了轉移人民對現實的痛苦和不幸的注意，神學家竭力讚美神，否定人的價值，鼓吹天堂和來世幸福，貶低現實生活的意義，並透過繁瑣的宗教禮儀把人們束縛在祭壇旁邊，忍受著對現存社會的壓迫。因此，使人從神的統治下解放出來，便成了資產階級向封建制度開火的序幕。

　　針對中世紀神學以神為中心的觀點，新興的資產階級提出了以人為中心的人文主義思想；所謂「文藝復興」運動，就是以這種思想為基本內容的。這個思潮發源於 14 世紀資本主義發展最早的義大利，經過 15 世紀和 16 世紀，逐漸遍及歐洲各國，形成一種帶有時代性的思想解放運動。人文主義並不是一種狹隘的哲學理論體系，而是涉及文學、藝術、哲學和科學的各個領域的一種具有共同傾向的思潮。它的目的不僅在於爭取教育對於教會的獨立，而且要爭取一切意識形態脫離神學的桎梏。在具體作法上，人文主義者主要是透過復興古代希臘和羅馬的文明，提倡世俗教育，從而達到對人的肯定，以此反對人對神的屈從，並在意識形態上確立人的統治，以取代神對人的統治。為此，他們整理和重現了大量在中世紀忘卻或被歪曲了的古代著作；在經過長期的宗教統治之後，一接觸到這些著作的內容，使人耳

目為之一新。而這些內容就被人文主義者當作寶貴的思想資料，以吸收到自己的學說中去，並在當時的歷史條件下賦予新的內容。

人文主義的口號是：「我是人，人的一切特性我無所不有」。這本是一句古老的箴言，原出於西元前 2 世紀拉丁詩人特倫斯的詩。透過這個口號，集中表達了人文主義的思想。這就是：從研究的對象來說，它與中世紀神學以神為中心相反，著重開展以人為中心的世俗文化的研究；從它的思想內容來說，是指貫穿於整個資產階級新文化中的一種基本精神，即人本主義，或說是人性論，以此反對中世紀的神道主義。

在人文主義者中，著名的代表有義大利的但丁、彼得拉克、薄伽丘、達芬奇和彭波拿齊，在德國有庫薩的尼古拉，在尼德蘭有愛拉斯謨，在法國有蒙田，此外還有西班牙作家拉伯雷和英國作家莎士比亞等。雖然他們的理論沒有形成為一個統一的理論體系，但在一些基本觀點上卻是一致的。

(一)讚美人性，批判神性

基督教教會為了從精神上奴役和統治人民，用了一切最美好的語言來讚美上帝，說上帝全知全能全善，它不變而變化一切，以此宣揚神性至上，神道高於一切，要人卑視自己，絕對服從上帝。

針對上述宗教觀念，人文主義者主張以人為中心，強調人的尊嚴，歌頌人的偉大，讚揚人的價值，追求人的獨立地位，把爭人權、個性自由、人的幸福等宣布為人類普遍具有的自然本性。他們就是這樣用人性來對抗神性，使人從神的統治下解放出來。

這種思想，無論從哲學家的著作還是文藝家的作品中，都到處可

以發現，例如，《神曲》的作者但丁（西元 1265～1321 年）說，人的高貴，就其許許多多的成果而言，超過了天使的高貴。②彼德拉克（西元 1304～1374 年）在《秘密》中宣稱，我不想變成上帝，或者居住在永恆中，或者把天地抱在懷抱裡。屬於人的那種光榮對我就夠了。這是我所祈求的一切。③莎士比亞（西元 1564～1616 年）在《哈姆雷特》中用熱情的詩句讚美人、歌頌人。說：「人是怎麼回事：理想多麼崇高！能力多麼無限！在形狀與行動上多麼敏捷而可羡！在舉動上多麼像天使！在體會上多麼像個神！是世界上的奇跡！是萬物的精英！」④蒙田（西元 1533～1592 年）認為，在人的一切過錯中，「最野蠻的是輕視自己」。和這種抬高人的地位的觀點相適應，當時不少藝術家大膽擺脫中世紀以《聖經》故事為主題的傳統，創造了以直接描述世俗生活和世俗人物為題材的藝術品，並且還充分利用解剖學的成就來表現人的自然肌體和青春美，從而使藝術獲得了新的生命。達芬奇（西元 1452～1519 年）的傑出的肖像畫「蒙娜麗莎」描繪一個人間少婦的青春美，在蒼白空虛的聖母畫像充斥一時的畫壇，放出了令人眩目的光芒，就是一例。

　　人文主義者看重人是因為人有理性的緣故。在他們看來，人不同於動物，在於人有理性，這是人的價值的根本所在。有了理性才有智慧和掌握知識，使人去創造出世界上前所未有的東西，理性給人也給世界帶來了美好的未來，它是使人能以成為世界主人的力量所在。人若一旦失去理性，就是人性墮落的開始。所有這些都充分反映了新興的資產階級竭力發展自己和力圖擺脫神學束縛的強烈願望。

㈡提倡現世幸福，反對禁欲主義

基督敎敎會為了欺騙人民，宣揚「靈魂不朽」、「死後嘗罰」和「天堂幸福」之類的宗敎信條，要人民忍受封建社會對他們的剝削和奴役。為此，他們說什麼今生今世受苦，死後才能升入天堂，得享所謂來世幸福。因此，他們鼓吹人類應當蔑視自己和鄙視現實生活，去情絕欲，放棄塵世享受，實行禁欲主義。敎會史上有個「巴塞爾夜鶯」的故事，說的是一群僧侶由於一個偶然的機會，聽到了一隻夜鶯的歌唱，因而動了凡心，結果大多患病致死，透過這個故事試圖證明，任何一點塵世的情感都是褻瀆神靈的，終將遭到上帝的懲罰。

人文主義者從他們對人性的看法出發，激烈地反對上述說敎。他們用享樂主義的資產階級道德觀批判禁欲主義和神學道德觀，認為禁欲主義是違背人的本性的，追求和享受現世幸福是發乎人性的自然要求。作為新興的資產階級，他們宣稱幸福不在天堂而在地上，不在來世，而在今生今世。這種倫理思想反映了封建社會被新的資本主義社會所取代的必然趨勢。

同樣，他們透過小說、詩歌和繪畫等各種方式來說明這些觀點。例如，《烏托邦》的作者莫爾認為，享受塵世生活的幸福，不僅符合理性，而且也符合自然的意向。他說：「一個人在應該追求什麼和應該避免什麼這個問題上聽從理性的吩咐，這就是追隨自然的意向。」⑤他認為，一個人如果屈從禁欲主義的戒條，限制飲食以消耗自己的身體，損害自己的健康，這是理智的喪失和對自然的忘恩負義。彭波拿齊說，人是一種有生有死的動物，人的幸福就在今生今世；蒙田指出，靈魂或精神是和肉體結合在一起而不能獨立存在，它依賴肉體並

隨肉體而死亡。由此出發，蒙田強烈反對教會宣揚的禁欲主義，並提出了享樂主義的原則。彼得拉克宣稱，「凡人要關懷凡間的事物」，「我自己是凡人，我只要求凡人的幸福」。⑥因此，他們一致要求把眼光從神轉向人，從天堂轉向塵世，按照人的自然本性去生活和享受。

㈢提倡意志自由和個性自由發展

教會為了使人民群眾愚昧無知、恭順和馴服，安於當牛作馬，它們用宗教神學這條繩索來束縛人的個性發展，不允許有任何一點自由思想。為此，首先必須把人的思想、情感和智慧從神學教條的束縛下解放出來。《巨人傳》的作者拉伯雷對於這種思想有過系統的論述。他在該書的題詞中寫道，「順從你的意欲而行」。具體說來，就是「想做什麼，便做什麼」，生活起居不是按照鐘聲，而是按照人的理性與智慧安排。他認為，只有在這種意志自由的環境裡，才能培養出全知全能的人。蒙田主張人的個性自由，他的名言是「我思考我自己」就是這種觀點的體現。有的人甚至宣布，人只有依據自由意志，才能得以成長和完善，最後達到人的奇妙境界。

總之，針對中世紀基督教教會以神為中心，以天堂和來世為精神寄託、以禁欲主義為道德戒條的觀點，人文主義者把人及人的意志自由和塵世生活放在第一位；從這種立場出發，他們還提出了以人性反對神性，以現世幸福反對禁欲主義，以個性自由反對宗教桎梏的主張。這些就是文藝復興時期資產階級人性論、人道主義的基本內容。從這些觀點或主張來看，它不僅是當時西方一種共同的文化思想，而且還是一種社會政治思潮，當時資產階級的世界觀；資產階級以此作

為觀察和改造世界的工具，充分顯示了新興的資產階級反對封建制度的革命精神。

同時，從理論上說，人文主義對人的本性的觀點，對於後來對這個問題的研究，也是一種有益的啟示。就是馬克思主義關於人的本質的認識，也是把資產階級所達到的對於人的認識作為起點的，並在社會實踐和階級鬥爭理論的基礎上進行改造，從而把關於人的學說推進到一個新的層次。也就是說，它為馬克思主義科學地解決人的本質問題作了必不可少的理論準備。

註　釋：

(1) 馬克思：《黑格爾法哲學批判導言》，《馬克思恩格斯選集》第 1 卷，人民出版社，1972 年版，第 1 頁。

(2) 轉引自《從文藝復興到十九世紀資產階級文學家、藝術家有關人道主義人性論言論選集》，商務印書館，1961 年版，第 3 頁、第 11 頁。

(3) 同上。

(4) 莎士比亞：《哈姆雷特》，上海譯文出版社，1979 年版，第 61 頁。

(5) 莫爾：《烏托邦》，三聯書店，1957 年版，第 83 頁。

(6) 轉引自《從文藝復興到十九世紀資產階級文學家、藝術家有關人道主義人性論言論選集》，商務印書館，1961 年版，第 11 頁。

14 自然科學對教會的反叛

　　文藝復興時期，資產階級為了加快生產的發展和有力地反對宗教神學的精神統治，迫切地需要自然科學；同時，隨著生產力的發展，新技術的使用和地理的新發現，也為科學的發展提供和積累了豐富的資料。因此，恩格斯在講到這個時期的自然科學時說過，在此以前，科學只是教會的恭順的婢女，它不得超越宗教信仰所規定的界限，因此根本不是科學。現在科學起來反叛教會了；資產階級沒有科學是不行的，所以也不得不參加這一反叛。①從當時自然科學的成就來看，天文學和數學居於各科之冠。所以如此，是因為這兩個領域與生產交換的關係極為密切，推動力較大，而且，在這兩個領域中積累的資料最多，研究工作起步較早。與此同時，生產和航海的發展日益暴露了天文學中長期居於統治地位的托勒密天動說的陳舊和荒謬，而正確地認識太陽系的構造，依據天體運行的真實狀況編制新的星表，改造舊的曆法，對於確立船隻在海洋中的航行的位置，校正船隻的航向，以便利用星座的位置來指導航行，都已成為當時迫切的重大課題。哥白尼的「地動說」就是在這樣的條件下產生的。哥白尼指出：

　　一、地球不是靜止的，而是運動的。它不僅繞太陽公轉，自己還有自轉運動；由於地球自轉軸和公轉軸軌道面有 $66°33'$ 的交角，因此，太陽的光線有時直射北半球，有時直射南半球，這樣，地球上各個不同的地方便出現了四季的變化以及隨之而來的晝夜長短的變化。

二、宇宙的中心是太陽，而不是地球。在所有的行星中間，太陽好像坐在王位上，統率著圍繞它轉的行星家族。行星以及帶著月亮的地球在各個不同的天層圍著太陽轉動。最靠近太陽的是水星天層，最遠是土星天層之外的恒星天層。

哥白尼「地動說」的提出，引起了整個宇宙觀的深刻轉變；不過，它的影響遠遠超出了天文學的領域，在政治上和在哲學上都具有十分重大的意義。在哥白尼之後，布魯諾堅持和發展了哥白尼的成果，並在繼承古代優秀傳統的基礎上建立了一個新的唯物論和辯證法的哲學體系。

布魯諾（*Giordano Bruno*，西元 *1548 ～ 1600* 年），出生在義大利著名的沿海城市那不勒斯附近的諾拉鎮，並在這裡度過了他的童年。他父親是個破產的小貴族，家境相當貧寒。*11* 歲時，布魯諾來那不勒斯就讀於一家私立人文主義學校，學習了人文主義課程；在這裡前後待了 *6* 年。因經濟困難不能進大學深造，然而他十分渴望繼續學習，因此，於 *1565* 年進了當地聖多米尼克修道院。他利用該院圖書館的豐富藏書，透過頑強的自學，攻讀和鑽研了義大利人文主義者、自然科學家和哲學家的著作，成為一位知曉天文數理和洞察古今知識的學者。由於年青的布魯諾追求真理的欲望和修道院的經院習氣格格不入，他不斷地和僧侶們發生衝突。*1571* 年，他寫了一篇短文抨擊了死死抱住《聖經》不放的學者們，表示了對被教會奉為經典的亞里斯多德學說的懷疑。有人以此為由向羅馬教廷控告他是「異端」。他沒有為自己申辯，毅然扔下袈裟，隻身逃離那不勒斯，後來又長期輾轉在瑞士、法國、英國和德國等地，前後達 *15* 年之久。*1591* 年夏，布魯諾為謀得以思想自由著稱的帕多瓦大學教授職位回到了義大

利。然而謀事不成，卻不幸被宗教裁判所逮捕。在受審過程中，他面對利誘和酷刑卻堅持不渝，始終如一地捍衛他的全部哲學觀點。*1600* 年 *2* 月 *17* 日，為真理奮鬥了一生的哲學家被宗教裁判所活活燒死在羅馬鮮花廣場。臨刑前，他大義凜然地對教會權貴們說，「你們宣讀判決書可能比我聽到這判決書時更加膽顫心驚！」他生前說得好，「死在一時，活在千古」。布魯諾就是西方哲學史上這樣一位偉大的哲學家。

這裡，僅從捍衛和發展哥白尼的天文學理論來介紹和論述布魯諾在這方面的思想。大家知道，自從哥白尼提出太陽中心說以後，神學家對它進行了頑強的抵抗。羅馬教皇就親自出馬對它進行反駁。他說，哥白尼斷言太陽不動，它處在宇宙中心，這些看法都是愚蠢的；從哲學上說是荒謬的，是與《聖經》相矛盾的異端邪說。布魯諾為了宣傳和捍衛新的天文學說，用筆和舌進行了不屈不撓的鬥爭。他曾多次參加甚至召開公開辯論大會，與當時的神學權威們和經院哲學家進行了面對面的鬥爭。他於 *1584* 年出版的《聖灰星期三的晚餐》就是一次辯論會的生動記述。不僅如此，他還以當代最新自然科學為依據，提出了自己的新的見解和猜測，並從哲學上進行了論證和闡發，從而大大豐富和發展了哥白尼的理論。

㈠宇宙無限性的理論

他寫道，宇宙是無限空間中的無限實體，無限物，也就是說，是空泛的，同時又充滿了無限性。所以，無限是一，而世界則是無數的。雖說一個個物體具有有限的大小，而它們的數目卻是無限的。[2]布魯諾提出上述理論的根據，是因為在他看來，宇宙就是萬有，在它

之外一無所有，它就是唯一的存在。它是永恒的，不是上帝創造的。它是不動的；所謂不動，是指它不可能移到另一個位置。但在宇宙本身之內，則有永恒的變化和無止境的發展。因此，他肯定宇宙在時間上是無始無終的，在空間上是無邊無際的。

所以得出這個結論，是由於他拋棄了上帝具有意志自由的觀念。按照托馬斯・阿奎那的觀點，上帝雖是全能的，並不一定非創造一個具有無限性的宇宙不可，它同樣可以創造一個有限的宇宙。況且，如果說宇宙無限，那豈不是說，上帝就其一個特性，即無限性來說，乃是等同於宇宙的，這一點神學家是不能接受的。布魯諾認為，上帝的根本性質就是存在於物質本身中所包含的無限創造能力。物質的宇宙服從於必然的規律。他指出，某種一定的作用總是依存於某種一定的活動。因此，他斷言宇宙的無限性乃是無限的作用因的不可避免的結果。

當他在理論上確立了宇宙的無限性以後，布魯諾就可能以新的方式提出宇宙的中心問題了。他不僅能夠拋棄地球中心說的世界體系，而且也超出哥白尼的太陽中心說的宇宙體系。他進一步指出，在無限的宇宙中，沒有固定的中心，也沒有絕對的邊緣；在我們生活的太陽系之外，還有無數個世界，正如地球繞著太陽運轉一樣，太陽也不是靜止不動的，而是繞軸旋轉著的，每一個世界都是圍繞著另一個世界運動著。無限的宇宙呈現無限的天球形，它的中心無處不在，無論哪裡都不是它的邊緣。布魯諾解釋，所謂天球形是相對的，並不是說它的形狀圓得像個球，而是說，像球體從中心到邊緣的所有距離都相等那樣，在這個處處是中心的宇宙中，任何一個中心點外延的無限距離都是相等的。在這個天體中，寬和長，左和右，上和下都一樣。布魯

諾說，要是在那個分布著恒星的、假想的天殼外看不到無限的宇宙，那是見樹不見林。所以，宇宙的中心既不可能是地球，也不可能是太陽。如果說，我們的地球是宇宙的中心，那麼，住在其他天體上的居民也可以有同樣的理由說他們是處在宇宙中心。這樣，布魯諾使宇宙論的學說大大深化了。

㈡宇宙物質統一性學說

過去，亞里斯多德認為，地球實體不同於獨特的「天界實體」。他認為，天上是用不朽的高級物質——第五本質構成的，而地上是用易朽的初級物質構成的。針對這一點，布魯諾批駁道：包括太陽、地球、行星和恒星在內的所有天體，「都是同一些元素構成，具有同一的形式、同樣的運動和變化、位置和秩序」。③這就是說，地球和其他天體一樣具有同樣的性質，即整個宇宙具有物理上的同質性。

他還利用這個學說，駁斥了經院哲學家關於天體「永不衰朽」的謬論。布魯諾認為，其他天體與地球一樣，由於它們都是同樣的物質的構成物，都受生滅變化規律支配，它們都不是永恒的。他利用當時天文學上的最新發現證明了這一點。1572年，丹麥年青的天文學家第谷·布洛赫（西元 1546～1601 年）發現了超新星，這一發現令人信服地證明：亞里斯多德學派所謂天體實體永無變化的觀點是站不住腳的。八○年代，他又發表了觀察彗星的材料。對於彗星，原先亞里斯多德也認為是一種近地世界，即所謂地上世界的現象；現在，科學材料表明了，它與太陽系的其他行星一樣，也是一種「天界」現象。這些發現實際證明了「天上的實體不應該不同於地上諸元素的實體。」

這樣一來，諸天體便失去了它們在宇宙中的特殊地位，而統統置身於統一的物質規律的支配之下。如果說，哥白尼的地動說使地球失去了它特有的宇宙不動的中心地位，那麼，布魯諾關於世界統一性的思想則使得諸天體與地球平起平坐了。既然其他天體按本性說都類似我們的地球，那麼，神學家有什麼理由說天堂統治人間呢？

從物質統一性的學說出發，布魯諾還引出了其他天體存在的推想。他猜想，與地球上一樣，其他天體也有理性的生命存在。生命是物質的永恒屬性，它既不取決於偶然，也不取決於上帝創造主。

(三)宇宙普遍發展的理論

布魯諾從地球和諸天體的自然性質出發，駁斥了神學家所謂一切天體各有其推動者的觀點。他寫道：「諸如此類的、天上的推動者，所有這些精神實體、這些杜撰、這些胡說，這些並非詩意的而是哲學式的幻想，我們全不放在眼裡」。④他認為，恒星和行星運動的原因在於它們自身。對於這個問題，他是用自然普遍有靈論來解決的。他指出，「眾世界是由於內在的本源運動，這本源就是它們自己的靈魂……並且由於這個緣故，要想找出它們的外部推動者是枉費心機」。⑤運動的內在根源、物質的自我運動原則是布魯諾的宇宙物活論的主要之點。這種解釋是在萬有引力定律尚未發現的條件下提出的，是不科學的；但是，他從天體的自然本性中去尋找運動的原因，這一點卻為認識天體力學規律開闢了道路。

在具體談到地球的運動時，布魯諾提出了地球有四種運動的理論。即：

一、年度運動——繞太陽轉。

二、晝夜運動——繞軸自轉。

三、地球兩半球在宇宙中的相互關係的變化。

四、為了更新世紀和改變自身面貌而發生的兩極變化。

他還認為，地球的各種運動匯成為一種統一的復合的運動、地球運動的軌道不是圓的等等。

布魯諾還把地球的運動原則運用來解釋整個宇宙天體的運動。他認為，運動並非地球僅有的現象，而是宇宙的通則。「所有熠熠發光的恒星都是火團或太陽，圍繞著它們必然有許許多多的行星在旋轉。」⑥而且，太陽本身也繞軸旋轉，相對於其他太陽系來說，也在改變著自己的位置。每一個世界都圍繞著另一個世界運動著，之所以有些看不見它們，是由於離得太遠，由於它們發的光不是自己的，而是反射出來的。只有在有了現代天文學時，布魯諾這個關於宇宙中存在著其他行星的猜測才得到了證實。

由此，他得出結論：宇宙中的一切都經歷著發展、變化和死亡，永恆的只有宇宙本身，而組成宇宙的每一個世界，無論是地球、太陽、太陽系或其他無數世界，都逃不脫普遍規律的支配。「所以，諸世界也在產生著和消滅著，既然它們在變化，並且是由變化著的諸部分組成的，那它們就不可能是永恒的。」⑦

總之，在宇宙觀上，布魯諾進一步論證、豐富和發展了哥白尼的學說；他依據當時的科學成果繪製的動態宇宙圖，不僅構成反對封建神學靜態世界圖的致命威脅，而且為近代科學創造了重要的前提。尤其值得我們重視的，還在於他研究宇宙論的方法以及他對待自然科學進一步發展的態度。

布魯諾的宇宙論是和他的唯物主義和辯證法觀點相聯繫的；他繼

承了古代唯物主義的傳統，並以當代科學成就為依據，比較系統地論述了唯物主義世界觀和自然辯證法思想，成為文藝復興時期先進哲學家的傑出代表，並為近代哲學的形成和發展開了先河，在西方哲學的發展過程中起了繼往開來的作用。

註　釋：

① 恩格斯：《社會主義從空想到科學的發展》，《馬克思恩格斯選集》第3卷，人民出版社，1972年版，第390頁。

② 轉引自漆俠生著：《布魯諾及其哲學》，上海人民出版社，1985年版，第76頁。

③ 同上，第81頁。

④ 同上，第78頁。

⑤ 轉引自《西方著名哲學家評傳》第3卷，山東人民出版社，1984年版，第81頁。

⑥ 轉引自漆俠生著：《布魯諾及其哲學》，上海人民出版社，1985年版，第80頁。

⑦ 同上，第81頁。

15　近代西方哲學的產生及其特徵

　　經過 15 世紀和 16 世紀的「文藝復興」，到 17 世紀，西方進入了早期資產階級反封建的革命時期，並且隨著英國資產階級革命的勝利，進入了人類歷史上一個嶄新的時代——資本主義時代。與社會形態的這一轉變相適應，西方哲學將結束自己的素樸發展階段，從研究重點到哲學形態，都要進入近代的發展時期。

　　大家知道，在此以前，西方哲學的發展曾經走過了異常曲折的道路。造成這種曲折的原因很多，從人類認識的教訓來考察，主要是以往人們的認識偏重於指向客體，對主體自身的認識問題沒有足夠的重視和較為充分的研究，結果因不能科學地解決感性認識與理性認識以及個別與一般的辯證關係，在中世紀的歷史條件下，哲學成了神學的婢女。哲學史上的這一深刻教訓，使哲學家們認識到，為了說明外在的客觀世界，不能僅限於對客體作出解釋，還必須從解釋客體回復到對主體自身進行深入研究。就是說，經過曲折的發展和「文藝復興」的過渡時期，「人們認識到要真正認識客體，不僅要研究客體，而且還要研究主體。對主體方面的研究就產生了近代所謂的認識論」。①

　　哲學發展中所以把認識的問題突顯出來，雖然它反映了哲學發展的內在邏輯規律，但同時還是由資產階級反封建制度鬥爭的需要以及在生產發展期礎上所形成的自然科學的發展狀況決定的。

　　首先，從資產階級反封建制度的需要來說。西方的資本主義經過

14 世紀、*15* 世紀的發展，速度大大加快了。從資本主義生產方式產生之日起，資產階級和封建地主階級就處在矛盾的關係之中。隨著前者力量的不斷壯大和發展，這種矛盾變得越來越尖銳。資產階級要發展資本主義，順利地實現生產方式和社會形態的轉變，必須首先掃除資本主義發展道路上的種種障礙。然而在當時，封建統治階級為了對抗社會的發展，維護其已經腐朽的統治，施展了種種伎倆。其中在上層建築方面利用封建專制的國家、宗法、等級和特權觀念，特別利用經院哲學在意識形態領域把偶像和迷信當作武器，推行蒙昧主義，使人盲從、馴服和愚昧，不僅造成資產階級政治上的無權地位，而且也給資本主義的發展套上了沉重的枷鎖。因此，資產階級為了完成其推翻封建制度的歷史使命，面對當時意識形態上的經院哲學的統治，它在哲學上的任務就是要打破經院哲學的精神統治，以便為生產和自然科學的獨立發展奠定方法論的基礎，為建立資產階級的政治統治和改造封建的社會關係提供世界觀的根據。這就決定了資產階級必然把認識論問題當作它的研究重點，因為當時哲學家們認為認識論是一種以研究人、人的認識能力、人對自然的關係為中心內容，崇尚人的理性的哲學。這種哲學本身就具有非常革命的性質，它不僅是資產階級促進自然科學和發展資本主義工商業的重要手段，而且也是資產階級反對經院哲學和對抗宗教神學的有力武器。

其次，從生產和自然科學的發展要求來看，西方資本主義的發展，到了 *16* 世紀以後，由於手工工場的繁榮，農業中商品生產的發展，海外貿易的擴大，生產力得到了迅速的發展。資產階級為了發展生產和貿易，必須掌握征服自然的武器。恩格斯指出：「如果說，在中世紀的黑夜之後，科學以意想不到的力量一下子重新興起，並且以

神奇的速度發展起來，那麼，我們要再次把這個奇蹟歸功於生產。」②當時在不少工業部門中，由於新的技術的發明和改進，水力和電力發動機、腳踏紡車、臥式織布機等的出現，促進了人們對動力學和氣象學的研究；印刷術使這種知識和學問得到了保存和廣泛的傳播，加強了科學訊息的交流。幾乎與此同時，一系列專門從事於科學觀察和科學實驗的儀器也產生了，如望遠鏡、顯微鏡、溫度計和水銀氣壓計等，它們是生產發展的產物，又為自然科學的發展提供了必不可少的裝備。

還要指出，經過文藝復興的洗禮，雖然宗教神學還沒有完全退出歷史舞台，然而，中世紀那種大一統的神學控制已不復存在；現在，在複雜的情況下，越來越多的人要求獨立思考地作出自己的抉擇，並且因為厭惡神學領域的無謂爭論而轉向對數學和自然科學的研究。因此，隨著把人和自然界從上帝和天堂的束縛下解放出來，人們不再使用神學的而是使用科學的語言重新對自然界和人作出解釋，導致並促進了這個時期自然科學的突飛猛進。其中尤以天文學、力學和數學最為突出。正是自然科學的這種發展狀況，不僅為自然科學研究方法的系統化和理論化提供了最迫切的要求，而且也為人們對認識方法和認識理論的深入探討提供了藍本和啟示。因此，認識論變成哲學的一個獨立部分，成為哲學的突出問題，不僅成為必要，而且也有了可能。認識論的問題也和其他重大哲學問題一樣，本來也是一個古已有之的問題。但是，在此之前，哲學的中心問題可以說是本體論的問題。只是到了近代資產階級革命時期，認識論的問題才獲得了前所未有的地位，一躍而成為哲學的主要問題。在近代哲學家看來，哲學不僅要回答世界的本源是物質還是精神的問題，而且更重要的，是要回答我們

如何才能正確地認識現實世界的問題；於是，研究如何才能正確地認識現實世界的問題，即認識論的問題，便成了哲學的一個重要問題，甚至成為哲學的最主要的問題。所以，當時的哲學家無一不把認識論當作重大的哲學課題進行認真的探討。

哲學的研究重點的這種轉移，對於西方哲學的發展來說，是一個巨大的進步。正是這種轉移，一代哲學巨匠對認識論進行了廣泛、精密和系統的研究，使人們逐漸擺脫了古代哲學家的狹隘眼界，從而對思維與存在的關係問題達到了新的理解，並在這基礎上有可能自覺地和系統地探討和進一步解決這個問題。

那麼，在這種條件下產生的近代哲學，它的主要特徵是什麼呢？

前面的論述告訴我們，近代資產階級哲學是適應資產階級反對封建制度的需要，在總結生產實踐和科學成就的基礎上產生的；這種哲學，一方面擺脫了哲學的樸素性，使哲學的形態進入一個更高的發展階段；另一方面，還由於當時的科學狀況及其研究方法，不論唯物主義還是唯心主義，都具有鮮明的形而上學的特徵。

近代自然科學最先得到發展並取得巨大成就的，是研究地球上的物體與天體最簡單的運動形式，這就是力學與為它服務的數學。牛頓是這一時期這些科學成就的集大成者。他從物質的普遍運動規律的觀點出發，對伽利略和克卜勒的科學成就進行了總結，把地球物體力學與天體力學統一起來，並透過嚴密的數學方法加以論證，提出了萬有引力學說和力學運動的三大規律，制定了古典力學。這些科學成果，一方面有力地揭示了物質世界的客觀規律，為近代唯物論批判封建神學提供了科學根據。但是，另一方面，依據這個學說建立起來的世界圖景，卻是機械的和形而上學的。這是因為，他們為了使自然界成為

可以根據最簡單的數學和力學原理加以精確描述和計算的對象，便把除了數學和力學性質之外的東西都從自然對象的本性中剝離掉，從而把人的精神以及一切具有主觀精神因素的東西都從物質本性中抹掉了。這樣，在當時的哲學家和科學家的心目中，物質世界本身就成了只有廣延性及與之衍生的形狀、大小之類的幾何性質的物體所構成的世界，而把精神因素排除在物質自然界之外的結果，就把人和自然完全對立起來了，同時，它也研究了運動的問題，但是以牛頓為代表的古典力學主要研究物體的位置移動。它的主要思想是，動者恒動，靜者恒靜，物體的運動是由於外力推動的結果。牛頓把物質與運動割裂開來，認為物質是僵死的、惰性的，物質只有在外力的作用下才能作機械運動。正是這種科學狀況，即機械力學吸引了人的視線，結果把機械力學作為尺度並把它運用到一切方面；在這個基礎上形成的早期資產階級哲學的形而上學特徵是十分鮮明的。

哲學的這種特徵的形式，還與當時的自然科學的研究方法有關。在古代，科學還沒有嚴格的分類，自然界是被當作一個整體來研究的。這種觀點雖然正確地把握了自然現象的總畫面的一般性質，但是卻不足以說明構成這總畫面的各個部分的細節。細節不清楚，對總的畫面就不會有具體的、深入的了解。到了中世紀，由於神學占據著絕對的統治地位，根本談不上認真的科學研究。隨著資本主義生產關係的產生和發展，自然科學逐步地從神學的束縛下解放出來。但是，這個時期自然科學雖然比過去有了很大的進步，但畢竟還處在近代科學發展的初期，處在從事搜集材料和初步整理材料的階段。在科學研究中，只有在最簡單的運動形式的研究方面，才達到了較為完善的程度，對於較複雜的和較高的運動形式的研究，則還很缺乏，甚至還沒

有開始。例如，化學、生物學、對於生命現象的研究還談不到，這是自然科學發展過程中不可避免的現象。

與自然科學的這個發展階段相適應，形成了它特有的研究方法。這就是：為著認識自然界的各種運動形態及其規律性，首先要在實驗的基礎上獲得大量的感性材料，然後由感性經驗逐步上升到一般的結論；而為了認識自然界的整體，還得使用分析、解剖的方法，把自然界的各個部分進行分門別類的研究。與此相適應，當時自然科學所採取的方法與古代的直觀不同，它以實驗和觀察為基礎，以數學為工具，用精確的數量關係描述自然規律。因此，它的基本方法就是實驗的方法與數學的方法。所謂實驗方法，指透過實驗觀察，廣泛收集材料，對它進行分析、比較和歸納，從中發現普遍的自然規律。所謂數學方法，指在觀察和實驗的基礎上，經過嚴密的數學計算，以精確的數量關係來概括和反映自然規律。在自然科學的研究過程中，這兩種方法是相互聯繫和相輔相成的。

實踐證明，這些研究方法，一方面表現出它們是使人們認識自然界的基本條件，人們正是利用這些方法使當時的自然科學獲得了巨大的成就和發展；但是另一方面，「這種做法也給我們留下了一種習慣：把自然界的事物和過程孤立起來，撇開廣泛的總的聯繫去進行考察，因此就不是把它們看作運動的東西，而是看作靜止的東西；不是看作本質上變化著的東西，而是看作永遠不變的東西；不是看作活的東西，而是看作死的東西。這種考察事物的方法被培根和洛克從自然科學中移到哲學中以後，就造成了近幾個世紀所特有的局限性，即形而上學的思維方式」。③就是因為這個原因，當時的唯心主義是形而上學的，唯物主義也是形而上學的。當然，這並不排除其中某些哲學

家的體系中所包含的辯證法因素。

　　這種形而上學的思想方法在認識論的研究中，有十分鮮明的表現。有些哲學家片面地強調當時自然科學中所採用的觀察、實驗的方法，強調自然科學中的物理學因素，就形成了經驗主義的理論；有些人則片面地強調其中所謂的邏輯推理和數學計算，強調其中的數學因素，就形成了理性主義的理論。經驗主義和理性主義只是在 17 世紀哲學認識論範圍內來說，是兩個相互對立的哲學派別，如果以它們作為與宗教神學相對抗的近代哲學來說，它們卻是同一個哲學思潮。因此，我們在分析經驗主義和理性主義兩個哲學派別時，不能只看到它們的分歧方面，而應當先看到它們在許多哲學問題上的見解是基本一致的。認識了它們之間的一致，也才能更深刻地了解它們之間的分歧。

　　下面，依據近代哲學發展中形成的經驗主義和理性主義兩條線索，分開來考察和論述。

註　釋：

① 　朱德生：《關於哲學史的分段原則和階級分析方法》，《外國哲學》第一輯，商務印書館出版，第 15 頁。

② 　恩格斯：《自然辯證法》，《馬克思恩格斯選集》第 3 卷，人民出版社，1972 年版，第 523 頁。

③ 　恩格斯：《反杜林論》，《馬克思恩格斯選集》第 3 卷，人民出版社，1972 年版，第 60～61 頁。

16 培根提出的經驗主義原則

講經驗主義哲學，首先要講它的奠基人，即提出過「知識就是力量」這個震古鑠今著名口號的英國哲學家——培根。

佛蘭西斯‧培根（*Francis Bacon*，西元 *1561 ~ 1626* 年），出身於英國新貴族家庭。幼年隨母讀書，*12* 歲入劍橋大學，就學於懷特基夫特博士門下。在學校裡，他對於所學的各門科學都表現出異乎尋常的才能和獨立思考的精神，後來不滿當時學校講授的經院哲學，*3* 年後即自行離開到英國駐巴黎使館任職。培根不僅是哲學家，而且還是社會活動家。他 *25* 歲時被選為國會議員，自此之後，其政治生涯相當順利。在詹姆士王朝時期，三次進爵，六次升官，由騎士一直升到子爵，官居掌璽大臣，最後升為大法官。但是，*1621* 年因被控受賄，政治生涯就此結束。沒過幾年，「在熱烈的搜求中靜靜死去」。

培根生活在英國資產階級革命的準備時期。當時，資產階級的主要精力在於發展生產力，而為著適應生產發展的需要，他們強烈要求發展科學。作為近代第一個唯物主義哲學家，培根親自感受到了時代的脈搏，因此，他計劃在實驗的基礎上，把改造人類的知識、實現科學的偉大復興、建立一個能促進生產發展和技術進步的新哲學，作為自己理論活動的目的，因此，認識論問題便成為培根哲學的中心問題。而研究認識論的目的在於取得科學知識，因此為了恢復知識的權

威，培根首先論證了知識的巨大社會功能。他繼承了人文主義者肯定人的價值和力量的觀點，並把它提到哲學的高度來加以論證。他認為，人不是神的奴僕，也不是自然的附庸。相反地，人由於其自身的力量，能夠征服和駕馭自然，成為自然的主人。他的口號就是：「人就是自己的上帝」，這是對人的價值的充分肯定。

問題在於，人類這種力量的泉源來自哪裡？培根指出，「要命令自然就必須征服自然」。①意思是說，認識和掌握了自然的規律，人類就具有命令自然的力量。因為在他看來，人們一旦發現了自然的規律，思想上便獲得了真理，行動上就有了自由。可見，知識是打開自然奧秘的鑰匙，是人類成為自然界主人的力量源泉，有了知識就有了力量，「知識就是力量」，人的知識和人的力量是同一的。培根提出的這個口號是人的價值觀念以及人與自然關係的最新概括。它一方面反映了培根對於科學知識在人類生活中巨大作用的理解；可以說，歷史上首先認識到科學知識巨大社會功能的階級是資產階級，而最早提出和闡明資產階級這種認識的，則是培根。另一方面，它也表達了上升時期資產階級依靠科學知識加速發展資本主義，以便戰勝封建制度成為新社會的主人的強烈願望。這個口號帶來的革命影響是巨大的和深遠的，不僅在當時推動了歐洲科學技術的發展，就是在四百年後的今天，它仍然激勵著人們奮發有為地探求知識，勇敢地開拓新的知識領域。

從「知識就是力量」的觀點出發，培根認為，當時哲學的主要任務是，既要擺脫經院哲學的束縛，以便淨化人類理性，重新開始研究自然事物；又要把科學引導到經驗基礎之上，為人類提供一種溝通人心與自然的正確方法。

關於前一項任務，培根寫道「就現在的情形而論，對於自然的研究也被經院哲學家的總綱和體系弄得更加困難，更加危殆了。」②這裡講的經院哲學的總綱和體系，是指經院哲學家把哲學和自然科學宗教化，使之變成神學體系，為論證宗教神學服務。因此，雖然經院哲學家也寫出了浩如煙海的書籍，但從內容上看，都在重複同樣的東西，它不但沒有給科學增加力量，反而摧毀了科學。正像他所形容的那樣，經院哲學已經變成了一個不會生育的修女。那麼，造成這種後果的原因是什麼？培根指出，這是由於經院哲學脫離實際，脫離自然，害怕對自然的研究必然帶來的惡果。在這裡，培根揭露了經院哲學的神學性質，批判了它死啃教條的繁瑣習氣，這些批判是擊中要害的，對於摧毀宗教神學的統治、解放科學力量具有重大意義。

要掃除科學道路上的障礙，培根認為不能止於對於經院哲學的批判，還必須進一步對長期以來在經院哲學統治下影響人們對外界事物認識的思想根源進行揭露和批判。他認為，人心是預存成見的，這些成見使得人們不能如實地反映來自自然的光亮，阻礙著人們對事物的正確認識。這些成見不鏟除，人們就不能從根本上廓清錯誤。為此，他提出了著名的「幻相」說。所謂「幻相」，是指盤踞於人們心中，阻撓人們獲得真理的障礙。他指出，這樣的「幻相」共有四種：

(1)種族幻相：這是指人們把人類的本性混雜到事物的本性中，以人的感覺作為萬物的尺度，因而歪曲了事物的真相。

(2)洞穴幻相：這是指個人從自己的性格、愛好、所受教育、所處環境出發來觀察事物，因而歪曲了事物的真相。

(3)市場幻相：這是指人們在來往交際中，由於語言或概念的不確切、不嚴格而產生的思維混亂。

⑷劇場幻相：這是盲目地信從傳統的或當時流行的各種哲學體系和權威而形成的錯誤。

培根認為，為了避免這些謬誤，一定要以嚴肅的態度和堅定的決心清除一切幻相，使人類理智得到解放和刷新，使人的認識能力完全免除偏見，因為以科學為基礎的人的王國的進口像天國的入口一樣，只有赤子才能進去。

培根對四種幻相的批判具有重要意義。首先，透過這種分析和批判，他強調了反對迷信過去、反對脫離自然、反對空談和詭辯，從而對經院哲學的權威主義、繁瑣主義、教條主義和偽科學給予了沈重的打擊。這在當時對於摧毀封建主義思想的堡壘起了重大作用。其次，還應該看到，培根在分析幻相的產生根源時，提出了一系列的認識論問題，如主觀和客觀、感性與理性、思維與語言等關係問題，對以後的哲學發展都起了啟迪作用。

關於後一個任務，即為人類獲得科學知識提供切實的基礎和正確的方法，培根進行了多方面的工作。

培根是經驗主義的奠基人。他的經驗主義是建立在他的唯物主義自然觀基礎上的。這一點，在他批判經院哲學的過程中強調要按自然的本來面目認識自然，就已經強烈地表現出來了。他認為人們認識的客體就是感性的自然。他寫道：「人是自然的僕役和解釋者，因此他所作的和所能了解的，就是他在事實上或思想上對於自然過程所見到的那麼多，也就只是那麼多。對此，他即不知道什麼，也不能作什麼。」③這說明培根把自然界的客觀存在看成是第一性的，把人對自然界的認識看成是第二性的，這是鮮明的唯物思想。他強調人的所知和所為不能超出自然本身，並非說人對自然無能為力，而是說只有服

從自然才能命令自然，自然的發展過程是人們的認識對象，肯定自然是人們的研究對象和自己哲學的對象，這正是近代科學精神的開端。

　　從這種立場出發，他進一步解決了什麼是知識的問題。他說：「知識的主要形式不是別的，而只是真理的表象，……存在的真實與知識的真實是一致的，兩者的差異亦不過如同實在的光線與反射的光線差異罷了。」④簡言之，知識就是存在的映象。在這裡，他不僅肯定了客觀世界是知識的泉源，而且還認為人的認識是一種反映的活動。然而，他沒有把知識停留在這個水平上。在他看來，真正的知識是對事物的規律性的認識。他說，在自然中真正存在的東西，雖然除掉個別物體按照一定的規律進行純粹個體的活動之外，沒有什麼別的，但是在哲學裡面，就是這種規律以及對於這種規律的研究、發現和解釋構成知識與活動的基礎。⑤當時，由於自然科學還處在累積材料階段，只對個別對象、個別領域進行觀察研究，因此不少自然科學家也只限於對單個事物屬性的研究。但是，培根在這裡卻指出，作為科學的知識不應以解釋某些具體現象或某種物體的簡單性質的原因為滿足，而必須在這些事實和現象中找出它們共有的內在聯繫，找出它們的規律性。在這個問題上，培根超過了當時自然科學的水平。

　　那麼，怎麼才能獲得這種知識呢？對此，培根提出了他的經驗論原則。他認為，知識的全部路程應當從感官原始知覺開始；他說，人們如果不是發狂，就會承認全部知識都應求助於感官。因此，他強調人們的知識必須以經驗和觀察為依據。他斷言，知識的獲得除了面對自然、面對事實之外，別無他法。

　　培根強調經驗，認為它是知識的根據。但是，他並不主張任何經驗都可以起到這種作用。他指出，人們所依據的經驗必須是系統的和

周密的，而不是零散的和粗略的。如果只是對事物浮光掠影地看上一兩眼，便草草地做出結論，那是不能不犯錯誤的。他斷言，人們在認識過程中，一定要首先占有大量材料，然後進行分析，才能得到正確的結論。

總之，要認識事物必須與事物密切接觸，要透過經驗，依靠經驗，以經驗為準繩，從經驗中尋求普遍必然的規律性知識。這就是培根在近代哲學中開創的經驗論原則。

然而，我們還要指出，培根倡導經驗，可是認識並不限於經驗，在認識過程問題上，他不像後來的經驗論者那樣片面地強調經驗。他認為感覺經驗存在有兩個方面的局限性：一是主觀性。他指出，依靠感覺雖然可以了解一切事物，可是它的了解不一定是可靠的，因為感官的證據和報告往往是參照於人的，而少參照於宇宙的，因此，要說感官是事物的準繩，那是很錯誤的。二是它有片面性。他說，即使在感官配置得當，毫無阻礙時，亦有許多東西能逃掉它們。因為有的物體是十分微妙的，有的是形體極其渺小的，有的是距離太遠的，有的是運動太慢或太快的，有的是具有某種經常容易被人忽略的特徵的。本質、規律等隱藏於事物內部的東西，固然是感官所接觸不到的，甚至對運動感官也不能全部加以把握。因此，培根認為，認識不得停留在感覺階段，並指出對於感覺的認識必須經過理性的整理才能成為真正的科學知識。

在這方面，他既反對拋棄經驗的理性主義者，他把他們比作蜘蛛，說他們只會吐絲結網；他也反對狹隘的經驗主義者，他把他們比作螞蟻，說他們只願搜集材料，而不考慮如何思考和加工。他認為正確的認識，既不只是或不主要是依靠心智的力量，但它也不是從自然

歷史和機械實驗中把材料收集起來，並且按照原來的樣子保存在記憶中。它是把這種材料加以改變和消化而保存在理智中的。⑥就像蜜蜂一樣，從田地裡採集原料，使用自己的力量來加工和消化它們。培根指出，依靠他提出的方法，便可以建立經驗能力和理性能力之間真正的合法婚姻。

應該承認，培根在這裡接觸到了感性認識和理性認識之間的關係問題，而且他力圖消除它們之間的離異，使之統一起來，儘管由於他看不到感性與理性的內在聯繫，低估了理性對經驗的指導作用。但是，他主張把兩者結合起來的思想是可貴的，是有意義的。

在確立經驗主義的認識原則之後，培根還指出，有了正確的認識理論，還只是有了認識自然和發展科學的可能性，要把它變為現實，還必須有正確的認識方法。他斷言，理性如果沒有正確的方法指導，就好像夜間行路缺少燭光、大洋航行缺少羅盤一樣，無論人的才智多麼高超，也必然收效甚微。因此，他立志要為人類理智開闢一條新的道路，為當時的科學發展創立一種新的認識方法，這就是他的經驗歸納法。

培根把他的歸維法和亞里斯多德的演繹法對立起來，同時又把它和原先的歸納法區別開來；他認為真正的歸納法的目的在於對自然界中的個別事物進行研究，從個別事物中發現其內在的本質和一般規律，從而達到改變自然和征服自然的目的。

培根的歸納法大體上分為三個步驟：

第一個步驟是把搜集到的經驗事實分別納入「三個例證表」，然後對這些材料進行整理。所謂三個例證表，是指本質具有表、差異表和程度表。例如，在研究熱的規律時，首先盡可能地把具有該屬性的

一切事物搜集起來作為例證，並把它們放在本質表裡。其次，再把搜集不具有該屬性的其他一些事物放在差異表裡。最後，把搜集到同一屬性在不同事物中存在程度不同的事例，放在程度表裡。這裡列舉的各種不同例證是給運用歸納法提供準備，以便借助這些例證對該事物進行分析和比較。

第二個步驟是以三表中所列舉的例證為根據，應用拒絕和排斥法對例證進行比較分析。在排斥的過程中，把否定的、非本質的東西剔除掉，留下肯定的和本質的東西，因為「人只能從否定的東西出發，最後在窮盡了排斥之後，才能夠達到肯定的東西。」⑦培根認為這一步是整個歸納過程中最關鍵的一環，因為只有把非本質的性質加以拒絕之後，「一切輕浮的意見便煙消雲散，而最後餘留下來的便是一個堅定的、堅固的、真實的和定義明確的形式。」⑧

第三個步驟是在對一切例證分析比較的基礎上，最後進行歸納和概括，使其達到合乎自然事物內在規律的結論。培根認為，排斥和否定只是建立歸納法的基礎，只有達到了肯定以後歸納法才算真正地完成了，因此，歸納程序的最後一步就是要做出肯定的結論。例如，經過對熱的屬性的分析和比較之後，便得出了最後肯定的結論：熱的本質屬性就是運動。到此，完成了對感性材料的整理，歸納法的全部程序就結束了。

應該指出，在此之前歸納法早已存在，培根的功績在於把歸納與觀察、分析、實驗緊密地結合起來，在此基礎上為歸納法的目的、性質、作用、規則、基本程序作了明確具體的規定，從而給歸納法賦予了新的內容、新的意義和新的生命。正是在這個意義上，培根被認為是近代歸納法的創始人。培根的歸納法反映了當時自然科學對對象分

門別類地加以考察，以便揭示自然事物一般規律的要求，它對自然科學的發展無疑起了重大作用。

註　釋：

① 培根：《新工具》，《十六～十八世紀西歐各國哲學》，三聯書店，
　　1958 年版，第 9 頁。
② 同上，第 36 頁。
③ 同上，第 9 頁。
④ 培根：《崇高論》，商務印書館，1936 年版，第 26 頁。
⑤ 培根：《新工具》，《十六～十八世紀西歐各國哲學》，三聯書店，
　　1958 年版，第 46 頁。
⑥ 同上，第 41 頁。
⑦ 同上，第 55 頁。
⑧ 同上。

17　洛克對經驗主義原則的論證

　　培根的經驗主義原則，發展到洛克那裡，他用他提出的「白板說」進行了系統而全面的論證。

　　約翰・洛克（*John Locke,* 西元 *1632 ～ 1704* 年）誕生在英格蘭西南部一個叫林格通的小鎮。他 15 歲進入倫敦斯敏斯特中學，20歲進入牛津大學主攻哲學和政治學。他對當時學校講授的經院哲學十分反感，而以極大的熱情鑽研笛卡兒哲學。畢業後留校擔任講師，並獲得高級研究人員資格；這時，除了繼續致力於哲學和政治學的研究外，還開展了化學、氣象學、醫學等研究和實驗，並為此結交了當時著名的新興科學的代表人物波義耳和牛頓。洛克的科學活動以及和波義耳等人的交往，使他得以通曉當時流行的自然科學基本概念，並把他的哲學建立在這些最新科學的基礎之上。在醫療實踐中，於 1667年治癒了當時著名的政治活動家阿布萊勛爵久治無效的怪病；由於這一偶然機會使他成為這位貴族的家庭醫生和私人秘書，並因此捲進了17 世紀中期英國政治漩渦的中心。不久，阿希萊因反對斯圖亞特王朝的復辟活動遭到緝捕而逃到國外，洛克也因此被迫跟隨勛爵避難於荷蘭，一直待到 1688 年「光榮革命」勝利之後。洛克在荷蘭期間，有了從事思考和著述的時間，他的主要理論著作都是在這段時間內完成的。與此同時，他還積極參加了流亡荷蘭的輝格黨人反對英國王室的活動，並成為這個黨的重要理論家。因此，1688 年政變後，他在

英國政界和學術界都是享有盛名的人物。1690 年，《人類理智論》正式出版，使洛克永垂不朽，也給英國民族帶來了榮譽。

洛克在《人類理智論》中把探索人類知識的起源、可靠性和範圍作為自己哲學研究的任務。因此，他認為，哲學家在從事哲學研究的時候，首先應該考察人類理智本身的性質和能力。在考察中，他對當時流行的「天賦觀念」進行了系統的批判，這在哲學史上是很有名的。他之所以如此，是因為在認識論上他有一個明確的出發點，即心靈是一張白紙。他說：「心靈像我們所說的那樣，是一張白紙，上面沒有任何記號，沒有任何觀念。」①這就是著名的「白板說」。

心靈何以是「白板」？在洛克看來，心靈是能夠進行思想的，但它不是在永遠思想的東西。心靈沒有必要永遠思想，就像身體沒有必要經常運動一樣。運動是身體的一種狀態，而不是永久的狀態。同樣，思想也只是心靈的一種作用，而不是與心靈永遠不可分開的作用。因此，心靈永遠思想，並不是一條不證自明的公理。理性不能證明它的真實性，而人類經驗卻證明這是值得懷疑的。例如，人在酣睡中不會做夢，這是當時心靈不在思想的明證，如果有人在這種情況下仍堅持說心靈在思想，那麼，人們就要問他：你是怎麼知道的？為什麼當你覺察不到自己在思想時，仍確信自己在思想呢？洛克認為，這實際上是離開證明而還確信，沒有知覺而言知識，是用似是而非的說法掩飾自己臆斷的假設。因為所謂思想除了意識自己在思想以外，別無所有；正如所謂饑餓，除了自己有種飢餓感之外，別無所有一樣。因此，所謂心靈永遠在思想而不自知，實無異於一個人永遠飢餓而不自覺。如果我們願意憑經驗和觀察得到知識，而不把自己的假設作為自然的規律，就可以看到，新生嬰兒的心靈並不曾有恒常思想的表現。

他們的絕大部分時間都消耗在沉沉昏睡之中，不常覺醒，既無知覺，也無思想。可見，心靈的本質是白板，人的觀念並不是天賦的。

既然如此，那麼人的知識從何而來？洛克回答：「是從經驗得來。我們的全部知識是建立在經驗上面的；知識歸根到底都是導源於經驗的。」②知識起源於經驗，並不是洛克的發現；他在這個問題上的貢獻，只是對培根等人提出的唯物主義經驗論原理作了系統的論證。洛克認為，知識是由經驗發生，隨經驗而長。知識是經驗的結果。並且，在論述知識起源於經驗時，洛克把經驗分為兩種，即感覺和反省。他寫道，「對於外界可感物的觀察，或者對於我們自己知覺到、反省到的我們心靈的內部活動的觀察，就是供給我們的理智以全部思維材料的東西。這兩者乃是知識的源泉，從其中湧出我們所具有的或者能夠自然地具有的全部觀念」。③所謂感覺，指透過感官對外物作用的感知，從而得到關於外物的形狀、運動、色、聲、味以及一切可感性質的觀念；所謂反省，指透過心靈對於自己內心作用的反省，從而得到的知覺、思想、懷疑、信仰、推論、認識、意欲以及人心的一切作用的觀念。感覺的對象是外界的物質事物，反省的對象是內在的心理作用。一起於外，一源於內，對外物不能反省，對內心不能感覺。它們是經驗的兩種各不相同的內容，是知識的互相獨立的兩個源泉，透過這兩種經驗，就在心靈這張白紙上寫上了觀念的種種文字，在經驗的基礎上建立起了宏偉的知識大廈。

在這裡，洛克不僅承認感覺經驗是認識的源泉，而且沿著客觀主義的道路進一步肯定外物的客觀存在和感覺經驗的真實可靠性，把感覺視為外物的映象，甚至直接使用「表象」和「摹本」等字眼來形容感覺的特性，還根據當時的物理學的成就，說明外物的能力和性質透

過運動作用於人的感官，引起神經的運動，從而產生各種感覺。這些觀念在科學上雖然遠非完善，但在哲學大方向上是完全正確的，是對知識起源於經驗所作的真正的論證。

問題是洛克在正確肯定經驗來源於感官對外界事物的感覺的同時，還承認經驗有另一個來源，即所謂對心理活動的「反省」。儘管洛克有時聲稱人的「觀念的大部分」是導源於感官的，聲稱「反省觀念」出現於感覺觀念之後，是心靈在考察自己所獲得的感覺觀念以後的心理活動所產生的。但是，把對心理活動的反省看成知識的一個來源，卻是錯誤的。因為心理活動歸根到底是由我們的感官對外界事物的感覺所決定的，離開了對外界事物的接觸，就不可能有任何心理活動發生。

透過感覺而有了觀念，洛克認為，觀念就是全部知識的基礎材料；不管人類知識如何宏偉高深，均由觀念構成。他把一切觀念分為兩大類，即「簡單觀念」和「複雜觀念」。所謂「簡單觀念」是指由於外物及其屬性直接作用於我們的感官而產生的感覺觀念和對自身心理作用的直接反省而產生的反省觀念。簡單觀念有兩個基本特點：第一是它產生的被動性。人心沒有自由構成簡單觀念的能力，它完全是由外物的作用和透過反省途徑被動地產生出來的。沒有玫瑰對於眼睛的刺激，不可能有關於玫瑰花的紅色感覺，沒有紫羅蘭對於鼻腔的作用，也不可能有關於它的香氣感覺。人的理智能力無論怎麼高超，也沒有能力在上述途徑之外發明造作新的觀念。第二是它內容的單純性。物體的各種性質在物體本身中雖然是互相聯繫不可分離的，但它們分別在我們的各種感官上產生的觀念，都是單純而非混雜的。簡單觀念的內容簡單到不能再分，如同原子論者所謂不可再予以打破的物

質原子一樣，它是不可再分析為別的觀念的觀念和構成人類知識的基本元素。

洛克進一步指出，由簡單觀念構成複雜觀念，複雜觀念即知識。他說，人心有三種主動能力，即組合、比較和抽象。人心利用這些主動作用，就可以把簡單觀念加工成為複雜觀念。具體說來，借助組合作用，造成關於實際事物的具體觀念或實物的情狀的樣態觀念；借助比較作用把兩個觀念並列起來，同時觀察而又不把它們合而為一，這樣就可以形成關於它們之間的各種關係的觀念，如父子、兄弟、上下、因果、同異等；借助於抽象作用把連帶的其他觀念排斥於主要觀念的真正存在之外，或者把一個觀念從時間、空間的特殊情節分離出來，或者把相似事物的共同性保留下來捨棄其特殊性，經過這樣的抽象過程就可得到概括性觀念。一切複雜觀念不外都是屬於如上三類。

從經驗得來的簡單觀念是全部知識的基礎，一切崇高的思想無不導源於此。洛克還用這種經驗主義分析方法分析了許多複雜觀念；其中包括數學、物理學、倫理學、法律學、神學等領域中的重要範疇，力圖為它們找到經驗的源泉，取消先驗論者加於其上的天賦觀念的神聖美名。這是洛克企圖用唯物主義經驗論的精神系統解決認識論問題的一次可貴的嘗試。在洛克之前，如此系統地論證全部知識起源於經驗的原理是沒有的。僅此而論，洛克的嘗試在哲學史上是有開創意義的。

當然，也因為是嘗試，其缺陷也是不可避免的。首先，他把全部知識和複雜觀念歸結為簡單觀念的不同組合，這無疑是機械自然觀在認識論上的表現。在這裡，洛克不是在人類認識的運和發展過程中來分析簡單觀念和複雜觀念的問題，而是以認識的基本元素的簡單與否

或數量增減來說明這個問題。認識從低級到高級的發展可以包含有某種數量上的變化，但如果完全歸結為數量變化，就必然會把高級認識歸結為低級認識，人類認識就只能停留在簡單觀念所反映的事物的那種屬性之上。洛克在一些問題上有不可知論傾向，其原因便在這裡。其次，洛克把複雜觀念的構成看成是人心對簡單觀念運用組合、比較和抽象能力的結果。他在這裡事實上已看到了人在認識過程中的主觀能動作用，具有一定合理因素。但這種組合、比較和抽象能力的本質是什麼呢？對此洛克未能說明。他傾向於把這些心理能力說成是某種天賦的才能而不予追究。其實，人的認識能力和人的認識一樣也不完全是天賦的，而是在實踐過程中產生和發展起來的。所謂比較和抽象的觀念總是和人類的比較能力、抽象能力一起成長、相應發展起來的。看不到這一點，是會滑到先驗論去的。

感覺經驗是客觀事物及其屬性作用於我們的感官的產物，因此，洛克在對經驗作了系統的論證之後，進一步對作為產生感覺經驗基礎的物質客體進行了論述。在論述中，他提出了兩種性質的學說。洛克當時用以說明物質自然界的根本觀念是微粒說。他認為由微粒構成物質的根本屬性是凝固性，不可入性；凝固的物質占有空間，因而還具有形狀與體積。洛克指出，這就是物質的基本特性，除此之外，物質微粒再也不具有其他性質了。由此可知，他既不知道單個物質微粒具有其他物理化學性質，也不承認它們具有色聲香味的可感性質。他說這是因為它們太小了，不能為我們的感官直接感知，因而不可能具有在我們的感官中表現出來的色聲香味之類的性質。

那麼，為什麼由微粒構成的不同物體都是有各種能力，並在人的感官中表現為不同的色、聲、香、味呢？洛克認為這決定於物質微粒

本身的空間特性和運動（即形狀、大小、運動的不同）以及它們組合為物體時的空間結構和數量關係的不同。這就是說，自然界萬事萬物的一切特殊的性質都是為物質微粒的不同的形狀、大小、運動、數量、組織所決定的。洛克接受波義耳關於兩種性質的提法，並略加修改，把物質的形狀、體積、數量、運動和組織稱為第一性質，把物體借助於第一性質的不同變化而產生的，能在我們感官上產生色、聲、香、味等感覺的各種能力稱為第二性質。這兩種性質雖然都是物體本身所固有的性質或能力，但二者在本體論和認識論方面都有明顯的區別。

從本體論方面看，第一性質是物體在任何時候、任何情況下都固有的、不可分離的性質；第二性質則不是這樣。把一粒麥子加以分割，無論分割到何種程度，它的各個部分仍具有一定的凝固性、形狀、大小和可分性，只不過數量更多而已。可是當分割進行到不可再分割的微小分子時，它引起色聲香味感覺的能力就消失了。可見，這粒麥子所具有的第一性質（產生色聲香味的能力）是由於物質微粒組合為物體時產生的，它們依賴於第一性質及其變狀。在這個意義上，洛克把第一性質稱為原始性質，而把第二性質稱為依附著的性質。前者是決定性的，是最基本的性質，後者則附屬於它和依賴於它。因此，第一性質是物質的原始性質，是物體的實在本質；而第二性質在事物上不過是這種實在本質所決定的，表現於外的特性。這種思想是洛克兩種性質學說的真諦，是他的機械唯物主義世界觀最完整最集中的表現。

從認識論方面看，物體的第一性質和第二性質都是作用於人的感官、從而產生相應的感覺和觀念的能力，是感覺的客觀來源。但是，

第一性質與其所產生的第一性的感覺是完全相似的，而第二性質則與其所產生的第二性的感覺完全不相似。這是因為物體本身就是第一性觀念產生的原型，而不是第二性觀念產生的原型。物體本身所具有的第二性質，只是由於第一性質的變形而產生的不同能力。當這些能力作用於人的感官時雖然可以產生不同的色聲香味的感覺，然而當它離開人的感官時，它們便回復為物質的第一性質的變形。實際上，在洛克的心目中，色聲香味之類的第二性感覺，乃是客觀的第二性質與我們的感官相結合的產物，它包含有人體感官的影響和作用。

兩種性質的學說在洛克的哲學體系中占有十分重要的地位，在科學上和哲學上都有其重大意義。運動的快慢、數量的多少、空間的結構形式，這些都是可以精確測定和度量的特性，把這些稱為物體的原始性質和實在本質，並用它去說明一切外部特性，實際上是把物質的「質」的差異放在物質的「量」的「差異」的基礎上。這種自然觀體現了近代科學不滿足於外部現象的直觀表述，力圖認識可用準確數學公式表述的自然規律的要求，為近代自然科學的發展提供了認識論和方法論的指導原則。

同時，兩種性質的學說把對感覺經驗本性和源泉的研究從主觀推向客觀，把自然物體的性質和能力作為感覺產生的客觀物質基礎，並從物理方面具體分析了主觀感覺與客觀性質的關係，說明了第一性感覺何以相似於第一性質，第二性感覺何以不相似於第二性質，這就深刻揭示了感覺的本性，證明一切感覺都不是主觀自生的東西。兩種性質的學說為洛克的經驗主義認識論奠定了自然科學和哲學方面的堅實基礎。

總之，洛克系統地論證了唯物主義經驗論的原則，成為經驗論哲

學的主要代表；但是，由於他的理論內部的缺陷，不僅影響了唯物主義哲學家，如 18 世紀法國的「百科全書派」，也影響了本國的唯心主義哲學家。

註　釋：

① 洛克：《人類理智論》，《十六～十八世絕西歐各國哲學》，三聯書店， 1958 年版，第 240 頁。
② 同上。
③ 同上。

18 經驗主義向主觀唯心主義的轉化

　　洛克的經驗主義在國內的發展，首先轉化為主觀唯心主義。決定這個發展方向的原因，除了洛克哲學的內部矛盾外，與英國社會的發展也有關。大家知道，隨著 1688 年所謂「光榮革命」的成功，英國的資產階級革命便宣告結束。從此，資產階級成了英國實際上的統治階級，它憑藉其所掌握的國家權力，在國內拼命擴大資本原始積累的同時，在國外瘋狂擴張和殘酷掠奪殖民地；資產階級面臨政治鬥爭的這一新形勢，使他們認識到，為了從政治上鞏固已經取得的權利和從經濟上獲得更大的利益，必須給本國和殖民地的人民套上新的精神枷鎖，才能使他們俯首貼耳，馴服地接受他們的壓迫和剝削。在過去的革命過程中，英國資產階級打著反宗教和科學的旗幟，戰勝了封建貴族，推翻了封建王朝；現在，當他們感到需要用精神手段來控制廣大群眾的時候，他們認為這些手段中「第一個和最重要的手段依然是宗教」。①不過，自文藝復興以來，由於唯物主義和自然科學的發展，從根本上動搖了宗教神學的基礎，這使資產階級意識到，利用宗教作為統治工具，不能再搬老的神學教條，而必須把它建立在新的基礎上；而對於科學，資產階級還要依靠它來發展生產力。這就使他們既要提倡宗教，又要保留科學。巴克萊就是在這樣的歷史條件下走上哲學舞台的。

　　巴克萊（*George Berkeley*，西元 1685 ～ 1753 年）出生在愛爾

蘭，*1700* 年進入愛爾蘭首府都柏林的三一學院學習神學和哲學；*1704* 年畢業後留校任教，*3* 年後成為該院研究員。在以後的幾年間，他先後寫作並出版了《視覺新論》、《人類知識原理》和《哲學對話三篇》等著作。*1713* 年到 *1720* 年間，他兩次周遊歐洲大陸，流動講學，宣傳宗教和唯心主義；*1721* 年返回都柏林，擔任三一學院高級研究員。巴克萊曾制定過一個在百慕達群島建立學院的計劃，*1728* 年抱著這個目的帶著新婚的妻子奔赴北美的英國殖民地活動，在那裡逗留了三年，由於經費無著，於 *1731* 年返回英國。他在旅居北美期間進行的哲學和宗教活動，對後來的美國思想界具有重大影響。回國後於 *1734* 年被任命為愛爾蘭克羅周教區主教，他擔任這個職務長達 *18* 年之久；*1753* 年在牛津去世。

在哲學上，巴克萊和洛克一樣，都是從感覺論出發，認為一切認識都是從感覺經驗得來，感覺經驗是認識的源泉。在這一點上，他和洛克的經驗論在表面上十分相似。問題在於：經驗是什麼？它是哪裡來的？對於這些問題的回答，他和洛克截然不同。由於洛克的看法也有毛病，巴克萊正是抓住這些毛病，把經驗主義建立在唯心主義基礎上。

前面講過，洛克把物體的屬性區分為第一性質與第二性質，認為第一性質是物體本身所固有的，第二性質則是借第一性質在人們心中產生各種感覺的能力。前者形成的感覺與它的原型相似，後者產生的感覺與原型不同。巴克萊就是利用洛克第二性質學說的弱點，把唯物主義轉向唯心主義。首先他提出，第一性質與第二性質是不可分離的。因為在他看來，不能想像具有某種形狀的物體，它會沒有某種顏色。以人來說，世界上只有一定身材的黃人、白人或黑人，絕沒有既

非黃也非白，既不胖也不瘦的人。由此可見，事物的顏色、氣味和聲音，總是和一定的形狀、體積不可分割的。在這一點上，巴克萊是有道理的。但是，他又指出，第二性質存在什麼地方，第一性質也應該存在什麼地方；既然洛克肯定第二性質存在於心中，因此，第一性質也一定存在於心中。這樣一來，實際上就把第一性質歸結為第二性質，從而取消了物質實體的客觀性。

有了這個前提，他就有可能解釋經驗與事物了。人們認識的對象是什麼？他認為，人們認識只是人們的感覺，因為只有感覺才是真實的存在，而且它就是認識的唯一對象。他說，人們只要稍一觀察人類知識的對象，他們就會看到，這些對象就是觀念。②在巴克萊這裡，觀念即是感覺本身。那麼，觀念或感覺是什麼？它和人們所說的事物是什麼關係？巴克萊指出，人們所以知道有所謂事物存在，唯一的途徑就是透過感官；然而，透過感官人們所感知到的只有觀念，除了觀念以外，沒有其他任何東西。這是因為，所謂感覺或觀念，都是人們感官的產物，它是依賴於人類心靈的東西。例如，憑藉著視覺，我就有了各種光和色以及它們的各種等級、各種差異的觀念。藉著觸覺我就知覺硬、軟、熱、冷、運動、反抗力，……味覺供給我以香氣；味覺供給我以滋味；聽覺把調子不同、組織參差的各種聲音，傳到我們心中。③這就說明，耳所聞到的，除了聽覺以外，沒有別的；眼所看到的，除了視覺以外，沒有別的；手所觸到的，除了觸覺以外，沒有別的。接著，他指出：「人心有時看到這些觀念有幾個互相聯合的。因此，它就以一個名稱來標記它們，認它們為一個東西。④以櫻桃為例，它是什麼呢？巴克萊說，它不過是各種感官所感知到的紅、柔、酸等感覺或觀念，由於我們看到這些觀念是互相聯繫在一起的，所以

心就把它們組合成一物，稱之為櫻桃。同樣，別的一些觀念的集合，又構成一個蘋果、一塊石頭、一棟房子等。因此他提出，物是觀念的產物，並進一步斷言「物是觀念的複合」。

巴克萊的這種觀點，實際上是把事物與觀念當成一回事，即把感覺的對象和感覺等同起來。依照這種看法，人們感官對於事物的感覺、觀念，不是事物的反映，而是我們自己的頭腦所產生的。客觀事物是人們感覺的產物，外界事物是依賴於我們感覺的。它們統統都是觀念的集合或感覺的複合。這就是說，感覺的產生不需要外部事物作為基礎，感覺、觀念都不是以外部世界的反映，正如巴克萊所說的，觀念的產生，並不必要假設外界的事物。因為人們都承認，縱然沒有外物與觀念交會，觀念有時也可以按照我們所常見的秩序產生出來。⑤這種缺乏客觀基礎的經驗當然只能是唯心主義的。

不能否認，人們認識事物，首先必須透過各種感官感知它們的客觀屬性，然後才能把所感到的各種感覺加工統一，經過思維的抽象最後形成某物的概念。還是以櫻桃為例，它作為我們感知的對象，是我們的感官獲得紅、柔、酸等各種感覺的來源。如果它沒有各種特性的客觀存在，也就不會有反映到我們頭腦中的各種感覺。因此，我們之所以有各種感覺只是對於櫻桃感知的結果，客觀存在的櫻桃才是產生各種感覺的原因。原因和結果，感覺與被感覺，這二者是不能等同的。巴克萊把感知的對象說成是感覺或觀念的集合，完全否認了物質世界是感覺經驗的來源，否認了感覺經驗是外部世界的反映，從而把客觀事物觀念化，變成了純粹主觀的東西。

我們看到，巴克萊雖然重視經驗，但是，他的經驗和唯物主義的經驗是完全不同的。這主要表現在，他抓住作為認識過程中一個環節

的經驗拼命地加以誇大和任意地把它吹脹，以致割斷了經驗與外界的聯繫，從而否定了它的客觀來源。把它變成了不依賴於物質的唯一實在。因此，感覺便成為主觀自生的東西。這樣一來，感覺在巴克萊那裡，不是溝通主觀與客觀的橋梁，而是把它們隔離開來的障壁。實際上，感覺只是客觀事物的主觀印象，它是人們認識外界的一種主觀形式，它反映作為主體的人和作為客體的事物在認識上的聯繫。感覺本身的存在就說明了作為認識主體的人和作為客體的外界事物的存在，說明感覺者和被感覺者存在，而感覺則是兩者的橋梁。感覺是作為認識的結果而產生的，對於某一客觀事物的感覺，意味著該事物是產生感覺的原因；結果說明原因存在，感覺也就說明客觀事物的存在。如果把作為感覺的原因的客觀事物和感覺混同起來，而把事物說成是感覺複合，那麼，我們就會得出如下結論：感覺是本身的感覺，結果是本身的結果，這種說法是沒有道理的。

產生巴克萊這種觀點的原因，從認識上來說，這是經驗論片面發展的必然結果。巴克萊的哲學是以取消物質實體為己任的。他達到這個目的的論據是經驗論的原則。按照經驗論的原則，只有能夠成為感官對象的東西才能承認其存在；反之，不能成為感官對象的東西也就不能肯定其存在。物質實體不能為感官對象，所以物質實體也就不存在。巴克萊只要把經驗論原則貫徹下去，很容易地把作為唯物主義基礎的物質實體取消了。進而，一旦取消物質實體之後，我們所能真正認識的，就已經不是外在事物了。因為從感覺得到的只是某種顏色、聲音、滋味、氣味、形象與硬度等等性質，作為感覺的顏色、聲音、氣味和外界事物並不相同。結果，我們的感覺只承認自身感覺中的東西，而不能承認外界事物的存在。以主觀感覺為標準，真正存在的只

能是感覺自身，所謂外界事物，不過是感覺觀念的複合。這樣，巴克萊把經驗主義原則貫徹下去，便得出了「物是觀念的複合」這個主觀唯心主義結論。

當巴克萊否認了感覺的客觀基礎之後，他便以此當作階梯來為上帝的存在作論證了。

首先，他從「物是觀念的複合」這個命題出發，推演出一切事物都沒有自己的獨立存在。因為在巴克萊看來，所謂事物「存在」是指被我所見，被我所聞，被我所觸；就是說，事物的存在只是在於心靈對它有所感知。他說，一個觀念的存在，正在於其被知道。⑥例如，說房間裡這張桌子存在著，是因為摸著它了；說櫻桃樹在園裡存在著，是因為看見它了。以此類推，「天上的星辰、地上的山川景物、宇宙中所含的一切物體，在人心靈以外都無獨立的存在；它們的存在就在於其為人心靈所知覺」。⑦由此，巴克萊便提出另一個命題：「存在就是被感知。」事物離開了心靈的感知，它們就不存在了，因此，事物的存在是依賴於「自我」感知的。「自我」感知到它，它就存在，「自我」不感知它，它就不存在。按照這種邏輯推論下去，就可以說，世界上除了巴克萊和他的感覺之外，是什麼也不存在的。凡是巴克萊感知到的，它就是存在的，凡是沒有被感知到的，它就根本不存在的。如果把它再引申一下：在巴克萊出世之前，世界是根本不存在的；巴克萊一死，世界隨之化為烏有，因為巴克萊沒有感知到它們。這種理論顯然就是唯我論。

其次，為了避免作出唯我論的結論，巴克萊提出世界上除了有「自我」的感知外，還有其他人的感知。因為如果按照「存在就是被感知」的原則推理，就會得出這樣的結論：「公園的樹木、客廳的椅

子，如果沒有人在那裡感知它們，它們就是不在那裡的。我一合上眼，則室中的器具會歸於烏有，並且我只要一開了眼，則器具又會重新創造出來。」⑧這就是說，人們感知它時，它是存在的；人們不感知它時，它就不存在了。然而世界上的一切事物，並非時時刻刻有人感知它；要是沒有人感知它時，它便不存在，那麼，事物的存在還有什麼連續性呢？顯然這是違背常識和理智的，這雖是巴克萊理論的必然結論，但是他卻不敢承認。為了調和他的哲學和常識之間的這個矛盾，他只好向常識作出讓步。他說，我所以否認可感事物存在於心外，並不是指我個人的心，乃是是一切的心。現在我們分明看到，可感物是在我個人的心以外存在著的。因為我根據經驗觀察，它們是可以獨立於我的心以外的。因此，我知覺它們的時候雖有間斷，但它們在間斷的時候，仍然可以存在於他人心中的……⑨又說，我們雖然說，各種物體在心外並不存在，可是人們不要誤會，我是指著這個特殊的心或那個特殊的心而言，因為我所指的，乃是任何所有的心。因此，我們並不能根據前邊的原則斷言，各種物體是一時一時在被消滅、被創生的，也不能斷言，在我們知覺有了間斷時，它們就完全不存在」。⑩

　　巴克萊在這裡承認，根據經驗觀察的結果，「可感物可以在我們心外存在」。實際情況的確是這樣，任何人的經驗都不會懷疑事物的存在有著時間上的連續性，而不會隨著我的感知與否或創造或消滅。不過，承認這一點就與自我不感知事物就不存在相矛盾了。為此，他便把所謂事物的存在所依的感知者從「自我」改換成為一切有感知能力的人。這樣一來，事物不被自我感知，也會被他人所感知；可見，事物並不獨立於人心之外。事物存在的連續性和自我感知的間斷性之

間的矛盾似乎得到了解決。其實這種調和也是不能解決問題的。因為，即使可以用別人的感覺來解釋事物存在的間斷性，但是，他既然承認了自我感覺的間斷性，也就必須承認別人感覺的間斷性，間斷性加間斷性或間斷性的總和並不等於連續性。因為經驗告訴我們，公園裡的樹木、客廳裡的椅子，並不是每時每刻總是有人在那裡感知它們，當沒有人感知它們時，它們是否存在？至於客觀的宇宙天體和微觀基本粒子，還有許多是在人類感知之外的，就是說，它們還尚未被人們所感知，它們的存在又該怎麼說明呢？

最後，為了擺脫上述困境，巴克萊終於抬出了上帝。他承認，所有這一切都是存在的，不過，「它們如果是存在的，則它們必然要被一個無限的心所感知，那麼宇宙一定有一個無限的心或上帝了」。⑪他的邏輯是，事物雖然可以離開人的意識而存在，但畢竟都是感覺的集合，仍然必須存在於一種精神之中；當這個人或那個人不去感知時，還有上帝那顆無限的心感知它，這就不僅證明了物只能存在於心中，而且還肯定了上帝的存在。到此，巴克萊既然已經把他的哲學基礎建立在上帝身上，這便使他的哲學變成了神學，主觀唯心論也因此變成了客觀唯心論。

從提出「存在就是被感知」到肯定上帝存在，這是一個尖銳的矛盾。一方面不被感知就不可能有事物的存在，當然上帝就是根本沒有的。任何人都沒有透過自己的感官感覺到什麼上帝，巴克萊又有什麼權利設想一個連他自己也承認根本不能被感知的上帝來呢？另一方面，如果事物是依賴於上帝，而不是依存於這個「自我」或那個「自我」，那麼，巴克萊原先建立起來的「存在就是被感知」和整個主觀唯心主義體系又有什麼必要呢？況且從觀念產生變化的原因推論出上

帝存在，這也是沒有道理的。因為作為上帝存在的論證，巴克萊並非依據事實的證明，而僅僅是邏輯的推論，而邏輯的推論是不能代替存在的證明的。因而，我們在巴克萊的哲學體系中發現：他的主觀唯心論體系必然導致純粹的唯我論，這樣就連上帝也不能不存在於他的心中，但是，為了用宗教這條繩索來束縛勞動人民，他又必須將上帝放在一個創造者和至高無上的地位上。要擺脫這種進退兩難的境地，巴克萊不得不犧牲他的哲學體系的邏輯一貫性，在主觀唯心主義中加入客觀唯心主義的成分，這樣，便形成了巴克萊唯心主義體系的特點，即哲學與神學的奇妙結合。

從這裡，可以提出一個問題：近代早期認識論上的唯物主義經驗論，從本體論上最後陷入主觀唯心主義，教訓在哪裡呢？我們以為認識論上單純的經驗主義原則，雖然也可以和唯物主義世界觀相結合，但卻不能達到認識世界的本質是物質這樣的唯物主義，因為單純的經驗論不能說明如何形成對世界的物質實體的高度的抽象概括。離開了物質實體而只承認感覺對象的個別事物，而個別事物便勢必分解成幾種不同的感知性質，這些性質是感官可以感知的，可以離開感覺的獨立存在，結果整個世界便都歸結為一系列個別的感知性質，相應地，也就可以歸結為一系列個別的感覺了。可見，狹隘的片面的經驗主義原則，在邏輯上和哲學唯物主義並沒有必然的聯繫，其歸宿為客觀唯心主義倒是合邏輯的。

巴克萊在認識論上繼承了經驗主義的傳統，但卻把經驗主義改造成為唯心論的經驗主義，從而成為英國哲學發展中的一個轉折點。從巴克萊開始，英國經驗主義哲學傳統開始從唯物主義轉向了唯心主義。巴克萊的唯心主義認識論表明經驗主義為唯心主義及為宗教神學

服務的可能性，對後來的西方哲學產生了很大的影響。

註　釋：

① 恩格斯：《社會主義從空想到科學的發展》，《馬克思恩格斯選集》第
　　3卷，人民出版社，1972年版，第401頁。

② 巴克萊：《人類知識原理》，商務印書館，1958年版，第18頁。

③ 同上。

④ 同上。

⑤ 同上，第26頁。

⑥ 同上，第18頁。

⑦ 同上，第37頁。

⑧ 巴克萊：《哲學對話三篇》，商務印書館，1957年版，第90頁。

⑨ 巴克萊：《人類知識原理》，商務印書館，1958年版，第39頁。

⑩ 巴克萊：《哲學對話三篇》，商務印書館，1957年版，第64頁。

19 經驗主義陷入了懷疑論

　　前一章告訴我們，巴克萊哲學只否定了洛克的物質實體，但保留了精神實體；從唯心主義角度來看，他的經驗論不但是不徹底的，而且還是自相矛盾的。為了擺脫巴克萊哲學的這種困境，將經驗論的原則從唯心主義立場真正貫徹到底，便產生了休謨哲學。

　　休謨（David Hume, 西元 1711 ～ 1776 年）出生在蘇格蘭首府愛丁堡一個沒落的貴族家庭。兩歲時父親死去，他由母親教養成人。他從小酷愛文學和哲學，曾在愛丁堡大學學習了一些課程，但他多年生活在農村，主要是靠自學成功的。1736 年秋，他到法國鄉下，安靜地居住了 3 年。在這裡鑽研哲學與文學，並寫出巨著《人性論》。這本書出版後，在社會上沒有引起人們的重視，他也因此沒有獲得預期的名聲。然而，這本書卻有它的優點，即表明年輕哲學家不畏權威壓力，敢於大膽否定和懷疑既成的教條，有敢於獨立地建立自己哲學體系的氣概，回國後有人推荐他到愛丁堡大學任教授，但因故未成，他便離開蘇格蘭然後作為克賴爾將軍的秘書隨將軍到了義大利。這項工作使他有機會熟悉國家事務，並在這種環境中把《人性論》重新改寫成《人類理智研究》。1748 年出版後，在英國以至歐洲大陸，休謨因此名聲大振。在 1754 年至 1761 年間，他還陸續出版了《英國史》和《宗教的自然史》。休謨不僅是個哲學家，而且還是一位政治活動家。前面提到過，早年他投奔英國遠征將軍麾下充當秘書，1763 ～

1765 年，又出任英國駐法國大使館秘書和代理公使，在那裡，他和當時法國哲學界著名人物狄德羅、愛爾維修、盧梭等有過密切的交往。1767 年，休謨出任英國外交部次官。1769 年告老還鄉，1776年在樂觀和安詳的神態中離開人間。

在哲學上，休謨繼承了巴克萊對洛克的批判，並且為了把經驗主義的原則在唯心主義的基礎上徹底地堅持下去，確定自己的哲學要在經驗的基礎上，用經驗的方法，分析和研究人類理智的性質、範圍和能力。在他看來，這樣作的目的是為了使人避免去追求和糾纏那些超越經驗、超越理智能力限度的問題。他認為，凡是不能用經驗解釋的，又不能在經驗中實現的，都是不存在的。經驗在他那裏，成了衡量存在與否的唯一標準。

經驗是什麼？他說，所謂經驗，是由一個一個的知覺構成的，因此，他便從研究經驗轉向研究知覺。休謨在考察人類理智時，就是從分析知覺入手的，透過對知覺的分析來貫徹他的經驗主義原則。在具體論述時，他把感覺、情感、情緒、思維等統統稱之為「知覺」，然後把知覺分為兩類，即「印象」與「觀念」。

首先，從「印象」與「觀念」的區別說。他認為印象是指當下所生的感覺、情緒和情感，它是生動的和活潑的知覺；用他的話來講，就是「指我們聽見、看見、觸到、愛好、厭惡和欲求時的知覺」。①觀念不同，它是印象在心中的摹本和再現，因此它既不生動也不活潑。雖然他也說過，印象與觀念的區別是「感覺與思維的差別」，②但是，這種差別只是「強烈程度和生動程度各不相同」。③根據休謨這種區分，可以說，印象屬於直接感知到的感性認識，而觀念則至少部分地屬於理性認識。因為他還說過，「觀念這個名詞，我用來指我

們的感覺、情感和情緒在思維與推理中的微弱的意向」。④在思維和推理中的東西當然是理性認識。當他作了這個區分之後，便把「一切觀念起源於印象」作為他的哲學的第一原則。這個原則實際上也就是「凡是在理智中的沒有不先在感覺中」這個古老的經驗主義原則的簡單表述。這個原則的內容用我們的語言來表達，也就是在認識起源與途徑問題上，斷言認識必須起源於感覺，理性認識必須從感性認識得來。這是與經驗主義一致的，在一定範圍內也是正確的。問題在於，他把觀念與印象的區別，僅僅看成是強烈和生動的程度不同，便否認了理性認識和感性認識的本質區別。這樣一來，就把人的全部認識限制在感性知覺的範圍之內。

其次，從印象與觀念的聯繫說。他認為，觀念摹仿印象，觀念來自印象；而印象又分為「感覺印象」與「反省印象」兩種。「反省印象」最終也來源於「感覺印象」；於是，一切觀念、思想歸根結底都來源於感覺。他指出，從表面上看去，人的思想似乎有無限的能力和自由，可以任意馳騁飛翔，但是實際上永遠跳不出知覺的範圍。當我們想像一座金山、一匹有德性的馬時，不過是在心中把感官和經驗提供的金和山、德性和馬加以聯結而已。因此，人心所有的全部創造力，不過把感覺材料加以「聯繫、置換、擴大或縮小而已」。⑤休謨還把這種感覺論推向極端，認為一切觀念都必須和它所摹寫的感覺印象一一對應；一個名詞、概念，如果沒有與它對應的印象，那就說明它只是一個空洞的名詞或虛假的觀念。在這裡，更加鮮明地堅持了他的基本立場：人的全部認識是不能超出經驗範圍的。

不過，這並不能阻止人們繼續問他：感覺經驗本身又是起源於什麼？當他回答這個問題時，他不僅和洛克不同，也與巴克萊有別。具

體說來，他首先不同意唯物主義的回答。他指出，唯物主義主張在人的心靈之外有個獨立存在的外部世界，心中的知覺是它的摹本或表象等，這是沒有根據的，是無法證明的獨斷論。因為說有心外之物，則心與物就是兩個根本不同的、截然相反的實體；那麼，怎樣知道心中的知覺就是外物的摹本？他認為用以證明這一點的唯一辦法只能依靠經驗；然而經驗在這個問題上「完全保持沉默」。⑥任何人也「不能經驗到知覺與對象的聯繫」。⑦這就說明知覺是外物反映的唯物主義觀點是毫無根據的。

同時，他還認為，巴克萊把感覺的來源歸之於上帝或心靈等精神實體，也是沒有根據的。因為上帝這個「最高實體」和「外部世界」一樣，它們存在與否是超越感覺經驗的，這是一個懸而未決的問題。用「上帝」來說明感覺的根源及其真實性，這是「在兜著毫無希望的圈子」。⑧由此可見，在這個問題上，他比巴克萊徹底，既否定了物質實體，也否定了精神實體。

那麼，感覺經驗的根源到底是什麼？對此，休謨的回答是：「至於由感官所發生的那些印象，據我看來，它們的最終原因是人類理性所完全不能解釋的。我們永遠不可能確實地斷定，那些印象是直接由對象發生的，還是被心靈創造能力所產生，還是由我們的造物主那裡得來的」。⑨這意思是說，在感覺印象之外是否存在物質實體或精神實體的問題是無法解決的，人們除了能感知自己的知覺以外，其他一切都是不可知的。在感覺來源問題上，休謨採取了懷疑態度。列寧說：「休謨所謂的懷疑論，是指不用物、精神等等的作用來說明感覺，即一方面不用外部世界的作用來說明知覺，另一方面不用神或未知的精神的作用來說明知覺」。⑩這種懷疑論就是不可知論。

休謨得出這個結論，實際上是片面的經驗論發展的必然結果。經驗論從培根開始，經過霍布斯到洛克的發展，在把它系統化的同時，它逐漸暴露出不可克服的矛盾。他們雖然基本上堅持了認識來源於感覺經驗、感覺經驗來源於外部世界的唯物主義認識論；但是形而上學的思想方法和機械論的觀點，限制了他們的眼界，使他們不能正確地理解感覺經驗如何來源於外部世界以及感性認識和理性認識的關係問題。傳統的唯名論思想的影響，使他們貶低抽象概念與概括知識的作用。這些都蘊涵著使他們的哲學向主觀主義感覺論和不可知論轉化的契機，或者在他們的學說中，就包含有唯心主義、二元論或不可知論的因素。巴克萊利用了經驗的這些缺陷，在世界觀上實現了向唯心主義經驗論的轉化。同時，當巴克萊把洛克的「兩種性質」都說成是主觀的東西，並把上帝抬出來作為感覺觀念的原因時，他的唯心主義經驗論又包含了懷疑論的可能性。休謨正是沿著這條道路走到不可知論上去的。按照休謨的經驗論原則，一切認識都僅僅由感覺經驗來說明，這就是把感覺經驗絕對化了；一旦當他把經驗絕對化之後，人們能夠認識到的只能是個別的、孤立的和相互隔離的感性知覺。這些感性知覺，可以是從外部經驗得到的知覺，也可以是從內省經驗得到的知覺。這種知覺保留在記憶中，就是印象。在意識中真正能夠承認的，就是這樣一些印象。除此之外，則什麼都不能承認。有沒有外部事物，有沒有物質實體，有沒有精神實體，都不能作出肯定的或否定的回答，只能對它抱存疑態度。這就是徹底的經驗論所必然達到的最後結論。

在認識論上，休謨雖然把唯物主義經驗論貫徹到底，否定了知覺之外的一切存在，剩下的只有不知從哪裏也不知存在什麼地方的一堆

「知覺」，嚴格說來，就無從談論什麼認識的起源問題了。因此，他雖然透過把「存在就是被感知」這一經驗主義原則貫徹到底，也似乎消除了巴克萊的矛盾，但他自己又陷入了一種更深刻的矛盾，即一方面拒絕回答感覺的起源問題，實質上就破壞了建立認識論的基礎；另一方面他還要來建立自己一套認識論體系，以便為當時的科學知識作出解釋。當他用這種理論來對科學作出解釋時，結果將是什麼呢？下面僅用他的因果學說為例，就足以了解其大體情況。

在休謨看來，人們思想中本來沒有什麼因果觀念；可是在日常生活和科學研究中，它卻得到了廣泛的運用，說明人類生活不能離開它。現實生活中存在的因果觀念，休謨並不否認。他只是想透過因果學說的探討，掃蕩以往形而上學家獨斷的因果概念，並為科學知識的性質作出說明。

依據「觀念起源於印象」這一原則，休謨考察了因果概念的起源。在這個問題上，他否認它是理性的產物；他在確定原因與結果之間構成條件的基礎上指出，所謂因果關係，一是指作為原因的東西有某種力量作用作為結果的東西；二是指原因和結果之間有一種聯繫。就是說，每一個結果都會呈現出使它產生的那個原因相同的事物；作為因果出現的兩件事情，在時間上，原因在先，結果在後，它們前後相隨，如影隨形；相似的原因產生相似的結果。由此出發，休謨把原因定義「為一種有另一對象隨之而來的對象，它的出現總是使思想轉到另一個對象上面」。⑪例如，冬天把一盆火端到你面前，接著，你會感到溫暖。人們即稱前者為原因，後者為結果，認為兩者之間存在著因果聯繫。休謨承認這種聯繫是存在的，並且是構成人們所說的因果關係的不可缺少的條件。

在這個基礎上，休謨解釋了因果觀念在人們意識中的形成。他指出，在實際生活中，人們觀察到某些現象前後相隨或集合在一起，於是思想上把它們聯繫起來，因而以後看到甲事發生，就期待繼它之後有乙事發生，而且相信後一事件一定會發生。這樣，人們在觀察事物時，總是想像有一種聯繫存在於眼前的事實和由此推論出來的事實之間。他還認為，如果只是一次或兩次事實，也不足以形成人們的因果觀念，必須經過多次觀察到兩種類似的例證不斷反覆出現，這些事實就在人們心理上形成習慣性的聯繫，並借以從過去的經驗推斷可能的經驗。因而由於觀察到兩種事件的反覆出現的次序，人們憑藉想像力的作用就會產生一種習慣性的期待，相信這種事件將來必定再度相繼出現。這種習慣性的期待便構成了人們對於因果聯繫的「自然信仰」。因此，他認為這種聯繫不過是把兩個觀念在想像中聯繫起來的結果，習慣是形成因果觀念的根據與基礎。

在這裡，休謨離開客觀世界把對於因果概念起源的考察，完全限制在經驗範圍內，從而割斷了它和物質世界的聯繫，否定了因果概念是物質世界發展規律在人們頭腦中的反映；同時，他又撇開理性思維，認為因果觀念是感覺印象的產物，是依賴主觀的東西，這種因果觀的唯心主義實質是十分明顯的。

既然因果概念是主觀習慣的產物，那麼，建立在因果推論基礎上的知識的性質怎樣？休謨認為，由於原因和結果是兩個完全不同的東西，它們之間的聯繫具有主觀任意性，因此透過它推論得到的一切命題，都只有或然性。道理很簡單：經驗不能提供這樣的證明。例如，看到一個彈子循著直線向第二個彈子運動時，根據因果關係進行推論，雖然可以想像它和第二個彈子相撞並引起後者的運動，但這只是

或然的，沒有根據證明這是必然的。相反地，倒是從這種聯繫中可以設想出百十個相異的結果來，所以，在這種推論中，只要它們不相互矛盾，出現和原因相反的結果，不僅可以設想，甚至能夠成立。就以「太陽明天不出來」和「太陽明天出來」這兩個命題來說，絕對不能藉由任何抽象推理肯定這個或否定那個，而是一樣可以理解，一樣不矛盾的。總之，因果之間的聯繫缺乏普遍必然性，透過它推論得到的知識也同樣沒有普遍必然性。

在這裡，休謨強調了知識的感性內容和它的現實性，揭示了人類認識具有主觀性與相對性的一面，這對於克服理性主義的獨斷論有一定意義。但是，休謨走到另一個極端，片面誇大了認識的主觀性與相對性，認為建立在因果推論基礎上的知識只有或然性，從而否定了科學知識的真理性。按照這種理論，人類理智的天生弱點就是它只能認識感覺經驗提供的現象，而沒有能力也沒有必要去探究那些尚未認識到的和其存在與否尚成問題的「本質」。這樣，科學知識就只能對現有的知覺到的事件加以描述，決不能從個別到一般，從現在推斷未來，發現存在事物中的普遍規律。那麼，人們也就不能對事物的發展作出科學預見。這樣，休謨本想用因果學說來為科學提供理論上的解釋，然而事與願違，反而貶損了人類理性思維和科學知識的真理性及其社會功能，從而動搖了科學的基礎。

經驗主義發展到休謨的懷疑論，雖然它有促使人們從理性主義獨斷論統治下醒悟過來的積極作用，但作為一種學說，已經不能適應科學的發展了，這是值得深思的。

註　釋：

① 休謨:《人類理智研究》。《十六～十八世紀西歐各國哲學》,三聯書店, 1958 年版,第 364 頁。

② 休謨:《人性論》上卷,商務印書館, 1983 年版,第 13 頁。

③ 同上。

④ 同上。

⑤ 休謨:《人類理智研究》,《十六～十八世紀西歐各國哲學》,商務印書館, 1958 年版,第 365 頁。

⑥ 同上,第 400 ～ 401 頁。

⑦ 同上。

⑧ 同上,第 401 頁。

⑨ 休謨:《人性論》上卷,商務印書館, 1983 年版,第 101 頁。

⑩ 列寧:《唯物主義和經驗批判主義》,《列寧選集》第 2 卷,人民出版社, 1972 年版,第 29 頁。

⑪ 休謨:《人類理智研究》,《十六～十八世紀西歐各國哲學》,商務印書館, 1958 年版,第 389 頁。

20　笛卡兒提出的理性主義原則

　　與培根在英國提出經驗主義哲學的同時，在歐洲大陸的法國，笛卡兒創立了理性主義的學說。

　　笛卡兒（*Rene Descartes*，西元 1596 ～ 1650 年）出生在一個舊式貴族家庭，父親是勒丹省法院的法官，擁有一份相當可觀的地產。1604 年，他被送到著名的佛萊施公學接受耶穌會的正規教育。在學校裏笛卡兒非常好學，除了攻讀學校規定的各種古代典籍外，還博覽群書，研究數學、哲學、化學、物理學和天文學。當他 1612 年畢業時，發現自己讀了那麼多書，固然增長了知識，但他覺得傳統學問不但無用，反而給他帶來不少困擾。因此，他決定拋棄對書本的研究，到世界這本大書中去探索。在這裡，他搜集各種經驗材料，透過自己的理性思考，從中取得教益。為了認識世界，他與各種各樣的人交往，甚至以自願兵的身分參加了日爾曼的三十年戰爭。在戰鬥的空隙，笛卡兒常常陷入哲學沉思。1621 年他辭去軍職，周遊波蘭、普魯士、瑞士和義大利等地。他傾心新興科學，認為只有科學才能給人類帶來幸福。於是，他毅然賣掉祖傳的「采地」來到學術比較自由的荷蘭，在這裡潛心從事哲學研究和著述，前後待了 20 年。1649 年瑞典女王邀請他到斯德哥爾摩為她講哲學，第 2 年，由於肺炎不幸在那裡病逝。

　　笛卡兒生活在 17 世紀上半葉。他認為，要促進科學和認識的發

展，必須建立一種與經院哲學對立的、以追求真理為目的、有利於人類征服自然的新哲學。他把這種哲學稱之為「實踐哲學」。實際上，這種哲學是一種無所不包的知識體系。不過，他和培根一樣，這個體系是以認識論為基礎的，不同的只是培根是經驗主義的奠基人，而笛卡兒卻是理性主義的開山祖。

笛卡兒在建立他的哲學體系時，認為首先必須發現一些確實而自明的真理；這種真理是每個有常識和有推理能力的人都承認的。只要找到了這種真理，新的哲學才能以它作根基重新建立起來。他指出，經院哲學不但不能提供這種真理，相反地，它從來就是人們尋找真理道路上的障礙；同時，承襲傳統觀念，僅僅知道別人的意見，也不是科學的態度，要得到真理，一定要獨立思考。

當時，數學上正醞釀著新的突破。在數學的研究中，笛卡兒看到了數學方法有推理確切明白、清晰無疑和運用廣泛的優點。他認為，哲學應以數學為榜樣，遵循著數學推理的步驟，才能在哲學中發現真理。不過，數學推理已有前提，而哲學則尚未找到。因此，運用數學方法來建立哲學體系時，應該首先找到這個前提。在進行這項工作時，他提出了「普遍懷疑」原則。

笛卡兒說，要想追求真理，我們必須在一生中盡可能地把所有事物都來懷疑一次。①在進行懷疑時，他首先把矛頭指向經院哲學；他不僅懷疑宗教信條，甚至懷疑自己身體的存在。總之，要獲得真理必須對我們所有的觀念進行一次普遍的懷疑，把它們放在理性的尺度上校正之後，決定取捨。可見，所謂「普遍懷疑」，就是要把一切東西放在理性面前加以審查，而所謂「理性」，是指判斷和辨別真假的能力，實際上，它是當時資產階級衡量一切的標準。經過這樣的懷疑或

檢查，凡覺得稍有懷疑的，即將它拋棄，以便從中找到某種無可懷疑的東西，以此為根據建立全部知識的大廈。

應當指出，這種懷疑決不是為懷疑而懷疑，因為懷疑不是目的，而是求得科學知識的手段。同時，這種懷疑也不是隨心所欲的，不是既可以從它開始，也可以不從它開始，這是一種從他的哲學原理中必然產生出來的方法。因為在他看來，真正的哲學懷疑不是說沒有前提，而是透過懷疑，把懷疑的結果作為前提。而結果不是存在於懷疑之先，而是從懷疑中產生，並且與懷疑一道形成的，因此這種懷疑便成為他的哲學出發點和獲得真理的步驟。我們以為，要發現新的真理，的確要有對舊的觀念的突破，突破的第一步則是懷疑；由懷疑而探討，最後才能建立新的理論。笛卡兒的「普遍懷疑」原則，充分體現了新興資產階級的理論勇氣。

既然要對一切進行懷疑，那麼，人類認識，或者說真理可靠性的基礎在哪裡？笛卡兒懷疑的真正目的恰好是要找到這個基礎。他寫道，我們在懷疑這些事物的真實性時，我們卻不能同樣地假設我們是不存在的，那是一種矛盾。②意思是說，儘管我懷疑這懷疑那，卻不能懷疑我在懷疑。只要我一懷疑我在懷疑，正好證實了我在懷疑。因此，可以懷疑其他一切，就是不能懷疑已在懷疑這件事的我是不是存在的，因為某種東西正在懷疑，說明他正在思維；說他在思維而他是不存在的，這種說法顯然是自相矛盾的。由此笛卡兒斷言：當我在懷疑的時候，有一件事是不可懷疑的，就是「我在懷疑」這個事實本身是不能懷疑的。這樣，懷疑的結果終於發現了一件他不能懷疑的事實，就是「我在懷疑」。我在懷疑即我在思維。既然我在思想，這個思想著的「我」就不能沒有。由此他提出了「我思故我在」這個命

題。

　　從普遍懷疑出發，笛卡兒到此得到的第一個結論就是肯定了思維著的「自我」的存在。因為既然我在懷疑是無可懷疑的，那麼，作為懷疑活動的主體的「自我」的存在，便是確實可靠的、完全自明的。而推出「自我」存在的「我思故我在」這個命題便是絕對可靠的真理。因此，笛卡兒把它作為他的哲學的「第一原理」和整個體系的基石，他認為其他一切知識都可以從這個原理中推論出來。

　　從這裡可以看到，笛卡兒把人的本質歸結為思維，從思維中導出存在來。正如他說的：「這個實體的全部本質或本性只是思想，它並不需要任何地點以便存在，也不依賴任何物質性的東西。」③「我」只是思想的東西。思想是基礎。我之所以存在，只是由於我能夠思想，從「我」的「思想」推出我的存在來。思想是我的主體，它是不依賴於我的身體而存在的精神實體。不難看出，笛卡兒不是把思想的主體的存在當作思想活動的前提，而是從思想活動中推論出思想活動的主體，不是把改造世界的實踐活動當作認識的基礎，而是把從思想中推論出來的命題作為認識論的基礎，這種觀點無疑是唯心主義的。

　　不過，這個命題所要表明的，卻是肯定人的理性思維是最高的存在。一切其他的存在，包括宗教神學所說的上帝，都是可以懷疑的，唯獨思維理性的實在性才是不可懷疑的。思維理性是最高的存在，同時也成為其他一切存在包括上帝存在的基礎。在這裡，笛卡兒強調了主體意識中理性思維的實在性，認為一切都只有經過理性審查之後才能決定它是否存在和真偽而定取捨，只有經過我明確地認識它為真的東西才能當作真的東西加以接受。這是對理性權威的高度讚揚，亦即對人的理性的權威性的重新確立。這種理性主義原則是針對經院哲

學的信仰主義提出來的，在當時具有進步意義。

「自我」的確立，使笛卡兒對建立新的知識體系充滿了信心。不過，「自我」的肯定只是肯定了那個懷疑中的思想活動，還沒有肯定我在進行懷疑時，所有那些被懷疑的觀念的正確性與可靠性；要是只有一個單純的思維活動的「我」的存在，而不能進一步探索出作為思維活動的對象和內容的那些觀念是否可靠，那麼，也就不可能建立起人類的知識體系，而「我」的整個認識活動也就僅限於「我思」這個內心世界的狹窄範圍裡，永遠不能達到對客觀世界的認識。因此，笛卡兒在肯定了作為思維活動的「我」的存在後，便進一步考察這些思維活動的內容，即考察被我所懷疑的那些觀念。在他看來，如果在這些觀念中，我能夠找到一個觀念，它是清晰明白地存在於我思想中的，而不是幻想；並且，它的來源又確實是在我之外，那麼，我就可以免除一切懷疑，從這個觀念裡獲得全部知識的保證。

笛卡兒認為，這樣一個觀念是存在的，這就是我們關於上帝的觀念。他所以作出這個結論，還是從他的「第一原理」出發進行逐層推理得到的：我在懷疑，說明我不是一個完滿的東西；但是，我思想中明明有一個關於完滿性的觀念，這個觀念不可能由我本身產生，因為我既然是一個不完滿性的東西，當然不可能作為完滿性的東西的原因。因此，完滿性的觀念必定是從一種事實上更加完滿的本性而來，而這種本性就只能是上帝。上帝既是完滿的，那自然包含了一切屬性，其中就包含著「存在」這一屬性，因之，上帝是必然存在的。

這是笛卡兒推論得到的第二個肯定。可見，他不但沒有否定上帝存在，而且，這種由人的思想中存在的上帝觀念推論出上帝存在的論證方法，也不外是重複了安瑟倫關於上帝存在的本體論證明而已。這

是笛卡兒哲學中的消極部分。不過，笛卡兒所承認的上帝，已經不是中世紀經院哲學家所宣揚的上帝，雖然在形式上他承認了上帝比人的理性具有更加完滿的本質，可是，在內容上他卻不把上帝作為「第一原因」，不是上帝決定人的理性，而是在「我思故我在」這個理性命題中推出上帝來，這在實際上便使上帝的地位從屬於人的理性。還要特別指出，笛卡兒在這裡論證上帝存在是為了從思維過渡到物質世界，用上帝來保證物質世界的存在和認識的真理性。因此，他雖然沒有否定上帝，但是他所要追求的目的是要透過上帝再肯定物質世界的真實存在。這種觀點不是科學的，然而在當時的歷史條件下，對於摧毀上帝是唯一真實存在的宗教信條的絕對權威具有重要意義。

上帝怎樣使笛卡兒從肯定「自我」的存在過渡到肯定客觀世界的存在？簡單說來，他的推論是：我們每個人心中都有關於外部物質世界存在的感覺和觀念，而且，這些感覺和觀念都是「清楚明白」的；我們的認識能力和各種觀念不是來自別處，它們只能來自上帝。我們已經證明，無限完滿的上帝是一切存在的真正原因，我們所以相信客觀世界存在，正是由於我們的這種信心是從這個最完滿的東西那裡接受下來的；上帝作為一個無限完滿的東西，它是不會騙人的。因此，我相信客觀世界存在，就是因為我清晰明白地知道這決不會受欺騙的，可見，上帝的無限完滿性，正是我承認客觀世界的保證。

笛卡兒分明把一個騙人的上帝用來保證和證明本來就是真實存在的客觀世界，這當然是毫無道理的。但是，他畢竟在繞過這樣一個彎之後，從「我思」這個內心世界的活動過渡到了客觀世界；而且，當這個世界確立之後，笛卡兒完全不顧他的上帝，而把物質世界作為一個實體來看待，從世界本身來說明世界。正是從這裡，笛卡兒才坦然

地把他的哲學體系從形而上學過渡到物理學。

從上可知，經過這樣一番曲折之後，笛卡兒最後確立了三個東西的存在：自我、上帝、物體。他稱它們為三個實體。所謂「實體」，笛卡兒指的是「能自己存在而其存在並不需要別的事物的一種事物」。④接著笛卡兒還對它們各自的本性作出規定。他指出，「自我」的屬性只是思想，它不需要任何地方可以存在，因此在不依賴於任何物質的東西。就是說，它不依賴於人的身體和大腦能夠獨立存在，他把這個精神實體也稱作「心靈」。物質實體與此相反，它的本性是有廣延，占有空間，卻沒有思想。上帝的本性是完滿性，因此它是絕對的實體。在談到三者的關係時，笛卡兒把物質實體和精神實體都包含在上帝之中；這樣，作為實體的上帝已經不再單獨存在，剩下就只有物質和精神兩個實體。物質實體有廣延而沒有思想，精神實體有思想而沒有廣延，它們相互對立，相互獨立，誰也不決定誰，好像兩個互不相干的獨立世界，彼此對立共存。就是說，物質和意識，誰也不決定誰，二者分庭抗禮，涇渭分明，這就是笛卡兒從普遍懷疑原則出發，在世界觀上形成的二元論。在這裡，他承認了物質對思想的獨立性，這是唯物主義的，但同時他又承認了思想對於物質的獨立性，這是唯心主義的。這種理論在哲學上是一種折衷主義的東西，然而，他構造這個體系的目的是要肯定自然科學研究的物質世界存在，這在當時的歷史條件下，體現了法國資產階級企圖擺脫宗教統治的進步傾向，而在實踐上又無力擺脫的軟弱性。

從上面的論述中可以看到，笛卡兒的全部理論體系都是建立在理性推理，即「天賦觀念」基礎上的。在他看來，所謂「天賦觀念」乃是一種與生俱來的不證自明的觀念。不過，笛卡兒在揭示人類天賦觀

念時，並不是簡單地加以肯定就完了，而是進行了像前面那樣一番推理論證才把它們作為不證自明的真理肯定下來。他認為這些原理像數學中的公理一樣，不是來自後天的經驗與實踐，而是天賦的。他說，「我們不應把這些意念歸諸由研究它得來的認識之列，因為它們是與生俱來的。」⑤這就充分證明了，笛卡兒的理性主義的唯心主義實質。他還指出，「天賦觀念」之所以為真理，就在於「清楚明白」。因為，第一，這些原理不能以懷疑的方式加以排斥；第二，它們是各個時代都為人們所熟知而不能加以懷疑的。因此，所謂「清楚明白」就是指無可懷疑。正因為如此，所以這些原理能夠作為推理的前提以及真理的標準。在這裡他用認識的清楚明白去確定認識的真理性，這樣，勢必陷入自以為是的主觀主義。

從天賦觀念這個前提出發，笛卡兒還認為理性認識是可靠的，但理性認識不是來自感性認識；感性認識只有或然性，但它並非完全屬於虛幻。在理性認識的指導下，意志謹慎行事，可以區別感覺的真偽，然後作出正確的判斷，從而發展真理。不能否認這些思想包含了一定的合理因素，但它始終是在理性主義的範圍內兜圈子。

總而言之，笛卡兒在哲學史上第一個以明確的哲學形式宣布了人的理性的獨立，開創了近代理性主義的哲學思潮；同時，他在「物理學」中，最早奠定了近代機械唯物主義的基本原理。但是，他的哲學和認識論也存在不少混亂和矛盾，「身心二元」論就是其中的一個。理性主義就是在克服這些矛盾中往前發展的。

註　釋：

(1)　笛卡兒：《哲學原理》，商務印書館，1960 年版，第 1 頁。

(2)　同上，第 3 頁。

(3)　笛卡兒：《方法談》，《十六～十八世紀西歐各國哲學》，三聯書店，1958 年版，第 114 頁。

(4)　笛卡兒：《哲學原理》，商務印書館，1960 年版，第 20 頁。

(5)　同上，第 4 頁。

21 斯賓諾莎對理性主義原則的發展

在理性主義哲學發展過程中，跟隨笛卡兒之後，出現了在唯物主義基礎上克服笛卡兒「身心二元」論的斯賓諾莎哲學。

斯賓諾莎（*Baruch de Spinoza*，西元 *1632 ～ 1677* 年），出生在荷蘭阿姆斯特丹一個猶太商人家庭。他幼年受教育於猶太教會學校，但他很早就對猶太教義產生了懷疑。*14* 歲畢業後跟隨一個人文主義者學習拉丁文、數學和哲學。在人文主義的薰陶下，特別研究了布魯諾、培根和笛卡兒等人的著作，使他對宗教的懷疑發展到對宗教的否定，後來因此被控為異端，受到教會處分，但他沒有就此屈服，反而更堅持思想自由，宣布上帝就是「自然」，否定靈魂不死等，結果被革除教門，並被市政府當局逐出阿姆斯特丹。從此，他被迫在鄉間居住，在淒涼孤寂之中，一邊磨著鏡片，以此維持生活；一邊磨練著思想，在這方面，他取得了巨大的成就。他的道德和理論得到了許多人的尊敬，惠更斯、邁耳、萊布尼茨等著名學者都與他交往。斯氏一生對榮譽和財富抱冷漠態度，例如，把父親的遺產讓給他的姐妹們；拒絕帝王和諸侯的饋贈，甚至為了能夠按照自己的意志進行學術研究，謝絕了海德堡大學要他去當教授的邀請。*1677* 年，斯賓諾莎死於肺病，年僅 *44* 歲。

斯賓諾莎生活在資產階級剛剛在荷蘭取得政權的發展時期，他從維護資本主義制度的需要出發，使他的哲學有鮮明的倫理性質。他認

為哲學的目的在於求得人的最高的善和最高的幸福。所謂幸福和善，並不在於資財、榮譽和肉體快樂，而是要認識自然和提高科學和文化水平。為了達到這個目的，必須改進理智，認識自然的必然性；只有弄清楚了什麼是自然及其規律性，才能確定人在自然界中所處的地位，從而找到新的生活指針，建立起適當的社會秩序。因此，斯氏把尋找真理與尋求理想生活結合起來，把研究自然、增進技術和社會倫理目的結合起來，這反映了當時荷蘭資產階級的進步要求。

在哲學上，斯賓諾莎和笛卡兒一樣，主張用幾何學的方法來建立哲學體系。他認為，只有按照幾何學的方法，從最初幾個不證自明的定義和公理出發，運用理性的能力推演出來的知識，才是可靠的知識。不過，他又和笛卡兒不同。他指出，為了使自己並幫助別人充分了解自然，哲學的出發點不應該是「我思」這種精神實體，而應該是未加規定的「實體」，哲學的任務就在於對「實體」作出規定。為此，斯氏對自然界的存在及其本質特性進行了探索，在克服笛卡兒二元論的基礎上建立起他的唯物主義世界觀。

什麼是「實體」？要對「實體」作出規定，首先就要規定它的定義。斯氏寫道，實體，我理解為在自身內並透過自身而被認識的東西。換言之，形成實體的概念可以毋須借助於別的事物的概念。①意思是說，實體是獨立自存的，不依賴他物而存在，實體是自己說明自己的，毋須借助它以外的事物的概念來說明它。

從這個定義出發，斯氏運用理性主義的原則進行推論，對「實體」作出了更為具體的規定：

一、「實體」是無限的，如果它是有限的，就要依賴於別的東西，否則它便不是自身存在的。

二、「實體」是唯一的，要是存在兩個以上的實體，則它便不是無限的。

三、「實體」是自因的，它不依賴於別的東西而存在，也不依賴於任何別的東西而被認識，「實體」產生和存在的原因在自身。

斯賓諾莎指出，這樣的「實體」就是自然界的全體。自然界中所有存在的事物，都是處於緊密的相互聯結和普遍聯繫中，它們都服從普遍的、固定不變的規律，整個宇宙就是這些相互聯結在一起的並遵循著普遍規律的部分所構成的一個和諧的有秩序的總體。他把這個總體稱為自然、神或實體。自然表現了萬物總和的統一，神表現了萬物本源的統一，而實體則表現了萬物本質的統一。在斯賓諾莎那裡，神和實體都是自然的同義詞。這樣一來，他把笛卡兒肯定的三個實體統一起來了，既排除了精神作為實體的存在，又把上帝和物質等同起來，使上帝自然化，把笛卡兒的心物對立的二元論改造成為唯物主義的一元論。

要說明的是，斯氏神的概念與傳統神學的觀點是根本對立的。按照傳統神學觀點，神與自然是對立的兩極，神是自然的創造者，自然是物質性的世界，神是意志的非物質性的主宰，自然與神完全是兩個東西。斯賓諾莎反對這種觀點，他說在一個有限的範圍內，如某人創造某種東西，某人作為製造者是與他所製造的東西不同的。但就整個自然是一個最大的存在系統而言，就不能作這樣的區分，因為在這個最大的存在系統之外決不存在有任何其他東西，否則，他就不是最大的存在系統。因此，自然的創造者只能在自然自身內部去尋找。這樣的神決不是傳統宗教意義上的神；在斯氏看來，它就是自然本身。雖然他使用了「神」這一概念，但是，這在當時的歷史條件下，是宣傳

唯物主義思想的一種泛神論手法。

同時，斯賓諾莎在對實體作出具體規定時，雖然從定義出發，但他肯定了物質世界的永恆性和無限性，特別是他用「自因」這個概念來說明實體這個系統的必然存在，具有重要意義。在他看來，自然界中的一切事物都是相互作用，互為因果，處於錯綜複雜的因果關係中。雖然這一事物為另一事物的原因，另一事物又為另一事物的原因，但是就它們相互作用和聯繫所形成的整體即自然界而言，它存在的原因只能在所有這些事物的相互聯繫中尋找。因此，實體就是實體自身的原因。對此，恩格斯作過這樣的評價，他說：「斯賓諾莎：實體是自身原因——把相互作用明顯地表現出來了。」②斯氏「自因」概念實際上就是表述了相互作用乃是整個自然系統存在的終極原因。從現代系統論觀點來看，系統是事物相互聯繫和運動的一種基本形式，正是事物之間的相互作用才使系統得以存在並且呈現出整體性的特徵。斯氏的自因思想接近於這一觀點，當然他當時還未認識到事物之間的普遍聯繫，相互作用在他那裏還是以單純的因果關係表現出來。

「屬性」是斯賓諾莎哲學的另一個基本概念。他認為，所謂「屬性」，就是關於實體的本質特性。他提出這個理論的目的是為了克服笛卡兒二元論。笛卡兒認為，物質不能思維，精神沒有廣延。斯賓諾莎指出，如果把它們各自當作獨立的實體，在理論上就會出現種種困難。為此，他認為無限的實體具有無限多的屬性。但是，我們所認識到的只有兩種，即思維和廣延，它們各自表現著同一實體永恆的和無限的本質。這樣一來，笛卡兒關於廣延和思維作為兩種實體的理論便改造成實體的兩種屬性，它們都統一於無限的自然界。這對於消除笛

卡兒的二元論，反對宗教和唯心論的偏見是一種十分可貴的嘗試。

但是，他又聲稱一個屬性不能產生另一個屬性，廣延和思維是平行的和互不相干的，它們之間沒有衍生的關係，從而陷入了「心物平行論」，這又說明他還沒有完全克服笛卡兒二元論的局限性。

為了具體說明「實體」，斯氏還提出了「樣式」這一重要概念。所謂「樣式」，他說「我理解為實體的特殊狀態，亦即在別的事物內並透過別的事物而被認識的東西。」③他認為，無限的實體在各方面都是不被限定的，然而，它又只能透過各種特殊狀態、具體事物，即「樣式」來表現自己的存在。就是說，自然界中千千萬萬的個別事物都是由實體衍生的，是實體的變形或狀態。因此，他把實體和樣式的關係稱為「能動的自然」和「被動的自然」的關係，或者說是整體與部分的關係。在他看來，「實體」表現為一切個別事物相互聯繫的整體，「樣式」表現為處在相互聯繫整體中的各個組成部分，「實體」說明了自然整體對個別事物的制約性，「樣式」說明了個別事物對自然整體的依從性；「實體」並不是世界萬物之外的東西，而只是表現為世界萬物的東西。同樣，世界萬物也不是與實體完全脫離的東西，而是實體的表現或狀態。「實體」作為整體、作為原因和作為本質說明世界的統一性和無限性，而「樣式」作為部分、作為結果和作為現象表現了世界的多樣性和有限性，光有實體沒有樣式，實體本身就不會有整體的完整性，光有樣式沒有實體，樣式本身也就無以存在，因此，實體與樣式的關係，在斯賓諾莎那裡，表現為整體與部分、絕對與相對、一般與個別、無限與有限、本質與現象的關係。斯賓諾莎在這裡表述了深刻的辯證法思想，所以恩格斯稱他為近代哲學中「辯證法的卓越代表。」④

特別應當提到的是，斯氏在論述實體與樣式的關係中，表述了一個非常重要的思想，即是：由實體所表現的無限自然界的統一不能歸結為構成實體的許多有限事物或樣式的總和，整個自然與個別事物的總和在質上是不同的東西。實體是單一的、無限的、不可分的和不生不滅的；而樣式是雜多的、有限的、部分的和有生有滅的。這實際上揭示了系統的一個主要特徵即整體性特徵，系統雖然是由若干部分所構成，但它具有其組成部分在孤立狀態中所沒有的整體特性，整體和部分有質的差別，整體決不是部分量的累積或總和。因此，我們可以說，斯氏的實體概念正是說明了整個自然界的統一性和規律性的概念，雖然他並沒有完全把實體與物質等同，但在實際上表述了這樣一種唯物主義世界觀：「我們所面臨著的整個自然界形成一個體系，即各種物體相互聯繫的總體」。⑤因此，我們可以說，斯賓諾莎是堅持從世界本身說明世界的唯物主義哲學家，他的哲學是當時哲學的最高榮譽。

全面地看，在自然觀上，斯賓諾莎從笛卡兒出發，但對笛卡兒哲學進行了根本改造。這表現在二方面：首先是宣布實體是唯一的，取消了笛卡兒物質實體和精神實體的說法，把物質與精神或廣延與思維看成唯一實體的兩種屬性，把笛卡兒屬於物質實體和精神實體的偶性改造成表現唯一實體不同屬性的樣式；其次是宣布上帝即自然，把笛卡兒的上帝熔鑄為自身兼有思維、廣延兩種屬性的實體。這樣，就既迴避了絕對實體產生、決定相對實體的問題，又迴避了精神實體產生、決定精神實質的問題，使笛卡兒的二元論轉化為唯物主義的一元論。從笛卡兒的二元論到斯賓諾莎的一元論，是理性主義哲學發展史上的一個重大飛躍。斯賓諾莎努力擺脫當時自然科學所設置的狹隘界

限，堅持從世界本身說明世界，排除了超越於世界之上而被用來說明世界存在和發展原因的上帝，從而摧毀了作為封建制度精神支柱的宗教的根基，充分表現他作為徹底埋葬封建勢力的荷蘭資產階級哲學代表的理論勇氣。

唯物主義一元論哲學的建立，為斯賓諾莎在倫理上至善目標的實現，即對事物發展的規律性和必然性的把握奠定了基礎。現在的問題是，這一目標如何才能得到實現，對於這一問題的研究，就是他的哲學體系中理性主義的認識論內容。

在斯賓諾莎看來，哲學的根本目的就在於探究獲得對事物的「真知識」的方法和途徑，促使人們改進理性、認識必然、控制激情，把自我與自然統一起來，獲得自由，達到個人的永恆的幸福。那麼，什麼是事物的「真知識」，怎樣才能獲得它呢？

他考察了知識的性質，認為知識中有些是正確的，有些是錯誤的，有些是完善的，有些是不完善的。因此，要獲得真正的知識，必須首先對知識進行分類，以便從中找到最高級的知識。根據知識的完整程度，他把知識分為三種：

一、感性知識：就是他說的「意見或現象」。如人必定會死、油可以助燃、水可以滅火、狗是能吠的動物等等，這是由對個別事物的一般經驗中得到的；這種知識缺乏確實性，不能使我們認識事物的本性。因此，應該把它排除在科學知識之外。

二、理性知識：這是「由於一件事物的本質從另一件事物推出——但這種推論並不必然正確——得來的知識」。⑥例如，我們知道與視力的特性相聯繫，同一物體在遠處看小，在近處看則大，由此推知，太陽要比我們眼見時為大等等。在這裡，我們對於太陽大小的判

斷是由我們對於視力特殊性質的概念推論而來的。這種知識雖然給我們關於事物的原則的觀念，但還不能說明事物究竟為什麼是這樣。因此，它仍然不是完善的知識。

三、直觀知識：這是「純粹從一件事物的本質來考察一件事物」所得到的知識。⑦就是說，它不藉由感性認識，也不運用理性推理，而直接地把握事物的本質，如 3＋2＝5、兩條直線各與第三條直線平行則這兩條直線必然平行等等。斯賓諾莎認為，人只有從世界整體上把握具體事物的本質，才能真正掌握它。因此，他把這種知識稱為最高級知識。

斯賓諾莎指出，只有第二種及第三種知識才是真理性的知識，其中第三種知識即直觀知識又是根本的。他把關於實體、屬性、樣式的觀念及數學公理都列為直觀知識，並且為了表明這種知識的完滿性和清楚明白，他又把這種知識稱為「真觀念」。從斯氏對知識作出的分類中可以看到，他肯定了第二種及第三種知識，即只有理性知識能達到事物的本質，而感性認識卻不能，這有合理的成分。但是，他只承認理性認識的可靠性，否認感性認識的可靠性，否認前者對後者的依賴性，這表明了他與笛卡兒一樣，是站在理性主義立場上的。如果分析一下他提出的「真觀念」這個概念，這種立場就更清楚了。

什麼是「真觀念」呢？他認為，「真觀念」是指觀念和它的對象相符合，然而，它不是死板的，而是一種能動的活的因素。這表現在：

一、它是求知的方法和手段：他認為有了真觀念，就掌握了對象的本質，透過它不僅可以下定義，還可以以它為根據作進一步的推論。因此，真觀念在認識過程中，可以發揮方法的作用，就是說，可

以作為進一步求知識的工具。正像他所說的，得到的真觀念愈多，獲得的求知工具也愈多。不過，最初的真觀念是憑藉天賦的智力摸索而來，一旦真觀念積累多了，真觀念與真觀念的聯繫便更加密切，然後逐步增加和發展，直至達到智慧的頂點。由此可見，斯氏把推理和直覺的能力看作是天賦的，又憑著這種天賦的能力獲得真觀念，並以此為前提進而獲得其他的真理。這種真觀念與笛卡兒的天賦觀念不同，它們不是與性俱來，而是在後天透過「直覺」活動而獲得的。但是，他把人的認識能力完全看作是天賦的，這是不科學的；實際上，認識能力是人類透過長期的實踐而後天地形成和發展的。

二、它還是真理的標準：他認為，真觀念所以能夠成為真理的標準，這是它的特點決定的。他在具體論述這一點時，對笛卡兒理性主義加以改造，提出了「真觀念」既有外在標誌又有內在標誌的觀點。所謂外在標誌，指真觀念與客觀對象的一致符合。例如，「彼得這個人是真實的；彼得的真觀念就是彼得的客觀本質，本身就是真實的」。⑧這裡，他注意到了唯物主義經驗論的看法。不過，他的分析仍然是理性主義的，因為他認為由於思維和廣延同為實體的屬性，二者基礎相同，所以觀念的聯繫與事物的聯繫是一致的，這決定了真觀念必定符合它的對象，從而也就決定了以真觀念為基礎進行推論所得到的一切觀念都與客觀事物相符合。所謂內在標誌，是指觀念自身的清楚明白。例如數學公理的真理性，並不需要公理以外的原因決定它，它自身就決定其自身為真。斯氏甚至認為，如果一個建築師形成一個正確的建築物的觀念，即使這個建築物從來沒有存在過，甚至將來也決不會存在，他的思想仍然是真的。⑨在這一點上，即把清楚明白作為真理的標準，和笛卡兒如出一轍。不過，我們認為，斯氏對真

觀念內外標誌的論證，在一定程度上看到了真理一方面應當像洛克所主張的那樣是觀念與觀念的符合；另一方面又必須是如笛卡兒所主張的那樣是觀念的清楚明白，理論上的一致，這種看法有一定的合理性。但是，他所講的真觀念的兩種標誌是相互矛盾的、不協調的，因為當他肯定內在標誌時，必然直接否定外在標誌，因此，他對笛卡兒理性主義的改造可以說是不成功的。

在認識論上，斯賓諾莎與笛卡兒一樣，都是理性主義者。但是前者是唯物主義的，後者卻是唯心主義的。他的唯物主義立場主要表現在，雖然他提出的真觀念不是來源於感性認識，但是他不贊成用天賦觀念來說明它的產生，而是認為真觀念是由認識客體透過直觀方式對認識主體作用的結果。因此，他強調的「真觀念」要符合它的對象，也就是說，「客觀地包含在理智中的東西，一定必然存在於自然中」。⑩這裡肯定了真觀念與對象的符合一致是衡量認識正確與否的一個必要條件，這些思想都是應該肯定的。但是，由於他認為感性認識會欺騙我們，否認理性認識來源於感性認識，從而不能解釋理性認識怎樣來源於客觀的問題。這個問題不解決，在認識論上就難以把唯物主義立場堅持到底。

註　釋：

① 斯賓諾莎：《倫理學》，《十六～十八世紀西歐各國哲學》，三聯書店，1958年版，第164頁。

② 恩格斯:《自然辯證法》,《馬克思恩格斯選集》第 3 卷,人民出版社, 1972 年版,第 552 頁。

③ 斯賓諾莎:《倫理學》,《十六~十八世紀西歐各國哲學》,三聯書店, 1958 年版,第 165 頁。

④ 恩格斯:《反杜林論》,《馬克思恩格斯選集》,第 3 卷,人民出版社, 1972 年版,第 59 頁。

⑤ 恩格斯:《自然辯證法》,《馬克思恩格斯選集》,第 3 卷,人民出版社, 1972 年版,第 492 頁。

⑥ 斯賓諾莎:《理智改進論》,《十六~十八世紀西歐各國哲學》,三聯書店, 1958 年版,第 154 頁。

⑦ 同上。

⑧ 同上,第 159 頁。

⑨ 斯賓諾莎:《知性改進論》,商務印書館, 1986 年版,第 43 頁。

⑩ 斯賓諾莎:《倫理學》,《十六~十八世紀西歐各國哲學》,三聯書店, 1958 年版,第 185 頁。

22　萊布尼茨對理性主義原則的修正

　　在思維與存在的關係上，斯賓諾莎雖然克服了笛卡兒的「身心二元」論的矛盾，但是，他把思維和廣延視為同一實體的兩種不同的屬性，從而導致「身心平行」論，說明他還沒有徹底擺脫笛卡兒的影響。在理性主義哲學發展中，萊布尼茨進行了消除斯賓諾莎「身心平行」論的嘗試。

　　萊布尼茨（*Gottfried Wilhelm Leibniz*, 西元 *1646 ～ 1716* 年）出生在萊比錫大學一個教授家庭。六歲時，他父親去世，但父親為他留下了豐富的藏書，使他從小就接觸到古代希臘羅馬的文化。他 15 歲進入萊比錫大學攻讀法律，開始閱讀近代哲學家和科學家培根、伽利略和笛卡兒等人的著作。*1666* 年，他在紐倫堡附近的阿爾特多夫大學獲得法學博士學位。不久，經人推荐結識了邁因茨選帝候，開始了他的外交生活，並於 *1672* 年出使巴黎。*1676* 年擔任漢諾威的不侖瑞克公爵府參議和漢諾威圖書館館長。在 *1672* 年到 *1676* 年期間，他留居巴黎，其間還訪問過英國和荷蘭，並結識了惠更斯、波義耳和斯賓諾莎。萊布尼茨不僅是著名的哲學家，而且還是一位成績卓著的科學家。他在數學、邏輯學和物理學方面都作出過重大貢獻，其中數學和邏輯學的成績尤為傑出。例如，他和牛頓一樣，各自獨立地發明了微積分，這對數學和整個自然科學的發展起了極大的推動作用。他異常熱心於科學事業的發展，大力推進柏林科學院的籌建工作，並於

1700 年擔任了第一任院長。他還投書波蘭國王、俄國沙皇、奧國皇帝乃至中國的康熙皇帝，建議在他們所在的國家建立科學院。他的主要著作有《人類理解新論》和《單子論》。

萊布尼茨的哲學思想有一個形成過程。據他說，年輕的時候，他鑽研過經院哲學，後來透過學習自然科學和近代哲學家的著作，深受機械唯物論觀點的影響。但是，當他進一步研究之後，覺得由於機械唯物論的缺陷，不能對實體作出滿意的解答。因此，他在改造斯賓諾莎哲學的基礎上，重新回到經院哲學所講的「實體形式」的概念上，並給它以新的解釋，逐漸形成並提出了被稱為「單子論」的理論。

在他看來，構成「實體」的概念，首先應該蘊涵著統一性的概念；它像任何複合物一樣，如果沒有這種統一性，則會像一盤散沙，就不能成為單一的實體。實體作為一個複合體，它首先是由真正不可分的東西構成的。這種不可分的東西，「像數學上的點」，不過「數學上的點」是抽象思維的產物，不是現實地存在著的東西。而笛卡兒肯定有廣延就有物質；這種有廣延的物質像是「物理學上的點」，它雖能現實地存在，卻不是不可分的。因此，這些都不能構成真正的實體。其次，他還認為，構成實體的東西，還必須是能動的和獨立自主的東西。如果只從廣延的物質著眼，就說明不了宇宙萬物存在的運動和變化。事物的運動和變化是客觀存在的事實，這種看法不符合「實體」觀念的要求，因此，它也不能算是真正的實體。

那麼，真正的實體是什麼？萊布尼茨認為，符合他提出的實體條件的，只能是「單子」，而不能是任何別的東西。因為在他看來，只有「單子」是沒有廣延的，它是真正不可分的；而沒有廣延的東西就不能是物質的而只能是精神的東西。它像「數學上的點」那樣嚴格地

不可分，又像「物理學上的點」那樣現實地存在。萊氏指出，宇宙間的一切事物都是由這種精神性的實體——單子構成的，只有單子才是真實地存在的實體。

從單子是不可分的、沒有部分的單純實體這一點出發，萊布尼茨推論出它具有如下特徵：

一、既然單子是沒有部分的，那麼，它就不能以自然的方式透過部分的組合而產生，也不能透過不同部分的分解而消滅，因此，它的生滅只能來自上帝的自然創造或毀滅，即由於「奇蹟」。

就單子是精神性的實體而言，它們與上帝相似。所以，上帝也可以說是一種單子。但是它與其他的被創造的單子不同，其他的單子都是與物質結合在一起的，而上帝則是沒有形體的純精神性的最高實體，它是其他單子的創造主。

二、既然單子是沒有部分的，它就必然沒有廣延或量的規定性，彼此沒有量的差別，沒有區別或不可辨別的東西只能是同一個東西。然而在他看來，只要是兩個東西，就不會是完全一樣的，世界上找不到兩片完全相同的樹葉。那麼，怎樣區別不同的單子呢？萊布尼茨認為不同的單子具有不同的質；從質的觀點出發，就能對事物作出區別了。他指出，作為精神性的單子，它具有「知覺」的本性；就是由於「知覺」的清楚或晦暗程度的不同，形成了單子之間在質上的千差萬別。具體說來，最低級的單子只有一種「微知覺」，幾乎和沒有知覺的「昏睡狀態」一樣，無生命的東西就是這樣。高級的單子，他稱為「靈魂」，這是構成動物的單子，它的特點是「具有比較清晰的知覺而且有記憶伴隨著」。再高級的單子的知覺是「精神」，這種高級的知覺已經是意識或自我意識了，它能運用概念進行推理等思維活動，

這就是人的精神。最高級的單子是上帝，它具有最高的、最完備的智慧，它是全知全能全善的，一切必然性的真理都在它之內。

宇宙間的單子的數目是無限的，這無數的單子都與知覺的清楚程度不同而有高低等級之分，而每個等級的單子之間都可以插進無數等級的單子；這樣，在相鄰的兩個單子之間，一方面仍有差別，另一方面其差別又是無限小而緊密相連的。因此，全部單子就構成了最高級的上帝到最低級的原始原子「隱德萊希」這樣一個無窮的連續的序列。這樣，每個單子都是一個「不可分的點」，而全部單子又以上述方式構成了一個連續的整體。

三、既然單子是沒有部分的，「沒有何供事物出入的窗子」，①那麼，單子和單子之間只能是各自獨立而沒有相互作用，更不能設想有什麼東西能夠進入它的內部使其運動和發展。然而，在萊布尼茨看來，一切創造物都是有變化的，因為創造出來的單子也是有變化的。問題是，既然變化的原因不能來自單子之外，那麼，它來自哪裡？對此，萊布尼茨的結論是：「單子的自然變化是從一個內在的原則而來。」②也就是說，它來自自身。針對機械唯物論的實體觀，他認為這個內在的原則就在於單子的本性還具有力，每個單子就是一個「力的中心」。由於它本身具有力，單子以及由單子構成的事物就能夠在其內在的力的推動下產生運動變化。具體說來，這個內在的原則或「力」，就是「欲望」，「欲望」推動著單子運動和變化。

新的問題是，在由單子構成的這個宇宙系列中，各個單子都是各自孤立的，一個單子發生變化，並不直接影響其他單子作出相應的變化；意思是說，如果一個單子發生變化，其他的單子並不隨之變化，那麼，由單子組成的宇宙系列不是要遭到破壞嗎？萊布尼茨指出：不

會的。對此，他運用「前定和諧」的理論作出了說明。按照這個理論，因為上帝在創造每一個單子時，就已經預見到一切單子的全部發展情況，並安排好每個單子都各自獨立地變化發展，其餘的單子也都各自作相應的變化發展，因此，全部單子的變化發展，必然和諧一致地保持著整體的連續性。這好比一個龐大的樂隊，每一件樂器都按預先譜好的樂曲演奏各自的旋律，而整個樂隊所演奏的就必然是一首完整的和諧的樂曲一樣，這就是他的「前定和諧」說。

從萊布尼茨對單子本性的論述中可以看到，他在克服斯賓諾莎「身心平行」論時，保留了後者實體學說中關於實體是無限的、永恒的、自因的、自身具有認識能力的這樣一些基本觀點，但他卻給單子加上了無限數量的、每個單子都是性質不同的，而且都具有內在運動的觀點，從而解決了世界在本質上便具有質的多樣性的自身運動的問題。但是，這樣的單子由於只是質的而不具有量的規定性，而在當時的認識水平上，又把量或廣延作為物質的標誌，因而萊布尼茨便認為這種無量或無廣延的單子不可能是物質的，而只能是精神的。這就使以自然為標誌的斯賓諾莎的唯物主義世界觀轉變成了客觀唯心主義世界觀。因為他的單子是上帝的創造物，上帝是最高的實體，單子則是世界的基本實體，物質則不過是單子的附屬物。正像列寧說的：「單子＝特種的靈魂；萊布尼茨＝唯心主義者；而物質是靈魂的異在。」③萊布尼茨的單子論的唯心主義實質是首先應該肯定的。這樣，萊布尼茨用他的單子論，從根本上消除了斯賓諾莎和笛卡兒哲學中精神和物質的二元論對立，在精神的基礎上把物質和精神統一起來了。從這個意義來說，他的哲學是唯心主義的一元論。但是，單子作為實體不像斯賓諾莎所說，是唯一的一個，而是有無限多的單子，即有無限多

的實體，在這個意義上，也可以把它稱為唯心主義的多元論，而與斯賓諾莎的唯物主義一元論相對立。

　　不過，萊布尼茨對於實體本性所作的規定，包含了不少辯證法思想。這主要表現在，與機械唯物論不同，首先他肯定了單子是具有能動性的實體；其次還肯定了事物具有質的特殊性和多樣性等等。同時，他在對精神、意識特點的看法上，有些觀點不僅超出了唯物論的經驗主義方法，也超過了他的理性主義前輩笛卡兒和斯賓諾莎。由於他們用力學的觀點考察物質，所以把物質看作僵死的和惰性的，把這種觀點運用到認識論上，便把精神看作消極被動的、把認識過程僅僅看作是對外物刺激的消極反映。而萊布尼茨與他們不同，他肯定了精神的能動作用，這對於認識論的發展具有重要意義。就是他對上帝的肯定，也與經院哲學家的神不同。雖然他稱上帝是全知全能的存在，但是他又說：「在自然的秩序中……，上帝並不是武斷地、無分別地給實體以這種或那種性質的；他從來不會給它們別的，只給它們自然的性質，也就是那些能從它們的本性中抽引出來、能作為可以解釋的樣式的東西。」④這就是說，世界雖然是上帝創造的，但是，上帝卻只能賦予它適合其本性的東西。自然是有規律的，它在被創造出來以後，便按自己的規律在運動和變化著，用不著上帝隨時隨地來干預。所以，上帝在他那裡，只有一個立法者的地位。就是透過這種方式把上帝的權威限制起來了，只給他一個最高的榮譽地位，又使他的權力不是無限的。從這裡可以看到，萊布尼茨的觀點與這個時代的自然神論者的觀點是相似的。因此，我們認為，不要因為萊布尼茨肯定了上帝便認為他是時代的落伍者。相反地，這是那個時代大多數反封建反神學的進步思想家所共有的一種傾向。

根據「單子論」的基本原則，萊布尼茨在與洛克所代表的唯物論經驗主義的論戰中，捍衛和修正了笛卡兒的理性主義原則。面對洛克對「天賦觀念」的反駁，萊氏沒有像笛卡兒那樣認為心靈生來就有一些現成的或完全現實的、清晰的天賦觀念。他認為，我們雖然不能想像在心靈中我們可以像讀一本書那樣讀到理性的法則，但是，它並不等於說就沒有「天賦觀念」，只不過這些天賦觀念在我們靈魂中本來是潛在的。換句話說，這些「觀念的真理是作為傾向、稟賦、習性或自然的潛在能力而天賦在我們心中，並不是作為現實作用而天賦在我們心中的」。⑤在這裡，他從單子都各有不同的質的觀點出發，根本否認每個人的心靈都是一樣的「白板」，相反地，他把心靈比作一塊有紋路的大理石，並且說，如果在這塊石頭上本來有些紋路，表明刻赫爾席勒的像比刻別的像更好，這塊石頭就會更加被決定用來刻這個像，而赫爾席勒的像就可以說是以某種方式天賦在這塊石頭裡了。⑥這個比喻說明，人的心靈就像有紋路的大理石一樣，大理石還不就是雕像，但它本身存在著紋路，雕刻家按照這些紋路就可以刻成一定的雕像，因此，可以把大理石的紋路看作潛在的雕像，而且潛在的紋路表明只能刻甲的雕像，如果刻乙的雕像，就不如刻甲的雕像好。由此可見，觀念雖非「現實」地天賦於人的心靈中，但作為「潛在」的來看，則一切觀念都可以說是天賦的。在一定意義上，這種觀點比笛卡兒後退了。但是，萊布尼茨還提出，我們靈魂的一切思想和行動都是來自自己的內部，而不能是由感覺給予它的。⑦這就是說，笛卡兒只承認某些觀念是天賦的，萊布尼茨則從「單子」沒有窗子可供出入的觀念出發，根本否認觀念可以從外面透過感官得來，因而只能認為一切觀念都是心靈內在固有的或天賦的了。這又表明，把天賦觀念的學

說推到了極端，他比笛卡兒走得更遠。

那麼，在人的心靈中，潛在的天賦觀念怎樣才能變成現實的天賦觀念呢？萊布尼茨認為，必須在感覺的這種「機緣」的條件下才得以實現。他說，只要憑感覺所提供的機緣，集中注意力，就能在我們心中發現這些法則。⑧就像算術和幾何學中所見到的那些必然的真理，「沒有感覺我們永遠不會想到它們」。⑨這是萊布尼茨對笛卡兒「天賦觀念」作的又一個修正。在這裡，他考慮到了經驗主義者的批評，才在他的理性主義原理中吸取了經驗主義的一些因素。雖說它對於人們獲得知識來說不是至關重要，但也是不可缺少的。

這種容納經驗主義因素的情況，在他的關於兩種真理的學說中，也有明顯的表現。所謂「兩種真理」，一是指推理的真理，二是指事實的真理。前者是從那些自明的、清楚明白的天賦觀念出發，運用演繹法遵循矛盾律推論出來的真理。這樣的真理一定具有必然性。後者主要是在感覺經驗的基礎上形成的初級認識，即感覺不斷重複便有了記憶，靠記憶而得到的「知覺的連續」。例如，當我們拿著棍子指向狗，狗想起往日棍子給它造成的疼痛，便叫著跑了。人的感覺經驗與動物有類似之處。因此，事實的真理是依據於記憶的連接推理的感覺經驗。這種真理沒有必然性，只有偶然性。雖然如此，萊布尼茨還是稱它為真理。

這樣看來，在認識論上，萊布尼茨一方面維護了理性主義的原則，並且進一步把它推向極端，但是另一方面，他又可以說是自覺地容納了經驗主義的成份，表現出企圖調和理性主義和經驗主義的傾向，在一定程度上，不再像斯賓諾莎的理性主義那樣典型了。這正反映出西方哲學突破經驗主義和理性主義理論片面性的時代快要到來

了。

註　釋：

① 萊布尼茨:《單子論》,《十六～十八世紀西歐各國哲學》,三聯書店, 1958 年版,第 292 頁。

② 同上,第 293 頁。

③ 列寧:《哲學筆記》,人民出版社, 1956 年版,第 348 頁。

④ 萊布尼茨:《人類理智新論》,《十六～十八世紀西歐各國哲學》,三聯書店, 1958 年版,第 328 頁。

⑤ 同上,第 314 頁。

⑥ 同上。

⑦ 萊布尼茨:《人類理智新論》第 1 卷,商務印書館, 1982 年版,第 36 頁。

⑧ 同上,第 4 頁。

⑨ 同上。

23 經驗主義和理性主義陷入泥潭

　　從第 15 章到第 22 章，分別就近代早期資產階級哲學發展過程中主要哲學家的主要思想進行了介紹和論述；下面，把他們的思想概括起來，並對其作出必要的評論。

　　我們說過，近代西方哲學，由於在當時生產力基礎上形成的自然科學研究特點和哲學發展的內在規律決定，哲學研究的主要問題已由古代指向客體轉到主體上來；這種以研究主體為主的哲學就是近代所謂認識論。從 17 世紀初起，在認識論的研究中形成了兩個對立的派別，即由培根創立的經驗主義和由笛卡兒創立的理性主義。無論經驗主義還是理性主義，都經歷了一個複雜的發展過程。起初一個時期，它們各自運用自己的理論確立了人類理性和知識的權威，論證了人類的認識對象是自然界，人類不僅能夠認識自然，獲得關於自然的知識，而且宣稱這種知識是人類支配和統治自然的力量，它能使自然為人類服務。這些都是他們充滿信心地肯定的觀點。然而，以認識的起源為起點，在這兩派內部又發生了唯物主義和唯心主義的變化。隨著兩派之間以及各派內部矛盾運動的發展，這些學派的理論各自具有的片面性不斷地暴露出來，並且隨著這些片面性的發展，兩派的理論都陷入泥潭。

　　先從理性主義說起，在它的發展過程中，從認識論引申到本體論，在笛卡兒和斯賓諾莎那裡，他們將上帝自然化，形成了前者的身

心二元論和後者把上帝完全歸結為自然的唯物主義一元論。但是，他們在解釋物質實體時，都是以事物的特殊屬性作為萬物統一的基礎，而這種屬性是不能成為真正普遍的和一般的基礎的。也就是說，作為萬物統一性的東西，既不能是古代樸素唯物主義的特殊事物，也不能是近代這些機械唯物論者關於事物的特殊性質，而應當是自身既是最普遍的存在，又具有最普遍的性質，而且還應當有內在的能動性來構成世界萬物，決定世界的運動和發展。為了理論上滿足本體論提出的這些要求，萊布尼茨運用精神性的單子對世界的共同本質作了說明，這樣就使以自然化為標誌的唯物主義世界觀轉變成為客觀唯心主義世界觀。在認識論上，理性主義雖然肯定了只有理性思維才能把握事物的本質和真相，因而只有理性思維才能提供真實可靠的具有普遍性與必然性的知識；並且圍繞這個基本合理的思想，在探索理性思維和客觀事物的相互關係以及表現世界本質的理性概念彼此之間的關係方面，還提出了許多有價值的和具有辯證內容的思想；但是，它又認為只有理性才是哲學和數學等科目中具有普遍性與必然性知識的唯一基礎，而且最後把理性的作用歸結為以形式邏輯同一律為根據，透過對概念的分析以引申出不自相矛盾的命題，這就實際上把普遍必然的知識變成了空洞無物、枯燥無味的同語反覆。最後發展到沃爾夫耶里，他從先天理性出發進行推演，將上帝和靈魂之類的東西也當作認識對象，結果混淆了科學和信仰的界限，這就是理性主義片面發展的結局。

再來談談經驗主義，經驗主義從認識論引申到本體論，從培根經洛克到巴克萊，他否定了物質實體，卻承認了精神實體；最後發展到休謨，他用他的懷疑論不僅否定了物質實體，也否定了精神實體。這

樣，他透過拒絕回答哲學基本問題，從而實際上取消了這個問題。在認識論上，雖然經驗主義在唯物主義經驗論那裡，論證了一切知識來源於外物作用於感官所引起的感覺這個科學原理，但是，由於它從狹隘的經驗論出發，認為「經驗」是自然科學的唯一基礎，最後還是休謨，他宣稱認識的對象僅僅是習慣性的知覺連續，斷言自然科學只能提供或然性的知識，因而完全否定了理性能夠透過概念把握普遍必然性的東西和具有普遍必然性的知識存在，這是狹隘的經驗主義片面發展的惡果。

透過這些分析，可以清楚地看到，在理性主義和經驗主義哲學長達一個多世紀的反覆鬥爭過程中，兩派理論上的片面性以及由此帶來的後果都充分暴露出來了。這表現在解決哲學基本問題上，可以說休謨以前的經驗主義和理性主義諸派，儘管他們從不同的立場出發，但都肯定地回答了哲學的基本問題；然而到休謨，透過他的懷疑論不僅否定了這個問題，而且實際上取消了這個問題，認為這個問題本身是沒有根據的。從這個角度看，它實際上是整個近代哲學的否定。因為如果休謨的不可知論能夠成立，那麼，無論徹底的唯物主義哲學還是徹底的唯心主義哲學都是不可能的，哲學的最高的基本問題被斷定為無根據的，而且原則上是不能解決的。因此，哲學如果還有存在的權利和還要繼續向前發展的話，就必須否定不可知論對它的否定。從認識論上看，無論經驗主義還是理性主義，都是適應生產和科學發展而產生的，它們都承認自然界是認識對象，而且是能夠被認識的，然而兩派由於各自理論上的片面性，都無法運用自己的原則解釋人類認識的全部領域，特別是在說明它認為只有自己的原則才能說明的那些知識領域內，都得出了與事實相違背的結論。例如，把萊布尼茨哲學庸

俗化的沃爾夫哲學，由於它否棄經驗，結果變成了只盲目相信自己理性的獨斷論；經驗主義在反對理性主義的過程中，卻由於它否棄理性，最後被休謨把它變成了懷疑論。前者混淆了科學和信仰的界限，後者動搖了科學的基礎。所有這些，都說明它們都已經不能適應科學的發展。一種認識論與科學的發展背道而馳，它就失去了存在的意義。要使認識論的理論與飛速發展的科學相適應，就必須克服經驗主義和理性主義的片面性，把它建立在一個新的基礎上才有可能。

不過，還要指出，休謨懷疑論的出現，不僅暴露了這個時期各派哲學的內部矛盾，而且還促使人們對這一時期哲學進行深刻的反省。休謨的不可知論，雖說它是對近代哲學的否定，但是，這種否定不是偶然的和外來的，而是近代哲學發展過程中的自我否定。因為休謨不可知論的各種因素，早已存在於和它對立的一極——形而上學可知論中了。具體地說，理性主義和經驗主義都是作為可知論出現的，這兩個派別在論述自己的認識學說時，都忽視和不理解認識的主觀能動方面，這就是：認識從感性到理性的能動飛躍和認識從理性到實踐的能動飛躍，從而把感性與理性，認識與實踐割裂開來了。在這個問題上，理性主義者使理性脫離感性，認識脫離實踐，因而他們把科學和哲學的概念、原理看作來源於理性自身的天賦觀念，把觀念的清楚和明白當作真理的標準。但是，他們不能說明依據天賦觀念進行推理而得到的知識為什麼能夠與客觀世界相一致。為此，他們最終不得不把天賦觀念看作是上帝放在人心中的，而主觀思維與客觀世界一致，則是上帝預先安排好了的，是「前定和諧」。當理性主義者這樣肯定主觀和客觀一致的時候，他們雖然是可知論者，但是這種理論卻是極端的獨斷主義；如果人們拋棄這種依靠宗教來保證認識與對象統一的思

維方式，而用非宗教的普遍理智的方式來表達這種可知論的觀點時，它們就茫然不知所措了。這樣，神秘主義的可知論就有可能轉化為不可知論。理性主義所以這樣，在於它們割斷了思維與自然的聯繫，從而無從理解思維與存在是怎樣達到一致的。唯物論的經驗主義，以一切知識來源於外物作用於感官所引起的感覺這個唯一的科學原理，對抗和批判了理性主義宣稱知識來源於先天理性的思辨原則。唯物主義的這個基本原理的最深刻根源是人類實踐和自然科學的歷史發展，而它的正確性也為每一個人日常生活的任何一次觀察和實踐所證實。但是，17世紀和18世紀的唯物論者還不能自覺到這一點。因此，他們把認識從實踐那裡孤立出來加以考察和論證。然而全部問題在於，離開了他們的原理產生的基礎，孤立地從認識本身來發揮和論證這些原理，是不能科學地說明它和徹底地貫徹它的，因而在愈益詳盡地論證和發展這一原理的過程中，就有轉化到它的對方——理性主義、唯心主義經驗論和不可知論去的可能性。我們看到，正是在詳盡地論證培根的唯物主義經驗論原則的洛克那裡，出現了這種轉化的開端。這表現在他關於觀念的兩個源泉、第一性的質和第二性的質等理論上面。後來，巴克萊把洛克學說中這些主觀唯心主義因素發展為體系，並搬出一個至高無上的精神作為觀念的最終原因。接著，休謨又把洛克學說中的不可知因素加以強調，並把巴克萊的「上帝」翻譯為「無知」，達到了徹底的不可知論。經驗主義所以落得這個結果，在於它們和理性主義一樣，從另一個角度割斷了感覺與自然的聯繫，因而不能理解感覺與客體的一致。可見，在把認識從實踐那裡孤立出來的條件下，論證唯物主義的知識起源於感性世界的原則在唯心主義和唯物主義鬥爭中產生的休謨懷疑論，作為對兩個對立派別的否定，絕不是

偶然的。

　　哲學向前發展，必須否定休謨的懷疑論，就是在這個否定過程中，恩格斯指出，思維與存在關係這個哲學基本問題的解決，「才被十分清楚地提了出來，才獲得了它的完全的意義」。①也就是說，從此以後，哲學家開始將思維與存在、主體與客體統一起來考察，全面地展開思維與存在關係問題的各個方面的內容，並從統一中來尋求這個問題的解決。

　　本來思維與存在、主體和客體的關係問題，是貫穿於全部哲學發展過程的基本問題。但是，由於認識發展規律以及不同歷史時代人類認識任務的變化，使以往各個哲學發展階段上，有的偏重於研究哲學基本問題的這一方面或那一方面，主體與客體的統一問題未能全面地明確地提出來加以研究。只是到經驗論和唯理論的發展陷入泥潭以後，促使哲學家把主體和客體的統一問題作為哲學的中心內容，才有可能以主體與客體的統一為基礎來克服經驗論與唯理論理論體系的內部矛盾。

　　為了解決這個問題，18 世紀法國哲學進行了有益的嘗試，18 世紀末到 19 世紀初的德國古典哲學進行了卓有成效的探索，為馬克思主義哲學科學地解決這個問題，提供了有益的思想資料和理論思維的經驗與教訓。

註 釋：

① 恩格斯：《路德維希·費爾巴哈和德國古典哲學的終結》,《馬克思恩格斯選集》第 4 卷，人民出版社， 1972 年版，第 220 頁。

24 法國唯物論者論證思維與存在同一性的嘗試

　　在經驗論和唯理論的爭論中，認識論問體和本體論問題本來是密切相關的，而且正是從認識論問題上的分歧開始，導致後來本體論問題上的分歧。前面已經提到，在本體論上，從唯理論者笛卡兒承認物質實體和精神實體的二元論，發展成為斯賓諾莎只承認物質實體是唯一實體的一元論；從經驗論者洛克承認物質實體和精神實體的二元論，又發展成為巴克萊的承認精神實體是唯一實體的一元論。這兩種本體論，一個是只承認客體是本體，一個是只承認主體的精神是本體。然而本體只能有一個，需要將物質和精神統一起來。由於這些分歧是對認識論問題的研究而造成的，因此人們便認為，解決分歧或使物質和精神統一起來，不應從認識論入手，而應以本體論為基礎來實現統一。 18 世紀法國哲學家，特別是「百科全書派」，就是以本體論為基礎，在解決物質和精神統一，進行了有益的嘗試。

　　在這個問題上，拉‧梅特利（*Julien offray de la Mettrie* 西元 *1709 ～ 1751 年*）自覺地站在唯物主義立場上，既批判了主觀唯心主義，也批判了客觀唯心主義。他以科學材料為依據，從本體的意義上論證了精神現象或心靈根本不可能獨立存在，這些都不過是物質的一種功能或屬性，完全依賴於物質的身體，並受身體所決定，因而肉體和精神都統一於物質本體。他認為人的感覺是依賴於身體器官的，特別是依賴於人的腦髓。醫學證明，如果人腦的某一部分發生了病

灶，那麼人就會失去某一種感覺能力。不僅感覺能力依賴於身體器官，理性能力也同樣不能離開身體器官。一個最有理性、最聰明的人，一旦他的身體器官發生了紊亂，也會變成傻子，可見人的理性能力是否優越，取決於身體器官的組織狀況是否完善。

然而，由於拉‧梅特利離開認識內容只從認識能力方面考察人的感性和理性，因此他不可能真正了解感性和理性的本質區別。在他看來，思想其實也不過是一種感覺功能，理性心靈只是對觀念進行思索和推理的一種感性心靈而已。正因為他把人的認識活動問題歸結為認識能力問題，又把人的認識能力歸結為物質身體的一種功能。這樣，人作為認識的主體和客體就沒有什麼本質的區別了，由此他得出了「人是機器」的結論。拉‧梅特利的這個命題，主要是用來說明世界的物質統一性。在他看來，認識活動可以歸結為認識能力；在認識能力中，理性能力可以歸結為感覺能力；認識能力可以歸結為肌體器官的機能；這樣推論下去，人也可以歸結為動物。最後，人和動物的活動又可以歸結為物質的機械運動。這樣一來，本來人是主體，「機器」是客體，「人是機器」也就成了主體和客體。拉‧梅特利透過將主體歸結為客體，從而達到了主體和客體在物質本體上的統一。

拉‧梅特利的理論雖然是為了堅持世界的物質統一性，但他其實是以取消主體和客體的區別來說明主體和客體統一，而且他的論證主要是運用自然科學的材料所作的證明，並沒有著重從哲學上作出理論分析。

在 18 世紀法國哲學家中，對此從哲學上論證了主體和客體在本體論上統一的，是狄德羅（ *Denis Diderot* 西元 *1713 ～ 1784* 年）。他認為，物質實體是整個宇宙的唯一存在的實體，不僅一切自然事物

統一於物質實體，而且主體的人和客體的事物同樣統一於物質實體。他說，在宇宙中，在人身上，在動物身上，只有一個實體。教黃雀用的手風琴是木頭做的，人是肉做的，黃雀是肉做的，音樂家是一種結構不同的肉做的；可是大家都有著同一的來源，同一的構造，同一的機能和同一的目的。①正因為一切事物和人都統一於物質實體，所以無論是主觀唯心主義者所說的精神實體，或是客觀唯心主義所說的宇宙之外獨立存在的精神實體，都根本不可能存在，也就是根本不存在。由此可見，狄德羅承認了物質實體是唯一的實體，這是一元論的唯物主義世界觀。

不過，他的理論沒有停留在這個水平，而是透過分析物質的多樣性、運動的本質、物質具有感受性和運動的必然性，進一步發揮了他關於物質實體是主體和客體統一的基礎的理論。

這裡，僅以他對物質具有感受性的觀點為例來說明。狄德羅把主體的意識現象稱為感受性。感受性的觀點和物質具有質的多樣性及運動本性的觀點，是緊密結合著的。就是說，感受性是物質多樣性的質中的一種性質，是物質的活動中的一種活動，即除了機械運動之外的意識活動。在哲學史上，唯物主義哲學家雖然為解決意識的起源問題而提出過各種不同的理論，但這些理論都有其各自的缺陷。由於在本體論上不能科學地解決意識的產生問題，使主張意識第一性的唯心主義本體論仍有其立論的理由。狄德羅認識到了解決這個問題的重要性，因此，他著重以物質具有質的多樣性和運動的本性的觀點來進一步論證物質具有感受性的問題。

狄德羅認為，感受性作為物質的質的多樣性中的一種性質，因此，它也就是物質的一種普遍的基本性質。他甚至認為連無機物的石

頭也可以說具有感受性。但這樣一來，又勢必導致粗俗的物活論。為了避免粗俗的物活論，他在承認任何事物都有感受性的同時，認為不同事物之間的感受性的程度並不相同，具有遲鈍的感受性與活躍的感受性之分。無機物只具有遲鈍的感受性，從植物、動物到人的感受性則越來越活躍。由此，狄德羅便進一步提出了如何從遲鈍的感受性向活躍的感受性過渡的問題。他雖然也試圖回答這個問題，但又同時承認這個問題是難於解決的。狄德羅在哲學史上的貢獻，在於他把這個深刻的問題正確地提出來了。他說，很顯然地，一般的物質是分成死的物質和活的物質的。可是怎能弄成物質不是一種，或者全部是活的，或者全部是死的呢？活的物質永遠是活的嗎？而死的物質就永遠是真死的嗎？活的物質就根本不死嗎？死的物質就從不開始活起來嗎？②這些問題的解決，需要靠全部自然發展史提供科學材料，這在當時並沒有具備這些條件，但狄德羅把這些問題明確地提出來，其意義正在於促進人們進一步去研究這些問題。

在狄德羅的理論中，對意識的產生沒有從自然史的發展去說明，有時他甚至把問題大大地簡單化了，企圖用現實中的一些事例來說明這個複雜的問題。例如，他說，如果我們將本來只有遲鈍的感受性或看起來是死的物質的石頭搗成粉末，讓其腐爛，再在上面栽上感受性並不活躍的蔬菜，然後人吃了蔬菜，這樣，本來只有遲鈍的感受性的石頭透過不活躍的感受性的蔬菜，而在人身上便轉化成了活躍的感受性了。用這種例子來說明遲鈍的感受性向活躍的感受性過渡，顯然是幼稚的。但是從這個觀點中，他卻闡發了另一個本體論問題上的重要思想，即由此而肯定了「自然中一切都是相聯繫的」。③他正是用感受性將無機界、植物、動物和人聯繫起來，成為具有連續性的整體。

這個觀點雖然帶有物活論的色彩，但他以此在哲學上說明了物質和意識在本體論上的統一，這是狄德羅的貢獻。

到此，物質和意識的分裂，在法國唯物主義哲學家這裡，從本體論上使二者得到了統一。在認識論上，他們則只是力圖圍堵經驗論向主觀唯心論的轉化，卻沒有對休謨的不可知論進行公開的鬥爭，更不要說克服休謨的不可知論了。因此，感性與理性的分裂，並沒有得到解決。

究其原因，一方面是休謨的不可知論動搖於唯物論和唯心論之間，而且他還對當時的理性主義思辨哲學進行了鬥爭；這種情況使他們難以洞察休謨哲學的本質。另一方面，主要在於 18 世紀法國唯物論者所特有的，在當時是不可避免的局限性，即它的機械性和形而上學性。這種局限性在他們解決哲家基本問題上表現為：

一、法國唯物主義者在堅持物質先於意識、存在先於思維時，指出了精神、思維受物質、存在的限制的唯物主義真理，但是，他們卻把自然界、物質對人的制約作用加以片面的強調，以致忽視甚至抹煞了意識對物質、思維對存在的反作用。這種反作用也就是人對客觀世界、主體對客體的主觀能動作用。從認識論上看，法國唯物主義者在堅持思維、意識是存在的反映時，卻片面地強調了這種反映的受動性，而實際上思維、意識不是客觀事物的消極反映，而是在能動地改造客觀世界的實戰的基礎上能動地改造感覺經驗的結果。

二、法國唯物主義者在堅持物理世界的規律在思維、認識中所具有的特殊的表現形式時，他們就把客觀世界和主觀思維的一致看作機械的一致，未能提出既從思維的內容，也從形式方面來研究這種一致的任務。換句話說，他們沒有提出把客觀規律的內容的研究與人對這

種規律的反映形式的研究兩者辯證地統一起來的任務。

　　總之，法國唯物主義者對於哲學基本問題的解決是唯物主義的，但卻是形而上學的、機械的，他們否認了思維對存在的反作用；從認識論上說，他們主張的是唯物主義反映論，但卻是消極的、被動的、直觀的反映論。這種機械的、形而上學的世界觀和認識論，面對休謨對哲學提出的詰難，由於缺乏主觀能動性原則，又不能進行辯證的思維，因此，既不能在世界觀上解決物質和意識如何真正達到統一，又不能在認識論上解決思維與存在如何達到同一的問題。

　　這說明什麼？這充分說明了近代唯物主義由於它的形而上學性和機械性，在理論上已經走到了邏輯的盡頭；正是這個原因，使它在休謨的不可知論面前，表現得十分軟弱無力，因而促使哲學家們對他們的觀點進行反省。從總結理論思維的經驗和教訓的角度考察，只有在這種自我反思中，在弄清它的理論內部矛盾的基礎上，才有可能自覺地把過去所忽視了的方面，即 17 世紀和 18 世紀哲學所缺乏的主觀能動的方面和辯證思維方式提到哲學的議事日程上來。這些便是西方哲學發展過程中提出的緊迫課題，而對於這些問題的研究，在法國哲學之後，德國哲學家如康德、黑格爾和費爾巴哈，他們從不同的角度進行了艱苦的探索。

註　釋：

⑴　狄德羅：《達朗貝和狄德羅的談話》，《狄德羅哲學選集》，三聯書

店， 1956 年版，第 129 ～ 130 頁。

② 狄德羅：《對自然的解釋》，《狄德羅哲學選集》，三聯書店， 1956 年版，第 105 頁。

③ 狄德羅：《達朗貝和狄德羅的談話》，《狄德羅哲學選集》，三聯書店， 1956 年版，第 124 頁。

25　德國古典哲學的實踐基礎

　　擺在德國古典哲學家面前的任務是艱巨的，為了說明和理解他們怎樣去進行這一工作，這裡，首先介紹一下他們從事這項工作的條件和基礎。

　　應該說，近代早期資產階級哲學不僅為德國古典哲學提出了必須解決的課題，而且，它所取得的理論成果也為解決這些課題提供了重要的思想資料。不過，這些都只是德國古典哲學得以產生和發展的「流」，決定德國古典哲學特有內容和形式的，首先不是哲學本身，即純粹思維，而是德國資產階級賴以產生和發展的社會歷史條件，即這個時期德國乃至整個歐洲的人類實戰，只有這些才是德國古典哲學賴以產生和發展的「源」。德國古典哲學是時代的產物，正是當時人類的實戰使德國古典哲學不僅具有豐富的理論內容，而且使它達到了資產階級哲學發展的最高水平。

　　18 世紀末到 *19* 世紀四○年代，是人類實戰史上的一個非常重要的轉折時期。無論反映人類與自然鬥爭的生產力和自然科學，還是反映社會發展的階級鬥爭的社會科學，都將結束自己過去的發展過程，開始向一個嶄新的發展時期過渡。作為自然科學和社會科學概括和總結的哲學，在這個時期裡，從內容到形式也都必然相應地發生變化，即也要結束自己過去的發展過程，開始向一個嶄新的哲學形態——馬克思主義哲學過渡。

具體說來，推動哲學發展的原因，首先是社會生產和自然科學的發展。18 世紀末到 19 世紀初期，人類社會的生產活動開始了一個質的變化，即從以手工勞動為基礎的生產向以大機器為基礎的生產轉化。它的集中表現就是工業革命。18 世紀後半期在英國發生的工業革命，它廣泛地使用機器生產，並從一個工業部門推廣到另一個工業部門，強烈地顯示出人類改造和統治自然的巨大威力，極其迅速地引起了生產力、社會關係和人們思想的變革和變動，表現了自然界、人類社會和個人的活動，包括精神活動在內，都不像原來認為的那樣，是一些彼此孤立的領域，而是一個相互依賴、相互作用和彼此推進的整體。這就說明，由於生產技術的革命化，引起了自然界和人類社會關係的變化；這種變化無論就其規模還是深刻程度，都是過去任何時期無法比擬的。在這個過程中，物質運動的各種形態得到了廣泛的研究，反映人與自然界鬥爭以及這種研究成果的自然科學迅猛地發展起來，開始從幾個世紀以來只是研究既成事實的科學轉化到研究這些事物的發展過程的科學。18 世紀末以來，自然科學家對物質運動的非機械的形式，即物理的、化學的、電學的、生物學的等等形式進行了廣泛而系統的研究，接近於發現自然界的質的多樣性是物質運動的特殊形式的觀點。不僅如此，而且對不同物質的形式和過程之間的聯繫的研究也開始了。如卡諾（西元 1769～1832 年）所奠定的熱力學揭示了熱的現象和機械現象之間的聯繫；戴維（西元 1778～1829 年）關於電流的化學作用（電解現象）的發現揭示了化學作用和電之間的聯繫；道爾頓（西元 1766～1844 年）在化學中發現的定比、倍比定律，提供了化學元素的質變對於它的量的構成的依賴關係的規律。此外，研究動植物有機體的種種過程的生理學，研究個別機體從

胚胎萌芽狀態到成熟狀態的發展過程的胚胎學，研究地殼逐漸形成過程有重大意義的地質學，以及對於研究從無機物到有機物的過程有重大意義的有機化學，在 19 世紀初期都已經建立起來了。正是在這個基礎上，發展的思想越來越深入到自然科學的理論研究中，從而產生了許多關於宇宙、地球、生物等等發展論或進化論的天才假設或猜測。例如康德提出的「星雲假說」就認為太陽系和地球，以至一切天體都是處在發生、發展和消亡的過程中。在這之後法國天文學家拉普拉斯（西元 1749 ～ 1827 年）也獨立地提出了類似的假說，並從數學上作了詳細的證明。德國學者卡·沃爾夫（西元 1723 ～ 1794 年）對物體不變的形而上學觀點進行了第一次攻擊，並提出了物種進化的猜測。特別是法國生物學家拉馬克（西元 1744 ～ 1829 年）繼畢豐之後，賦予了物種變異和生物進化的思想以確定的形式，提出了外部環境對有機體變異的影響的思想。法國科學家居維葉（西元 1769 ～ 1832 年）對各種動物化石和植物化石之間以及它們與地層之間的聯繫的確定，與他本人在理論上所作出的反動神學結論相反，證明在地球過去的整個地質時期內，在植物界和動物界都有發展。總之，從 18 世紀末到 19 世紀四〇年代自然科學的發展過程，也就是自然的辯證性質日益顯露的過程。自然科學上的這些最新成就表明自然界的一切現象都是辯證地而不是形而上學地發生的。它不僅向哲學提出了要用新的辯證思維方式以準確地反映自然界的客觀規律性的要求，而且它為哲學解決這些問題提供了充分的材料。當哲學家對這些自然科學作出概括和總結時，「在哲學領域內也就響起了舊形而上學的喪鐘」。(1)

其次，這個時期階級鬥爭和社會科學的推動作用，也是極為重要

的。18世紀末發生的法國資產階級大革命和由它而引起的連續20多年的歐洲各民族之間的戰爭，以及資產階級革命和封建勢力復辟之間的反覆和激烈的戰爭，鮮明地揭示了社會歷史既不是一成不變和停滯不前的，也不是緩慢地和平進化，而是充滿著各種社會勢力之間的矛盾和鬥爭，發生著從一種社會形態到另一種社會形態的飛躍。在這個基礎上，人們對於社會的認識也開始有了重大的進展。例如，18世紀末，作為資本主義制度在理論上的表現的英國政治經濟學，經過亞當·斯密（西元 1723 ～ 1790 年）、大衛·李嘉圖（西元 1772 ～ 1823 年）那裡，得到了最高的成就和最後完成。英國古典經濟學的最大成就，在於它力圖透過資本主義社會經濟的複雜現象，探索了其內部的聯繫，把那些看來相反或相互獨立的現象作統一的理解。比方說，他們把資本主義社會的一切經濟範疇都歸結為一個具有決定性的原則，或者說，從一個具有決定性的原則出發去解釋它們。這個原則就是：勞動時間決定價值，從而奠定了勞動價值論的基礎；最後，他們並不迴避和掩飾階級利益的對立，即工資與利潤的對立以及利潤與地租的對立，並有意識地把這種對立作為研究的出發點，從而建立了階級對立的分配理論。

與此同時，社會學和歷史學也經歷了重大變化。首先是在 19 世紀初的 20 年內，產生和發展了批判的空想社會主義學說。它的主要代表是聖西門（西元 1706 ～ 1825 年）和傅立葉（西元 1772 ～ 1837 年）。他們的學說反映了不成熟的無產階級對取代封建制度而起的新的剝削制度和壓迫制度的不滿和抗議。這種學說雖有它的局限性，但他們根據新的社會實踐的材料，力圖突破啟蒙主義的社會歷史觀。例如聖西門，他已經不像法國啟蒙學者那樣，把歷史僅僅看成或

多或少幸運造成的偶然性，而提出了在歷史中尋找規律性的任務，認為應該從研究人類過去生活的事實中發現其進步的規律；只有理解過去才能預見未來，要求使關於人類社會的科學成為像自然科學那樣嚴密的科學。由此他從產業發展的需要去說明封建關係的歷史以及它讓位於資產階級關係歷史的必然性，這實際上已經提出了人類歷史有其發生、發展和消亡過程的歷史發展論的思想。其次，在法國還同時產生了反復辟時期自由資產階級跟貴族爭奪政治權利鬥爭的梯也爾（西元 1735～1856 年）和基佐（西元 1783～1861 年）的歷史學。他們為了資產階級的政治利益，依據法國革命特別是復辟時期階級鬥爭的新經驗，試圖從歷史的紛繁複雜的事變中去探索社會歷史進步的發展線索和規律性。這些事實說明，19 世紀初期的 30 年，人類改造社會的實踐所顯露出來的社會發展的辯證性質，都或先或後以不同的形式反映在當時具有不同傾向的各門社會科學中去了；反映社會歷史進步要求的這些學者在社會現象的探索中採取了新的方法，因而在他們的理論成果中，到處出現了預示新的歷史觀的萌芽。

從上述自然科學和社會科學發展的兩個方面，可以看到，18 世紀末到 19 世紀四〇年代，的確是人類實踐史上的一個新的重大轉折時期；在這個短短的時期裡，人類的社會實踐經歷著一個急遽變化的過程。人類實踐的這些偉大成果對於這個時期哲學的發展有著不可分割的聯繫。一方面，實踐向哲學提出了制定新的辯證的認識方法和認識理論，這種需要從上面我們指出的自然科學家和社會科學家自發地探索新的研究自然現象和社會歷史的方法的情況就可以明顯地看得出來。另一方面，實踐在對哲學提出這樣的任務時，它本身就已經為哲學解決這個任務提供了必要的條件。來自實踐的關於自然界各個領域

和社會生活各個領域的聯繫與規律性的經驗和知識，就是哲學用以進行理論加工所必需的原料和半成品，沒有這些東西，巧婦難為無米之炊，任何天才都是無能為力的。

德國古典哲學就是在人類實踐發展過程的這樣一個轉折時期產生、發展和終結的。所有上述來自三大社會實踐以及與此密切聯繫的自然科學和社會科學關於社會生活和自然界的辯證性質的新材料、新發現和新知識，都在不同程度上直接地或間接地反映在康德、費希特、謝林，特別是在黑格爾和費爾巴哈的哲學中，並且是他們的辯證思想的歷史前提和自然科學前提。包含在他們哲學中的辯證法思想，就其合理內容的最終源泉來說，無非就是前面講的那些來自三大實踐中的關於社會生活和自然界的辯證性的新材料或半成品，在他們頭腦裡的某種加工。他們之所以能夠而且必須擔當起這樣的加工任務，就是因為他們是德國新興資產階級的哲學代表，他們不僅關心社會朝資本主義方向前進，而且也關心生產力和科學技術的進步。不過，德國資產階級，尤其是 18 世紀末到 19 世紀初期的德國資產階級，又是德國社會毫無出路的狀況和德國市民不滿現實，而在實踐上卻又不得不安於現實的矛盾的產物。這些哲學家像馬克思指出的那樣，他們不是用現實的行動而是在思維中伴隨近代社會前進；因此，當他們對這些科學材料進行加工的時候，只能以顛倒的、歪曲的形態反映在他們的頭腦中，或者說，他們必定以唯心主義的觀點對這些材料進行顛倒和歪曲的加工；並且由於實踐和科學本身所提供的事實還不充分，他們又不能像 18 世紀法國唯物主義者那樣堅持從世界本身說明世界的唯物主義立場，結果就必然要用幻想的聯繫去代替現實的聯繫，用臆想去填補空白。因而他們的辯證法就只能是頭腳倒置的唯心主義辯證

法，而不可能是客觀辯證法的科學反映。

　　總之，在德國古典哲學的整個發展過程中，不同的哲學家提出的不同的哲學體係，雖然具有非常不同的形式和內容，但他們都不是在新的歷史時期憑空產生出來的；實際上，除了從哲學發展的內在規律看，它是 17 世紀和 18 世紀西方先進哲學的直接繼續和必然發展以外，主要還是概括和總結了這個時期人類實踐的一切優秀成果。正是這些原因，德國古典哲學才能在當時整個歐洲哲學界演奏第一提琴，並成為近代哲學發展中一個新的更高的發展階段。就其內容來說，它多方面地為哲學的發展作出了寶貴貢獻。以下分別進行論述。

註　釋：

①　恩格斯：《路德維希‧費爾巴哈和德國古典哲學的終結》，《馬克思恩格斯選集》第 4 卷，人民出版社，1972 年版，第 241 頁。

26 康德批判哲學的體系及其特徵

在 18 世紀下半葉的德國，中小市民的資產階級趨向和封建主義之間的矛盾，在當時的德國現實中還沒有解決這個矛盾的現實手段。這個時期產生了康德哲學。康德哲學屬於德國古典唯心主義的產生階段。他所建立的「批判哲學」體系是 18 世紀末開始的德國古典哲學發展全過程的起點。

康德（*Immanuel Kant*，西元 *1724 ~ 1804* 年），出生在東普魯士哥尼斯堡一個手工業者家庭。*1740* 年在腓特烈公學以優異的成績畢業後，進入哥尼斯堡大學哲學系學習。從大學畢業到 *1755* 年，他先後在三個家庭當教師；在這段時間內，他本著自己的志趣在探索真理的道路上不斷前進。不僅寫了許多論文，而作為哲學家的主要成就要算《自然通史與天體理論》的問世。這本書儘管在當時流行不廣，可是像恩格斯指出的，它打破了形而上學世界觀的第一個缺口，對於科學宇宙觀的發展具有劃時代的意義。辭卻家庭教師之後，他回到母校擔任講師，*1770* 年，又被任命為教授。他在哥尼斯堡大學講授的學科包括數學、自然通史、人類學、地理學、教育學、邏輯學、形而上學、道德哲學、自然神學，據說，還講過要塞建築術和煙火製造術等等。這說明他熟悉當時各門科學的發展，是一個學識淵博的人。康德既是教師又是學者。他每天有繁忙的講課任務，但每天還要進行艱苦的哲學創作。在教學中，循循善誘，充滿了誨人不倦的熱忱；在哲學

沈思中，腦海裡電閃雷鳴，充滿了科學的創新精神。他幾十年如一日，極有規律地生活著；他體魄並不健壯，但這種嚴格有序的生活，保證了他一生事業的成功。

康德哲學思想的形成，經過了一個複雜、矛盾和漫長的發展過程。由於康德批判哲學的最基本的概念是在 *1770* 年他的教授就職論文中提出的，因此，一般就以這一年為界限，把他的哲學思想分為兩個時期，即所謂「前批判時期」和「批判時期」。在前一個時期中，康德研究的對象是理論自然科學，特別是宇宙論問題；他對經驗自然科學的材料進行總結和概括，寫出《自然通史與天體理論》。在這本書中，他提出了近代第一個有科學根據的宇宙自然發生和發展的學說，還提出了某些物質和精神相互關係上的自然科學唯物主義思想。到了六〇年代末期，康德的哲學思想發展的方向有了重大變化，他開始離開自然科學唯物主義和經驗主義的道路，而走上了建立他的批判哲學體系的特殊道路。

為什麼在研究重點上，康德會發生這種轉變？為了說明這個問題，必須從康德的政治思想講起。大家知道，康德早年埋頭自然科學的研究，並且取得了很大的成就。就是在這個時期，法國資產階級的啟蒙運動進入了高潮。在法國啟蒙思想、特別是作為資產階級革命旗幟的盧梭政治思想的影響下，康德的思想發生了很大的變化。盧梭對普遍人的自然「良心」和道德感情的極力渲染，對封建社會的政治、教育、宗教文化所作的猛烈抨擊，人生和生活的新穎看法，如人人天生平等、對民主權利的要求等，對一直在思考這些問題的康德，都是極大的激勵和鼓舞，給正在掙脫形而上學而又苦於無法解決道德倫理問題的康德增添了一位強有力的指導者。他崇敬盧梭，不斷為盧梭的

思想所激動。在他的客廳裡，唯一的一件裝飾品是盧梭的畫像。他的有規律的戶外散步，唯一的一次忘卻是因看盧梭《愛彌兒》入迷所致。1764 年在一篇文稿中，康德寫道，「我生來是個追求者，我渴望知識，不斷地要前進，有所發明才快樂。曾經有一個時期，我相信這就是使人生命有其尊嚴。我輕視無知的群眾，盧梭糾正了我。我思想的優越消失了，我學會了尊重人，認為自己遠不如尋常勞動者有用，除非我相信我的哲學能替一切人恢復其為人的權利。」①這段自白表明康德在法國啟蒙運動影響下，認為能夠起到恢復人的尊嚴和共同權利的作用的研究就是最有價值的學術研究，這是他把研究重點從自然科學領域轉到哲學領域的根本原因。

必須說明的是，所謂「人的共同權利」的思想，實際上是指法國資產階級啟蒙運動思想家所宣揚的反封建的「自由、平等、共和」等革命思想。康德把其中的「自由」說成是每個有人格的人唯一不可放棄的天賦權利。他還認為，實行立法、行政和司法三權分立的代議制的「共和國」是最好最理想的國家制度，建立這樣的國家是人民不可剝奪的權利。康德站在改革派的立場上，駁斥了以各種理由為藉口反對改革現行制度的農奴主理論。但是，康德又認為，共和國在當時的德國現實中，僅僅是個不能實現的「理想」；要對現存制度實行某些改革只能由君主透過改良來進行，即使統治者反對這樣作，作為臣民的廣大群眾可以表示不滿和抱怨，但在行動上不能有任何反抗的表示和越軌的行動。這就是說，改變現存封建制度的信念不應放棄，但不能表現在行動上。從這種立場出發，他認為法國革命是正義的和正常的，但他又說，對於有理智的人來說，不要再重複它的經驗。康德這些主張顯然是矛盾的。一方面，他表達了當時德國市民反對封建制度

的革命欲望，另一方面，又反映了德國市民在政治實踐上還屈從封建制度的軟弱性。

康德的上述政治思想決定了他的學術態度。與法國的啟蒙主義者一樣，他喊出了要用理性去批判一切的呼聲，然而，在當時德國的現實條件下，既不能對現存的政治法律制度，也不可能對現存的宗教神學進行自由而公開的批判；於是，康德就把注意力集中到反對當時在學術思想界占統治地位的萊布尼茨─沃爾夫的「形而上學」體系上去，透過否定這個體系，在德國掀起了哲學革命的風暴。他的批判哲學體系就是在這個過程中建立起來的。了解這一點，對於理解康德哲學思想的形成及其哲學特徵都具有極為重要的意義。

那麼，康德這樣建立起來的哲學體系主要解決什麼問題？前面講了，在政治思想上康德深受盧梭的影響，因此，他的哲學的第一個任務，是要論證人有沒有自由的問題。自由問題在法國直接是一個政治問題，即推翻封建專制制度，使廣大群眾獲得自由權利的問題。把這個問題搬到德國來，康德把它的含義改變成了人有沒有自由意志的問題，即能不能擺脫外部環境對自己的決定作用，人們作事能不能由自己的意志來決定。簡單說來，人能不能得到自由。由此可知，這種看法雖不像法國的啟蒙學者那樣，具有鮮明的反封建主義的革命性，但是，康德提出的這個問題又不像法國人那樣，把它僅僅限於現實的社會能否找到自由的問題；在法國人看來，自然界是受必然性支配的，沒有自由可言；而康德認為，如果一切都受必然性支配，人就沒有自由，那麼，人便完全像自然界的動物一樣，便失去了人的尊嚴。同時，人的一切由外界決定，人在社會生活中也無道德責任可言。因此，他把自由的問題擴大到人能不能擺脫自然和社會的束縛，或者

說，人在自然和社會中有沒有自由、能不能取得自由的問題。這就把自由的理論的研究向前推進和深化了。

其次，康德作為新興資產階級的哲學家，要用他的哲學為科學的普遍性與必然性提出新的理論證明。這是因為，由於休謨的懷疑論否認世界上有必然性的科學真理存在，從而動搖了整個自然科學的基礎；休謨的懷疑論雖然打破了康德的獨斷主義迷夢，然而，他並不同意休謨關於科學知識的結論。他是牛頓和近代科學的信徒，而且他本人還是很有造詣的科學家，相信自然界有規律並且是能夠被認識的，反映自然規律的自然科學知識是具有普遍性與必然性的。因此，他要用自己的哲學來為自然科學的真理性進行辯護，為它的科學性提供理論根據。

這樣，一個自由問題和一個科學問題，便成為康德哲學所要解決的兩個問題。對於這兩個問題的相互關係，當時一般人的思想還受形而上學思維方式的支配，康德也不例外。他認為要捍衛科學就要肯定科學知識的必然性，而肯定知識的必然性則無自由可言。要取得自由就要承認人的意志在一切領域不受必然性決定；沒有必然性，科學的真理性便不存在了。因此，自由和科學是矛盾的。要自由就沒有科學，要科學則必須放棄自由。這本是形而上學的看法，但在康德那裡，他既要科學也不放棄自由，既要科學也要自由。康德哲學正是在解決這個矛盾的基礎上建立起他的批判哲學體系的。

對於這對矛盾，康德不是從自然界能不能被反映，即從認識論上來解決，也不是從人在社會中能不能得到自由即從政治權利上來解決；他把解決這個問題的著眼點轉向人，透過解剖人的生理和心理機能和人的認識能力來解決。他認為人的機能有三種，即認識、情感和

欲望；與這三種機能相適應的人有三種能力，即知性、判斷力和理性。人類進行認識與動物不同，同時也不像洛克說的是「白板」，而是受到與他相適應的能力所提供的先天原理的制約的。因此，人心三種機能的活動範圍都受到一定的限制。具體地說，知性原理只限於現象界即自然界，得到關於自然科學知識；判斷力原理運用於美的領域，得到愉快與不愉快的情感；理性原理運用於「物自體」，在信仰領域得到自由。

這些看法是康德對人心機能進行研究的主要結論。為了醒目起見，把它們列表如表(1)：

表(1)

人心機能	認識能力	認識結果	適用範圍
（知） 認識——	知 性——	真	——必然性（現象）
（情） 情感——	判斷力——	善	——
（意） 意志——	理 性——	美	——自由（物自體）

從表(1)可以看到，康德對人的研究，的確是十分深入的。這些研究的成果使構成他的批判哲學體系的三部著作：《純粹理性批判》、《實踐理性批判》和《判斷力批判》。由這三部批判構成的康德批判哲學體系，它的基本特徵，正像列寧經典地表述的那樣，它「調和唯物主義和唯心主義，使二者妥協，使各種相互對立的哲學派別結合在一個體系中」。②具體說來，在康德的哲學體系中，不僅把唯物論和唯心論，而且還把唯理論和經驗論，科學和信仰等相互對立的學說調和起來，因此，康德的整個哲學便成為一個矛盾的統一體，這就是康德哲

學的基本特徵。但是，他在研究他的批判哲學的所有問題時，又採取了與經驗主義和理性主義不同的嶄新態度，並且取得了不少新的成果。下面僅從認識論上的幾個問題進行論述。

註　釋：

① 轉引自康浦・斯密：《「純粹理性批判」解義》，商務印書館，1961 年版，第 39 頁。

② 列寧：《唯物主義和經驗批判主義》，《列寧選集》第 2 卷，人民出版社，1972 年版，第 200 頁。

27 「先天綜合判斷何以可能」

　　康德批判哲學的基本內容，是要在認識論的基礎上解決主體和客體的統一問題；為了解決這個問題，康德吸取了經驗主義和理性主義的積極因素，並根據當時科學與認識達到的水平，提出和論證了在認識論上亟待解決的主要問題，即所謂「先天綜合判斷何以可能」。

　　為了弄清這個問題，我們對它從幾個方面進行分析：

　　一、什麼是「先天綜合判斷」？如果簡單地回答，「先天綜合判斷」就是真正的科學知識。這是康德對他所理解的科學知識的最新概括。他之所以有這種看法，是因為在他看來，用形式邏輯來表達，知識就是判斷。例如，「人是有理性的動物」，在這個判斷裡，僅僅提及「人」或「動物」，就是說，只有單個的概念，它們彼此獨立或互不聯繫，還不能構成知識。凡是知識總要肯定或否定某種東西，只有將單個的概念聯結起來才具有肯定或否定某種東西的意義。因此，要把表述主項和表述謂項的概念透過系詞聯繫起來，即放到一個邏輯形式中，形成「人是有理性的動物」這樣一個判斷，這才成為一種知識，可見，知識就是判斷。

　　但是，他又認為，知識就是判斷只是表明知識必須是判斷，而不能反過來說，凡判斷都是知識。因為不能說一切判斷都是知識。為了弄清楚哪些判斷屬於知識，哪些判斷不屬於知識，需要對判斷作進一步的考察。康德指出，從判斷中主項和謂項的關係分析，可以把判斷

分為兩類：分析判斷和綜合判斷。它們各自的特點和區別何在呢？

從判斷的構成來說。分析判斷的邏輯形式是謂項的內容包含在主項的概念中，所以主項與謂項有同一性。只要把這種同一性分析出來，即可得到分析判斷。例如，「物體是有廣延的」。按照笛卡兒等的傳統看法，物體之為物體，就在於它占有空間，有廣延這個本質屬性。因此，從內容上看，這個判斷中的謂項並沒有給判斷中的主項物體增加新的東西，它只不過是對主項的某一個方面作了更明確的說明和解釋而已。也就是說，它只是把已經包含在主項中的內容分析出來，並沒有增加什麼新的知識。可見，這種判斷的功能是解釋性的。在這一點上，綜合判斷卻是個優點。大家知道，綜合判斷的邏輯形式是，謂項概念不包含在主項概念中，要是把它們聯繫起來，謂項能給主項增加或擴充新的內容。如「一切物體都是有重量的」，就是這種判斷。按照當時對物體的看法，物體的本質屬性是廣延，不是重量。人們要得知物體是有重量的，不是從分析物體這個概念而是透過經驗得到的，然後再把它們結合到主項上去才能形成。可見，綜合判斷是綜合兩個概念而來，謂項為主項增添了新的內容。這是綜合判斷優於分析判斷的地方。

從判斷的性質來說。由於分析判斷只是理性對主項的分析做出的，因此，它不依賴於經驗，是在經驗之前或獨立於經驗做出的；就其正確性來說，也毋需經驗證明的。所以，康德又把分析判斷稱為先天判斷；所謂先天者，是指這種判斷的性質，由於其主項和謂項的聯結具有經驗歸納所不能提供的嚴格的普遍性和絕對的必然性。這是分析判斷比綜合判斷優越的地方，因為在康德看來，綜合判斷以感覺經驗為基礎，而經驗只能告訴我們一個東西如何如何，或多半如何如

何，而不是非如此不可，同時也不是一切都如此，而是還有例外。在這裡，普遍必然性便成為從性質上區分兩種判斷的特殊標誌。康德指出，真正的科學知識應該是，既具有普遍必然性的品格，又能夠增加新的內容，擴大知識的範圍。用這個標準來衡量，雖然分析判斷和綜合判斷分別都包含了知識的因素，但都又有缺陷，因而都不能算是真正的科學知識。他認為，只有他提出的「先天綜合判斷」才能滿足科學知識的條件。因為它既是綜合的，能推進知識，擴大知識的領域；又是先天的，具有普遍必然性，絕對可靠。這是一種既不同於分析的又不同於綜合的全新判斷。所以，真正的科學知識就是「先天綜合判斷」。由此可見，所謂「先天綜合判斷」，原來是康德用來表達科學知識的一個概念。

透過這個概念內容的揭示，充分反映了康德為使哲學的研究適應科學發展所作出的巨大努力。因為在這個概念中，所謂先天的，基本上是對理性主義，主要是唯心主義唯理論觀點的肯定；唯心主義唯理論從人類頭腦中存在的「天賦觀念」出發推知知識，雖然不能擴大知識的範圍，但它卻是可靠的，具有嚴格的普遍性和必然性。所謂綜合的，基本上是對經驗主義，主要是唯心主義經驗論者休謨觀點的肯定；唯心主義經驗論雖然否認理性認識不能反映事物的規律性，但它主張一切知識來源於經驗，只有透過經驗才能得到新的知識。康德把這兩種觀點汲取過來，用「先天綜合判斷」這個概念把它們概括起來，從而把它們的合理因素包容於其中了。於是在這個概念中，一方面繼承了一切知識來自感性經驗的經驗主義原則和只有理性能夠把握事物本質的理性主義原則，因而把它和過去的哲學聯繫起來了；另一方面，康德又把二者結合起來，從而顯示出它與理性主義和經驗主義

的重大差別。這對於克服它們的片面性和推動哲學的向前發展，都具有重大意義。

但是，這個概念本身又是他對日益擴大和深入發展的、為實踐證明為正確的科學知識的一種唯心主義的解釋。他之所以這樣解釋，在很大程度上是由於他把當時的自然科學知識形而上學地絕對化為「嚴格的普遍性」和「絕對的必然性」的結果；這樣一來，就必然導致他把普遍與特殊、必然與偶然、理性和感性、絕對和相對等截然割裂而不是把它們辯證地統一起來。

二、在現實中是否存在這種知識？康德的回答是肯定的。在他看來，沒有這種判斷，科學知識就不可能。他指出，數學和物理學的命題實際上都是先天綜合判斷。例如，「7＋5＝12」，「在物質世界的所有變化中，物質的量保持不變」等等，就既是普遍必然的，又是具有擴展性的判斷。哲學雖然還沒有像數學和物理學那樣已經成為科學，但它的根本命題也應該是由先天綜合判斷構成，如「世界必有一最初的開端」這類命題，就是這樣。因此，問題不是有沒有「先天綜合判斷」，而是這種判斷「何以可能」？即必須進一步考察先天綜合判斷是怎樣可能的。

三、這種判斷「何以可能」？所謂「何以可能」，是問這種知識成立的根據是什麼？也就是說，這種擴大了知識範圍又具有普遍必然性的知識得以成立的根據和條件是什麼？從康德對這個問題的看法來看，實際上是要解決認識或知識的來源問題。首先，康德認為，它的根據只能是人類理性本身，因為人類理性在經驗之前就具有知識原理和知識形式，人類理性就是依靠它們進行認識才能取得對於事物的認識，而且，從這個來源得來的知識還是科學知識具有普遍必然性的保

證。因此，研究人類理性本身所具有的這些知識便成為康德認識論的主要任務。其次，康德又主張，只有經驗才能擴大知識的範圍，而且認為一切知識都從經驗開始，真正的知識是不能離開經驗的。可見，在知識來源問題上，康德肯定了理性是分析判斷的來源，感覺經驗是綜合判斷的來源。於是又產生了一個新的問題，即怎樣把這兩者聯結起來成為先天綜合判斷。為了解決這個問題，康德把知識分為形式和內容、可靠性和實在性兩個方面。他指出，來源於理性的構成知識的形式，這種空洞的知識形式是知識獲得可靠性的保證。來源於經驗的構成知識的內容，這種沒有形式的內容是知識實在性的保證。因此，只有把來自先天的知識形式和來自後天的感性經驗結合起來，才能構成具有普遍必然性的科學知識；解決這種結合，即理性因素和感性因素的綜合問題，便成為康德認識論所要解決的關鍵問題。

不過，這種由先天理性和後天經驗綜合的知識，雖然滿足了知識所需要的條件，但是，其中屬於內容的部分是起源於「物自體」的刺激而引起的感覺，而「物自體」是不依賴於主體而獨立存在的。那麼，來自主體的先天知識形式和來自後天的感覺經驗所構成的知識內容怎麼能與不依賴於主體而存在的「物自體」相符合呢？如果不相符合，又怎麼談得到這種知識具有客觀有效性。為了解決這個問題，康德認為，認識對象即經驗對象，並不是「物自體」，而是「物自體」作用於主體所產生的「現象」；而「現象」之所以能夠成為知識的對象和知識之所以能夠成為科學知識，兩者都以從屬於同一的先天知識形式為條件，而且，它們還是同時形成的。由此可知，主體在進行認識活動時，既創造了認識對象，又得到了關於對象的知識，這樣，就可以保證知識與對象的絕對一致符合。但是，這樣的符合只是說明知

識和作為認識對象的「現象」的符合，至於「物自體」，因其不能成為認識對象，自然就沒有與知識是否符合的問題。因此，如何從原則上把「物自體」和「現象」分開，就成為康德論證「先天綜合判斷」——知識何以可能的重要前提。

從這裡可以看到，康德宣稱人類理性的運用是科學知識與對象一致符合的根源；從理論基礎來說，這是唯心主義的。但是，絕對不要以此否定提出的這個問題的重大意義。大家知道，在西方哲學史上，從古希臘一直到法國唯物主義者，對於知識可靠性的根據，或者說，知識與對象如何符合的問題，有的從客觀限制主觀方面，有的從主觀消極反映客觀方面，為解決這個問題都提供了一些積極的成果。但是，離問題的解決還很遠，特別是隨著實踐的發展，無論經驗主義還是理性主義都感到束手無策了。解決這個問題的關鍵何在？為此，康德提出和論證了人類理性的先天認識能力是解決科學知識所以可能的根據這個主觀能動性原則。雖然從康德確定解決這個問題的原則來看，其出發點是唯心主義的，但在這裡，他最先把對象不僅看成是反映的對象，而且是具有能動性的主體活動的對象，知識是主體能動地綜合和改造感性材料的結果，而不是消極地聯結感性材料的產物。正是有了康德提出的這個能動性原則，才有可能克服經驗主義和理性主義理論上所碰到的困難。如果不是從表面上看待這個原則，就應該承認，這個原則的提出是康德開始的德國哲學革命的先聲。

28 康德論主體能動性的學說

前一章提到，康德認為真正的科學知識是「先天綜合判斷」，從這種知識的構成來說，來自經驗的感覺和印象，只能構成知識的內容，主體認識能力提供的部分則構成它的形式；科學知識就是主體使用這些先驗形式能動地綜合和改造感性材料的結果。在這裡，康德提出了認識論上一個在當時具有重大意義的理論問題，即主觀能動性學說。

在認識過程中，為什麼認識主體有能動作用呢？康德認為，這完全是由於主體先驗地賦有一套能動性結構的緣故。康德在認識論的研究中，他的主要精力就是透過剖析人類生理和心理結構，搜尋和探索人類先天具有的能動性機制，即構成知識的形式方面，它的本性、適合範圍以及它們在認識過程中的能動作用，這些就是康德所謂研究人的認識能力的具體內容。

主體有哪些能動性結構？康德指出，認識從感性開始，感性是接受外來刺激和獲得知識材料的能力。對象作用於人的感官，產生感覺表象。但是，外界事物只有按照主體的接受方式才能呈現給我們，否則，既不能獲得感性印象，也無法把它們整理成感性材料。因為外界事物同時有千百種力量打擊主體的感官，然而主體並非全部接受，它只是選擇那些適合於當下目的所需要的感覺，才會對它進行安排，使之成為有意義的感性認識。因此，在感性認識階段中，除了外界提供

的感性材料外，還要有主體使這些材料得以呈現的能力和結構。

　　康德透過考察感性直觀的要素，發現在進行感性認識的活動中，認識主體自身先天地賦有接受感覺印象的特殊方式，透過這種方式把連續感知的印象安排在一定的關係之中。康德指出，這些形式本身並不是感性內容的一部份，而是早已存在於心中的主體的感受條件。他說，「所有感性直觀的純形式……必定先天地出現在意識裡面。」①他還指出，這種對形式的感知就是脫離物質的一切其他特性而感知它的延伸性和形態，即時間和空間。時間和空間便是感性認識階段中主體能動性結構。

　　時間和空間是什麼？對此，康德對它們進行了多方面的論述，僅就它們是主體的能動性結構來說，康德認為它們是先驗的，「存在於主體之中，屬於主體的成分」。②雖然它們不能獨立存在，但普遍地存在於一切事物之中。它們不是我們感覺到的事物，而是知覺的形式，一切感性經驗的構成必須以它們為前提。其中，空間制約著人們對外部現象的感知，時間制約著人們對內部現象的感知。只有在這些條件下，才能產生內外直觀。人們運用這些形式接受和安排來自外界的感覺和印象，使它們具有時間的同時或相續，空間的系列或間隔；就像一個統帥那樣，依照地區和時間把送達的戰報整理出秩序和體系，然後把它們歸屬於這個地區或那個地區，分為過去和現在。總之，現象在空間中的並存和時間上的連續，只能在主體中得到實現，先驗的直觀形式是感性認識具有普遍必然性的保證。

　　康德斷言時間和空間是感性認識階段中主體的能動性結構，它們透過制約感性材料而制約著人類的整個認識過程。提出這種觀點的意義在於，他抓住了人類認識是在時空中進行的這一事實，從而把認識

問題的解決與時空聯繫起來，把時空作為認識論的範疇加以考察，這是完全正確的。同時，他看到了一切感覺都必須具有時空性質。這裡，康德注意到時空觀念不同於被動的感性知覺，它們作為感性直觀形式具有整理感性印象的能動性質，這種理解是深刻的。現代科學證明，時空既是客觀存在的最普遍形式，又是人們認識事實的最普遍形式。在感性階段，人們反映事物存在的形狀、位置和前後相續而得到關於事物的時空知覺。不過，這種時空知覺不同於一般五官感覺。感覺是認識的起點，某種感覺只能反映具體事物的某一方面的屬性，而時空表象則在大腦皮層中把事物的存在形式的有關感覺加以綜合，能夠從總體上和從發展上反映客體。人們只有依靠這種綜合能力，主體才能從總體上把握事物的形狀、位置和外觀。所以，時空作為人們認識的普遍形式，的確具有能動作用。

經過直觀形式整理的感覺表象，蕪雜而不統一，在整個認識過程中，只能作為知識的材料，還不算是有了關於對象的規律性認識。只有在運用概念思維對象，使感性直觀和知性概念結合起來以後，才能產生真正的科學知識。康德認為，這便是認識過程中知性階段的任務。

康德提出，知性是一種規範的能力，即把各種感性表象依據一定的規則進行綜合統一的特殊功能。經過分析人類思維的過程，他發現任何科學知識都是由判斷組成，知性階段的基本活動就是下判斷的活動。因此，要找到知性階段主體的能動性結構，應從判斷活動中去覓尋。他提出知性的純粹形式應與判斷的形式相適應，有多少判斷就有多少範疇，即知性的純粹形式。在形式邏輯中，判斷按量、質、關係和樣式分為四類，每類三個，總共十二個。他在這個判斷表的基礎上

對它們進行了一番改造，然後提出了一個與判斷表相適應的範疇表，即所謂知性概念。它們是：單一性、多數性、全體性；實在性、否定性、限制性；實體性、因果性、相互性；可能性——不可能性、存在性——不存在性、必然性——偶然性。所有這些範疇都是知性階段主體的能動性結構。

就範疇作為主體的能動性結構說，康德認為，它們都來自主體的自發性，是人類頭腦中固有的東西。主體在知性階段用這些範疇對感性提供的材料進行規範和構造，把它們組織到一定的邏輯形式的概念中去，以便把秩序、規律和統一性強加於混亂的材料上去。「直觀無概念是盲目的」。③科學知識是知性利用範疇去點化和規範感性材料的結果，認識對象是知性運用範疇綜合感性材料的產物。科學知識的客觀有效性來自人類理性，自然界的規律是人類頒布的。範疇作為主體的能動性結構的巨大作用是顯而易見的。

康德把形式邏輯的判斷表改造並提升為認識論的範疇表，透過對範疇本性的探討，使原來局限於本體論的範疇轉移到認識論上來，從而把邏輯學和認識論結合起來了，為研究人類認識能動性提供了新的課題。範疇在認識中的能動作用也一向為經典作家所重視，可見康德對範疇的這種研究是應該肯定的。

現代科學證明，主體接受和思維外界提供的認識材料，不僅要有客觀世界提供可供接受和思維的材料，而且還要求主體有對這些材料得以接受和進行思維的能力。從這個意義上說，接受和思維對象提供材料的能力正是指主體在認識過程中為認識的產生所提供的主觀因素。康德把這些主觀因素在感性階段歸結為時間和空間，在知性階段歸結為因果性等範疇。主體的能動性結構究竟有哪些？這是一個尚未

完全解決的問題，康德只是為科學地解決這個問題提供了有價值的理論成果。他的主要錯誤在於，他對認識主體作了抽象的了解。他不懂得作為認識主體的人是具體的人，是存在於自然界並生活於一定社會中的人。因此，他在研究人的認識能力——主體能動性結構時，脫離社會實踐和一定歷史條件抽象地考察人，企圖找出一些與客體本身毫無關係的、不來自經驗的感性直觀形式與知性思維形式，由此導致一方面他在時空與範疇的起源問題上陷入唯心主義，不知道人們的時空表象和因果性等範疇產生的物質根源；另一方面他的時空觀念與範疇是形而上學的，他認為他提出的範疇表是固定不變的和不發展的。

康德在考察主體能動性結構的基礎上，還論證了主體能動性的發揮過程，他認為，科學知識就是在這個過程中產生的。

談到這個問題，首先要介紹一下康德關於綜合的思想。他指出，綜合「是把構成知識的諸要素加以集合，並且把它們聯結起來形成一定內容的東西。所以，我們如果想決定知識的最初根源，我們就要首先注意綜合」。④在康德看來，綜合是主體的一種能動性活動。在知識的形成過程中，得自外界的感性材料都是一些孤立和零亂的「雜多」，而知識在本質上應該是一個整體，要使這些材料構成為知識，主體必須把它們綜合起來。從感性開始，直到科學真理的取得，都離不開主體的綜合活動。

具體說來，康德把知識的形成過程分為三個有層次的綜合：

一、感性直觀中把握性綜合：在這個層次的綜合中，感性「雜多」結合為表象，是透過直觀領會到面前的東西的。這個領會的過程具有時間性。康德說，「一切表象必須在時間中整理、聯結及使之成立關係」。⑤由此可見，把雜亂無章的感性「雜多」構成一個知覺，

主體必須運用時空直觀形式對它們進行綜合和統一，這種綜合是低級的，只能達到主觀意義的統一。

二、知性思維中想像力再生性綜合和概念中認知性綜合：因為認識主體領會到的契機，一個接著一個，一個過去了，又來一個，因此要把過去的契機和當前的契機聯繫起來。但過去的不在當前，，這樣一來，在想到後一個感覺因素時，就必須同時透過想像力的活動把以前的那些感覺因素再現出來，以便聯結這些直觀的表象，使之形成統一的意識，這是透過想像的再生性綜合實現的。

但是，只有表象「雜多」的再現還不能構成有客觀意識的知識。只有主體透過概念、範疇進一步把這些經驗聯結和綜合起來，即根據先天的規律和範疇的功能進行綜合，把有特定含義的統一性賦予感性材料，才能產生有客觀意義的知識。康德還認為，透過概念的綜合，雖然得到了科學知識，但這只達到了對現象意義的綜合統一，認識必須往前發展。

三、理性階段的理性統一：知性思維的綜合統一只能與感性直觀材料發生關係，僅具有相對的意義。人類理性的自然傾向不滿足這種有條件的統一，它要求超出經驗的範圍去追求絕對的東西，以形成科學知識的完整體系。儘管他對此作出了否定的結論，但是提出了這個問題還是具有重要意義的。

透過上述三層綜合，康德具體地說明了一個認識在主體方面是怎樣形成的。從感性知識開始，在直觀中對對象得到局部「雜多」表象的把握；到知性階段在想像力中對對象形成一般的聯結並進到概念中的對象的必然統一，達到對現象的認識。但是，理性由於它的本性不滿足於相對的認識，要求得到對世界整體的完整認識，從而推動主體

不斷擴大知識範圍。在這個過程中，主體在認識一個對象時，總是自覺或不自覺地運用早先形成的認識之網去捕捉這個對象，充分顯示了認識主體的能動作用。康德在這裡絲毫也沒有把認識看作是一次完成的動作，而是看作主體無限地能動地綜合感性材料的過程。在說明這個過程時，康德還深入地剖析了人類認識從感性上升到理性的各個階段上的中介環節和方式，強調了這個過程以認識主體發揮能動性為前提的。應該肯定，這三層綜合是對主體能動性的系統論述，它比消極直觀的反映論有著豐富和深刻的內容。

還要特別指出，這裡講的三層綜合，從它們的關係來說，康德認為每前一個綜合都是以後一個綜合為先決條件，而所有這三層綜合又都以「自我意識」的原始綜合統一為條件。在整個綜合統一過程中，正是這個「自我意識」保持了它的常住不變，三層綜合才得以實現。因此，這三層綜合的內部制約關係都服從於主體的這個常住不變的「自我意識」，所有三層綜合都是「自我意識」的原始綜合統一的不同方式和不同層次的具體表現。「自我意識」的統一是使認識成為可能的最基本的條件。因此，要理解康德提出的認識主體能動性原理，關鍵在於理解這個「自我意識」。

康德用「自我意識」的能動性來統一認識，並以此作為軸心否定了機械唯物主義消極被動的反映論。因為他認為，人不是對外界消極地進行反映，而是能動地作用和改造對象。康德用唯心主義先驗論批判唯物主義的反映論，成為從消極被動的反映論過渡到能動的革命的反映論不可缺少的環節，原因在於「在唯物主義那裡，人只作為自然的一部分，屈從於自然。馬克思主義實踐論強調了人的能動作用，人成了包括自然界在內的整個世界的主人，這才真正實現了『哥白尼式』

的偉大的哲學革命。這個革命又正是在批判康德、黑格爾的古典唯心主義的虛假的『哥白尼的革命』才可能取得的」。⑥我們認為,這種分析是符合事實的。

圍繞著認識主體在認識過程中的能動作用的論述,康德提出了認識論研究中必須解決的一系列問題。其中主要有:科學知識的本質是什麼?在認識的成果中是否包含主體提供的主觀因素?科學知識的客觀有效性的根據是什麼?主體的能動作用對於認識與對象一致這個認識論的根本問題的解決意義何在?主體是否先驗地具有能動性結構?僅僅限於康德提出的感性直觀和思維形式嗎?認識的發展、深化與發揮主體能動作用的關係怎樣?⋯⋯等等。康德的不朽功績在於他不僅鮮明地提出了這些問題,而且在總結前輩認識學說的基礎上,概括了大量的科學材料和自然科學思維方式上的革命成果,透過深入剖析人的認識能力,對這些問題進行了細緻和系統的探討;在解決這些問題的過程中,完全採取了不同於以往認識論上諸學派的嶄新態度,獲得了許多令人鼓舞的理論成果,為後起的哲學家進一步探討這些問題打下了良好的基礎。

註 釋:

① 康德:《純粹理性批判》,《十八世紀末~十九世紀初德國哲學》,商務印書館, 1960 年版,第 16 頁。

② 黑格爾:《哲學史講演錄》第 4 卷,商務印書館, 1978 年版,第

264 頁。

③ 康德：《純粹理性批判》，《十八世紀末～十九世紀初德國哲學》，商務印書館， 1960 年版，第 30 頁。

④ 同上，第 34 頁。

⑤ 康德：《純粹理性批判》，商務印書館， 1960 年版，藍譯本第 122 頁（譯文有改動）。

⑥ 李澤厚：《批判哲學的批判》，人民出版社， 1979 年版，第 200 ～ 201 頁。

29 「人為自然立法」的認識論意義

　　主體能動性原則的提出和論證，是康德在哲學史上作出的重大貢獻。這裡，以他提出的「人為自然立法」這個命題為例，再來進一步分析一下這個原則，以便加深對於它的認識和理解。

　　在認識論上，感覺和思維的對立，總是和解決認識與對象的關係這個中心問題聯繫在一起的。圍繞著這個問題的爭論，在近代哲學史上形成了唯理論和經驗論兩個敵對的派別；而康德提出「人為自然立法」這個命題，則標誌著這場爭論的深入和轉折。

　　早期經驗論認為感覺是認識的唯一來源，人類知識就是由這些感覺材料組成的。從反映論的觀點來看，這當然是正確的。但是，科學知識並不是感覺經驗的簡單結合；在這個問題上，雖然他們提出過一些猜測，卻由於不能在理論上說明從個別的感覺經驗如何上升到普遍性與必然性的知識，以及科學知識和外部事物的區別，從而把認識和對象看成是直接的同一。經驗論發展到休謨那裡，他看到，按照經驗論的原則，只有透過感覺經驗得到的認識才能與對象一致，那麼，像因果必然性一類的知識並不來自感覺經驗，能否與對象一致，休謨對此作出了否定的回答。唯理論則宣稱人類頭腦中存在著某些與生俱來的「天賦觀念」（笛卡兒）、「真觀念」（斯賓諾莎）或「潛在的天賦觀念」（萊布尼茨）之類的東西，依靠它們就可以推論出一套與對象一致的知識來。但是，由於他們割斷思維與客觀世界的聯繫，因而

無法說明依據「天賦觀念」進行推論得到的知識為什麼能與客觀世界相一致。為此,他們最後不得不把「天賦觀念」看成是上帝放在人心中的;而主觀思維和客觀世界一致,看作是上帝預先安排好的,是「前定和諧」,也就是說,認識與對象一致得自上帝的保證。

從這裡可以看到,經驗論的最後結論,否定了知識與對象的一致;唯理論雖然肯定了知識與對象的一致,但這個「一致」的基礎是上帝。對於唯理論和經驗論的理論,康德都不同意。在康德看來,它們的失誤在於,對於認識主體在解決認識與對象一致的過程中的作用缺乏足夠的重視和正確的估計。具體地說,經驗論認為在實現認識與對象一致的過程中認識主體是毫無作用的,因而貶低了人的認識能力;而唯理論雖然似乎抬高了人的認識能力,但最後把它歸結為上帝的力量,同樣貶低了人的認識能力。這樣一來,他們在處理認識與對象的關係時,就不得不使認識屈從於對象。康德指出:「知識必須與對象一致,,這是以往所假定的。但藉由概念、先天地關於對象有所建立以圖擴大我們關於對象的一切企圖,在這種假定中,終於失敗了。」①

康德從事哲學活動的 *18* 世紀下半葉,是社會生產力高速發展和自然科學取得偉大成就的時代,也是人類理性在認識世界和改造世界的過程中得到充分發揮的時代。生產力的發展和科學的進步,使人們認識到:「生產形式的改變和人對自然的實際統治,是思維方法改變的結果。」②康德認為,數學和物理學成為科學,就是因為在數學家和物理學家那裡,曾經發生過一場思維方式的革命。如幾何學家,他們只是根據事先規定好的概念在直觀中構造幾何圖形,然後從這個圖形中引中出與對象一致的科學知識;物理學家則以理性確定的原理為

依據提出問題，再設計實驗，強迫自然作出回答，從而得到具有普遍性與必然性的認識。數學家和物理學家在思維方式上實現的革命說明，要取得關於對象的真理性認識，一定要充分估計到人類理性的能動性，認識到理性的巨大作用是科學知識產生所不可缺少的。由此康德想到，如果把這場思維方式上的革命成果用來解決哲學上認識與對象的關係問題，就不應該像唯理論和經驗論那樣，認為人的認識應當符合對象；要是那樣，「就不知道我們怎樣對於對象的性質能先驗地知道什麼東西」。③以往哲學解決這個問題的失敗，就證明了這一點。相反地，要是充分考慮認識主體在認識過程中的巨大能動作用，就必須顛倒過來，即假定「對象必須與我們的知識一致」，「我就能夠想像出這種可能性」。④意思是說，知識與對象一致這個認識論上長期爭論的問題就會得到圓滿的解決。正是在這個意義上，康德把他在認識論上所作的這種顛倒工作比擬為哥白尼在天文學上實現的革命變革。

在認識論上一反過去認識順從對象，顛倒而為對象服從認識，這在哲學史上，的確是一個大膽而勇敢的創舉。這是可能的嗎？康德認為，對象服從認識所以可能，完全根源於「人為自然立法」是可能的。從這裡出發，他細緻地解剖了人類意識的近代形態，深入地考察了人類理性自身的結構和功能，發現認識主體先驗地賦有一套能動性結構；這就是前一章中提到的感性階段上用以接納對象的直觀形式──時間和空間，以及在知性階段上用以綜合和統一感性材料的思維形式──因果性等純粹概念。主體的這些結構和它們的功能，構成一個有機整體，依靠他們，主體從感覺開始到知識獲得的整個認識活動，從來不是一個被動的接受過程；相反地，認識的層次愈高，愈能

體現主體的能動作用。因此,它們不僅使知識具有普遍性與必然性的保證,還必須使主體成為認識對象的主宰者。正像康德說的那樣,「自然界的最高立法必須在我們心中,即在我們的理智中」。⑤反映自然規律的「法則不是理智從自然中得來的,而是理智給自然界規定的」。⑥因此,「自然界應當按照我們的統覺的主觀根據來指導自己」。⑦結論是:「理智是自然界的普遍秩序的來源」,⑧人類「自身實為自然的立法者」。⑨

在這裡,康德以扭轉乾坤的氣魄,利用「人為自然立法」作為槓桿,提出了使對象服從認識來解決思維和存在同一性問題的嶄新觀點。這個思想是近代自然科學蓬勃發展過程中人類認識能動性的體現和概括。不過,康德把它誇大了,歪曲了,認為自然界的事物是雜亂無章、紛然雜陳的,它的秩序、法則、規律是由認識主體提供和頒布的;因此,人的認識過程不是反映客觀事物及其規律,倒是給客觀事物輸入和強加規律的過程。這就說明了,「人為自然立法」這個命題,原來不過是康德先驗論的形象表述。

然而,決不能因為這種唯心主義實質,便否定體現在這個命題中的主體能動性思想。我們認為,康德透過這個命題提出和解決的問題,從當時的歷史條件來看,是關係到認識論的研究能否前進的關鍵。因為唯理論和經驗論發展到康德生活的那個時代,雖然一般都堅持了反映論,但是他們卻片面地強調了這種反映的受動性,忽視或否定了認識主體根據客觀規律的認識能動地作用和改造世界的一面:這種消極被動的反映論隨著科學的向前發展,不僅由於其理論的內部矛盾使其陷於困境,而且對於科學發展提出的許多理論問題作不出科學的解釋。康德看清並抓住了近代認識論和科學發展之間的這個深刻矛

盾，及時地根據自然科學上取得的偉大成就過程中所反映出人類思維方式上的革命，揭示出人類理性本身是科學知識可靠性的根據，是實現認識與對象一致的決定性條件。這樣一來，康德透過「人為自然立法」這個命題在認識論上掀起的思維方法上的革命風暴，在前階段哲學發展肯定客體對主體的制約性的基礎上，又鮮明地提出和論證了主體在認識過程中的能動作用；這個理論既駁斥了洛克的「白板」說，又沒有停留在萊布尼茨對人的天賦機能的探索上，而是大大向前跨出了一步，從而把認識論的研究推進到一個新的階段。因此，體現在康德先驗論中的「人為自然立法」這個命題，不僅高揚了人類理性在認識過程中的非凡力量，使已經從上帝面前站立起來的人，現在又以主人的身分出現在自然面前；而且，它在認識論上對於解決思維和存在的關係問題，也具有不可忽視的意義。這主要表現在，它透過回答科學知識和認識對象何以可能一致，使思維和存在同一性問題的解決，獲得了嶄新的內容。

這裡，僅以認識對象何以可能來說明。在這個問題上，經驗論者培根說，「人是自然的僕役和解釋者」，認為認識對象就是自然界的事物；而唯理論者沃爾夫，則把上帝和靈魂之類的東西也視為認識對象。康德與他們不同，他指出，「思維一個對象和認識一個對象，並不是一回事」。⑩因此，他嚴格地把認識對象和思維對象區別開來，認為「物自體」不能認識，但可以思維；現象能夠認識，但它要成為認識對象，不能不充分估計主體對於現象成為認識對象的決定性作用。

那麼，什麼是認識對象呢？康德寫道，它是「給予的直觀雜多在對象的概念中所聯合起來的東西」。⑪從這個意義中，可以看到，認

識對象由兩個方面構成：一是來自「物自體」作用感官得到的直觀雜多，沒有這個東西給予，無法形成認識對象；一是它要真正成為認識對象，必須經過主體的先驗感性直觀形式的安排和知性思維形式的綜合統一，才得以成功為一個完整的認識對象。同時，實現兩者的聯合，也不是一蹴即就，而是一個在意識中從零散的知覺到統一的對象的過程。因為，經由時間和空間整理的感性表象，雖然擺脫了個人的主觀感受，但它還僅僅是彼此並列和彼此相繼的「未被規定的現象」。要成為認識對象，是在經過知性思維規定、綜合和統一之後。在實現這個目的的過程中，主體思維的能動作用具有決定性意義。康德說，只有當我們在直觀雜多中產生了綜合統一，才能說認識對象。⑫「自我意識」作為人類認識能動性的總根源，它以範疇為工具，把規律賦予感性表象，使之綜合統一。範疇是主觀的，但它們能夠規定感性表象，把它們改造成為「自我意識」相對應的「對象意識」，即成為統一的認識對象，因而又有客觀有效性。所以，統覺的綜合統一性「不僅是我自己認識對象所必須的條件，而且是任何直觀對於我成為對象所必須的從屬條件」。⑬所謂「人為自然立法」就是這樣實現的。由此可知，認識對象是由知性概念自己規定、賦予普遍性與必然性的現象。康德稱它為經驗對象，以便與只能思維、不能認識的先驗對象區別開來。康德又把整個自然界規定為「一切可能的經驗的全部對象」。⑭而經驗對象則只是認識的結果，即主客觀相結合形成的認識對象。離開主體的能動作用，可能的經驗對象不會自動地變成現實的經驗對象，因此，認識對象成為可能，實際上是基於「人為自然立法」是可能的。

從這裡我們看到，康德的所謂認識對象，並非經驗論主張的，是

客觀存在的事物；或唯理論宣揚的，是上帝或靈魂；而是在主客體的相互制約和相互依賴的關係中所形成的認識結果，這個觀點不是沒有道理的。客觀事物的存在雖是進行認識的前提，但並不能自動地變成我們的認識對象。人作為認識主體，它和一般動物不同；它和自然界發生關係是有目的和有意識的；離開了人的這個特點，撇開人特有的能動性，客觀事物的存在對於人來說，根本不會出現所謂認識對象這個問題。從實踐論的觀點來說，直接與人的認識活動相關的並不是整個自然界，而是一種「特殊的物質」。馬克思指出，作為認識對象的，並不是直接顯露的全部自然現象，「對象如何對他說來成為他的對象，這取決於對象的性質以及與之相適應的本質力量的性質；因為正是這種關係的規定形成一種特殊的、現實的肯定方式」。⑮意思是說，儘管外部自然界的存在不以人的意志為轉移，但它的一部分要成為認識和改造的對象，則要取決於人的實踐功能和認識水平，取決於主體是否具備了感受和思維它的能力。因此，客觀事物要成為人們現實的認識對象，以及這種認識對象的擴大和發展，都不能離開主體的能動作用。只有估計到自己對認識對象所起的作用時，他才能理解對象；被認識的自然事物，才能成為他的認識對象。

總之，透過「人為自然立法」的提出，康德具體地考察了主體的能動作用，從而深化了人們對主體的認識；同時在此基礎上，他還充分地肯定了認識主體對認識對象的形成所起的巨大作用。因此，人類的認識不是消極地或單純地接受外界的材料，而是積極地和主動地把感性提供的材料與先驗地存在於主體中的知識形式有機結合的過程。這樣，思維和存在同一性問題的解決，就獲得了一個新的基礎；儘管這個基礎是所謂「自我意識」，因而是唯心主義的，但它卻是後來馬

克思主義哲學得到科學解決這一問題不可缺少的重要環節。

註　釋：

① 康德：《純粹理性批判》，商務印書館， 1960 年版，藍譯本第 12
　頁（譯文有改動）。

② 馬克思：《資本論》，《馬克思恩格斯全集》第 23 卷，人民出版社，
　1972 年版，第 428 頁。

③ 康德：《純粹理性批判》，商務印書館， 1960 年版，藍譯本第 12
　頁（譯文有改動）。

④ 同上，第 13 頁。

⑤ 康德：《未來形而上學導論》，商務印書館， 1978 年版，第 92 ～
　93 頁、第 96 頁。

⑥ 同上。

⑦ 同上。

⑧ 康德：《純粹理性批判》，商務印書館， 1960 年版，藍譯本第 130
　頁、第 136 頁。

⑨ 同上。

⑩ 同上，第 103 頁、第 126 頁。

⑪ 同上。

⑫ 同上，第 103 ～ 104 頁、第 125 頁。

⑬ 同上。

⑭ 康德：《未來形而上學導論》，商務印書館， 1978 年版，第 62 頁。

⑮ 馬克思：《1844 年經濟學─哲學手稿》，人民出版社， 1979 年版，第 79 頁。

30 康德論感性、知性和理性

　　經驗主義和理性主義在認識論上陷入困境的原因，除了缺乏主觀能動性原則之外，在認識發展的過程問題上，還缺乏辯證思維的原則。他們一個推崇感覺，認為只有透過經驗才能獲得知識；一個信任理性，宣稱只有理性才具有可靠性。雖然他們堅持和反對的各不相同，但是，把認識過程中的感性和理性孤立和對立起來，則是一樣的。因此，康德在論證了認識主體的能動性原則後，又探討了人類認識的發展過程問題。

　　康德寫道，「我們的一切知識從感官開始，從感官前進到知性，最後以理性結束」。①他根據人類知識的性質和人類的認識能力，把這個過程確定為感性、知性和理性這樣三個既有區別又有聯繫的階段。下面，著重就這三者的聯繫和區別，介紹一下康德關於認識發展過程的理論。

㈠感性和知性的區別和聯繫

　　康德說，我們的知識是從意識的兩個基本源泉發出的，第一是接受觀念的能力（接受印象的能力），第二是藉由這些觀念來認識對象的能力（自動產生概念的能力）。透過第一個源泉，對象被給予我們，透過第二個源泉，對象與那個（所與的）觀念……相關聯繫著被我們思維。②康德稱前者為感性，後者為知性。感性和知性構成人類

知識的兩個根源或兩個方面,也就是說,知識是它們二者的結合。正如他指出的,「只有當它們聯合起來才能得到知識」。③在他看來,感性和知性,無論從本質、來源和作用來說,都各不相同。只有把它們結合起來才能形成知識,這恰好說明它們之間是有差別的。只有搞清了這些原則的區別,才能明白二者結合成為知識的必然性。他認為經驗主義和理性主義在認識論上的片面性之一,就在於混淆了這二者的區別,否認知識是感性和知性聯繫的產物。

在康德看來,感性和知性的差別,首先在於它們的本質不同。他認為感性是接受外物刺激、產生感覺表象的能力,只有在偶然的機緣下,由於外物的作用才能獲得感性認識,因此,它是被動的。知性則不同,它是自發產生概念和思維對象的能力。它利用主體提供的先天範疇對感性的雜多進行整理和綜合,使之獲得規律性,這種主體內部思維感性材料的能力,完全是能動的。言以蔽之,感性是獲得感覺表象的能力,知性是進行判斷、建立規律性的能力。在認識過程中,「兩種能力的功能不能互換」,④各有各的用途。

其次,在認識過程中,它們的任務也不同。康德認為,由於外界事物的刺激,感性把它接受下來,形成感覺質料;然而,僅有外物的刺激是不行的,還需要用感性直觀的先天形式——時間和空間去整理那些來自外界的感覺材料,才能形成感性認識。他指出,在這個階段上得到的這些感性認識,還只是個別的、無條理的和雜多的東西,只是事物表面的認識,無法構成判斷,還不能說是嚴格意義上的認識。因此,感性認識是認識的初級階段,它的任務在於為認識的高一級階段提供材料;也就是說,為了獲得具有普遍性與必然性的認識,必須對這些感性材料進行加工和整理。知性正是利用主體提供的純粹概念

——範疇去思維，即綜合統一感性提供的材料，將它們組織到邏輯形式的概念系統中去，使之具有規律性。而知性所以有此神通，這便是前一章已提及的，完全在於主體的能動性，即人的「自我意識」的綜合統一作用。知性作為一種認識能力的主動性，也主要表現在這種作用上。康德認為，透過「自我意識」的綜合統一作用，知性使用範疇對感性雜多進行規範和聯繫，認識才能形成，知識才能成為可能。因此康德說認為意識的綜合統一性乃是一切知識的客觀的條件。⑤由此可見，康德講的所謂知性認識，實際上講的是理性思維，這是認識過程中比感性認識要高一級的階段。

感性和知性的這些區別充分說明，它們各有優點，也各有短處。由於感性與對象直接發生聯繫，要獲得感性表象，必須依靠這條途徑。知性恰恰缺乏這種長處，無論怎麼發揮它的能動性，巧婦難為無米之炊，缺乏感性材料也加工不出知識來。就是它的那些純粹概念，如果不和感性材料結合，必然沒有客觀實在性。不過，知性比起感性來，它又是能動的，能提供知識的形式，具有普遍性與必然性，感性材料只有經過它的加工和製作才能具有規律性的科學知識，這是因為感性材料雖是知識不可缺少的，但它僅是個別的、零亂的雜多因素，是盲目的東西，不經過知性思維加工，這些感覺成不了真正的知識。康德說得好：思維無內容是空的，直觀無概念是盲的。⑥兩種能力實無優劣之分，⑦不能有所偏愛。總之，感性所擁有的，正好是知性所缺乏的；感性不足的，則是知性所具備的。「如果沒有感性，對象就不會被給予我們，如果沒有知性就不能思維對象」。⑧無論是感性離開知性還是知性離開感性，都不能構成知識。取對方之長，補自己之短，聯合起來，科學知識才得以可能。

從認識過程中的感性和知性階段的本質區別中，康德已經認識到感性是知性的準備階段，知性是在感性基礎上的提高。因此可以說，對感性和知性原則區別的清晰認識，是他提出感性和知性必須聯合的前提。特別可貴的是，康德不僅闡明了感性和知性結合的必要性，而且具體地探討了感性和知性結合的方式和環節。所有這些，都是康德研究認識論的一些積極成果，它在一定程度上克服了理性主義和經驗主義的片面性，指明了探討認識論問題的新方向。在認識過程中，研究這個問題的實質就是要解決怎樣把客觀的東西變成主觀思想的問題。但是，由於他把感性和知性完全對立起來，認為它們二者來源和本性根本不同，把它們的差別絕對化，從而在聯繫方式上，找不到實現感性與知性聯繫和過渡的客觀基礎，因此，所謂感性雜多和知性概念的結合，只能外在地和機械地結合，正像黑格爾諷刺的那樣，「兩者只是外在的、表面的方式下聯合著，就像一根繩子把一塊木頭纏在腿上那樣」。⑨

㈡知性和理性的區別與聯繫

　　從感性和知性的關係中，康德告訴我們：知性認識屬於認識過程中的邏輯思維階段。但康德卻把認識過程分為感性、知性和理性三個階段，要了解這樣劃分的原因得從知性和理性的區別及聯繫說起。

　　理性這個概念，僅在認識論上，就有廣義與狹義之分。在廣義上，它是一切先驗因素的源泉；在狹義上，它不同於知性，指心靈要求超出經驗範圍去發現絕對真理的功能。這裡講的理性，是在後者意義上使用的。這個理性與知性有相同的地方，即它們都是人類自發的思維能力，兩者均有能動作用，都有邏輯方面的和實際方面的運用。

但是深入分析一下，即使知性和理性同屬邏輯思維階段，它們仍然存在著顯著的差別。

在康德看來知性和理性不同，主要表現在前者是規則的能力，後者是原理的能力。所謂知性是規則的能力，就是指知性是一種利用範疇按照一定的規則綜合感性雜多、使之獲得統一性而成為有規則性的知識的功能。知性在發揮和運用這種能力的時候，必須以感性材料為基礎，受經驗範圍的限制；透過範疇綜合感性表象只能達到和保持經驗的統一。由於任何感性經驗都是有條件的、有限制的具體存在，帶有部分性質，因此，知性的統一是相對的和不完整的。理性原理的能力便要超出這個界限。它利用自己產生的絕對先驗的原理，替經驗範圍內的各類科學指出一個遠景，為知性樹立一個目標，把綜合的活動推廣到無條件的東西。但是，知性統一的是感性經驗，只能達到經驗的統一，理性與感性無關，它統一知性，使知性的規則系統化和整體化，從而在思維中實現知性的最高的、無條件的和最完整的統一。

由於知性和理性存在這些原則區別，人類認識不能停留在知性階段，而應該使知性前進到理性階段。康德指出，人類理性有一種一往向前發展的自然傾向，它不滿足於知性獲得的相對的認識，要求把知識歸結為最少的原理，達到知識的最高統一。但是，康德認為理性是作不到這一點的。因為無條件的東西不能在經驗中給予，而且即使有相應的對象提供，缺乏相應的思維工具也是枉然。因此，當理性把知性範疇推廣到經驗範圍之外，去規定無條件的東西時，理性便陷入「二律背反」。「二律背反」，即矛盾的出現，雖與人類理性不可分離，但它是對人類理性的警告，說明超出經驗的範圍去認識「自在之物」是不可能的。不過，理性作為一種最高的綜合能力，可以推動知

性在各自的領域中開展綜合統一活動，不斷擴大知識領域，向著各自不可達到的「理念」前進，以保持最大的統一和成為有根據的最高的和最完整的系統。因此，理性作為知識綜合和知性知識的指導原則，是必要的和有益的。

在這裡，康德透過揭示知性和理性關係，實質上提出了相對真理走向絕對真理以及它們之間的統一問題。知性認識和理性認識作為人的兩種不同的思維狀態，前者具有局部的和不完善的性質，只有後者才能把握本質和整體。這種看法在某種意義上，可以說知性認識相當於經驗自然科學和社會科學，透過經驗獲得的這種知識是相對知識。理性認識則如同哲學思維，它把整個宇宙的普遍規律和共同本質作為思維內容和對象，這種經過理性概括和總結的知識是絕對知識。由此可見，康德沒有滿足於作出知性和理性的區別，按照人類本性要求，他進一步明確提出了人們的認識要由知性階段前進到理性階段。問題只是他把無限的東西與有限的東西絕對化，從而把理性認識看成是在知性之外和知性之上的東西，這樣一來，所謂理性要認識的「理念」就成了與「現象」無關的東西。因此，當認識從知性上升到理性時，雖然它是認識的最高階段，但認識不是接近事物的本質，反而離開了本質，所以，理性並不是把握真理的「工具」。列寧指出，「康德從理智提高到理性，但他降低了思維的作用，否認它有達到完全真理的能力」。⑩

值得重視的是，康德認為從知性上升到理性時，人類認識必然陷入矛盾。他說，這種互相衝突不是任意捏造的，它是建立在人類理性的本性上的，因而是不可避免的，是永遠不能終止的。⑪這是對 17 世紀和 18 世紀形而上學思維方式的有力批判。在認識過程中，形而

上學思維方式的特點之一，就是用一些片面的範疇說明對象時，總是排斥其反面。康德關於二律背反的學說，則極力證明了用非此即彼的方法得到的結論，完全可以用同樣的必然的結論加以否定，可見，用形而上學的方法不能全面把握真理。康德的這個觀點對於德國唯心辯證法的發展起了重要作用，但是，康德又認為理性矛盾不是客觀世界矛盾的反映，而是主觀的，並把矛盾看作是人類理性深入事物本質的障礙，因此理性矛盾的問題是為他的「自在之物」不可知作證明的，這是完全錯誤的。

整體說來，康德關於感性、知性和理性的學說，與他的整個認識論一樣，是為「自在之物」不可知論作論證的。毫無疑問，這個結論是消極的，但是，圍繞著認識過程中上述三者關係的論述，康德提出了認識論研究中必須解決的一系列問題，並在總結和繼承他的前輩認識學說的基礎上，概括當時科學材料和自然科學思維方式的革命成果，透過感性、知性和理性在認識過程中的相互關係的分析，對上述問題進行了細緻的和系統的研究；在解決這些問題的過程中，採取了完全不同於理性主義和經驗主義的嶄新態度，並獲得了前述那些理論成果，其中關於把認識過程劃分為感性、知性和理性三個有機聯繫階段的思想，不僅為德國古典哲學家所繼承和發展，也為馬克思主義哲學的創始人所贊成和肯定。在他們看來，客觀世界的任何一個具體事物都是具有許多規定和關係的統一體，人們在認識過程中，首先透過生動的直觀，認識到具體事物的表面現象，這種認識屬於感性階段。為了把握事物多樣性的統一，即認識到作為全體的、本質的和內部聯繫的東西，必須對它們進行思維加工。然而，首先思維必須對直觀材料加以分析，形成對一類事物孤立的認識，這便是知性階段。在此基

礎上，按照客觀事物本來的內在聯繫，如實地結合起來，使客觀事物的整體再現在頭腦中，這才是理性認識。總之，認識開始於直觀，達到感性的具體，經過抽象，最後達到思維的具體，只有把認識劃分感性、知性和理性三個有機聯繫的階段，才符合人類認識的實際過程。康德對認識過程的探討，對於把辯證法引入認識論是有意義的。

註　釋：

① 　康德：《純粹理性批判》、《十八世紀末～十九世紀初德國哲學》，商務印書館，1960 年版，第 60 頁。
② 　同上，第 29 頁。
③ 　同上。
④ 　同上，第 30 頁。
⑤ 　同上，第 42 頁。
⑥ 　同上，第 29～30 頁。
⑦ 　同上。
⑧ 　同上，第 30 頁。
⑨ 　黑格爾：《哲學史講演錄》第 4 卷，商務印書館，1978 年版，第 271 頁。
⑩ 　列寧：《哲學筆記》，人民出版社，1956 年版，第 156 頁。
⑪ 　康德：《未來形而上學導論》，商務印書館，1978 年版，第 120 頁。

31　費希特「知識學」的基本原理

作為德國古典哲學的奠基人，康德在哲學史上的貢獻是多方面的；前面介紹和論述的，只是認識論上的幾個主要方面。不過，從中可以看到，雖然他最先提出和論述了主體能動性原則，但是，他把這個原則建立在二元論的基礎之上。在德國古典哲學的發展過程中，第一個起來消除康德割裂思維和存在的二元論傾向，並把康德論述的主觀能動性思想加以進一步發展的哲學家是費希特。

費希特（*Johann Gottlieb Fichte*，西元 *1762 ～ 1814* 年）出身於一個貧苦的手工業者家庭，童年時代因家中經濟困難，不得不在苦難中掙扎，像海涅說的，是貧困之神把他搖大成人。九歲那年，因一個偶然的機會得到一個財主的資助才得以上學讀書，後來資助雖然因地主死去而中斷，但他還是讀完了大學。畢業後，他從事家庭教師數年。接著，他到哥尼斯堡拜訪康德，在康德的影響和幫助下從事哲學研究，並因闡述康德哲學一舉成名。*1794* 年費希特擔任耶拿大學教授，開始批判康德哲學和建立自己的主觀唯心主義體系。*1799* 年，由於他的激進的資產階級自由思想和支持學生運動，終於因無神論的罪名被逐出耶拿大學。做了幾年家庭教師後，他於 *1805* 年擔任柏林大學教授，並被選為校長。在 *1807* 年到 *1808* 年，他曾積極參加了德國人民反對拿破崙統治的民族解放運動，發表了許多爭取民族獨立解放的講演。*1814* 年，他的妻子在醫院看護傷員得了傳染病，他也

因此染病身亡。

在哲學上，費希特是直接從康德哲學出發的。他把他的哲學命名為「知識學」，即可以看出他與康德之間的這種關係。費希特和康德一樣，認為知識開始於經驗，知識都是經驗的知識，是關於對象的、與對象符合的可靠的知識；哲學的基本任務就在於指出經驗的根據，並透過經驗的根據來說明經驗，從而為人類全部知識奠定不可動搖的基礎。

那麼，經驗的根據是什麼？在費希特看來，經驗是物和自我的不可分割的結合，因此，在尋找經驗的根據時，有兩條路可走：一是以物為第一性的原則，從物引申出自我和經驗，或者以自我為第一性的原則，從自我引申出物和經驗。前者是唯物主義的道路，後者是唯心主義的道路；在說明經驗和知識方面，只有這兩種哲學才是唯一具有一貫性的，因而是可能的哲學體系。他指出，在這個問題上，康德一方面從自我意識的先驗統一出發，另一方面又承認「物自體」是客觀實在的基礎，把兩種對立的原則結合在一起來說明經驗和知識，結果陷入自我矛盾和混亂的境地。費希特認為，造成這種分裂的關鍵，是康德肯定了「物自體」的存在。他問道，既然康德認為人的認識只能在經驗之內，那麼，憑什麼還要確認這個在經驗之外的「物自體」呢？因此他說，「物自體」是一個贅物和純粹的虛構，並把康德哲學稱為「半批判唯心主義」，意思是說康德是一個不徹底的人。他還指出，這種折衷主義的哲學不能說明經驗的根據。

雖然費希特抽象地承認了唯物主義與唯心主義一樣，都是徹底的哲學，但在實際上，他認為由於唯物主義無論在理論上還是在實踐上，都存在不可克服的困難，因此，唯物主義不能從「物自體」引申

出一個認識的「自我」，即不能說明從物質到意識的轉化；從實踐上說，唯物主義不可避免地導致宿命論，從而否定了自由。因此，在費希特看來，把唯物主義合邏輯地和無矛盾地貫徹到底是根本不可能的。在這裡，費希特把唯物主義與機械論和宿命論混為一談，也就是說，他在否定機械論和宿命論的同時，把一般唯物主義也一起予以否定了。

在否定唯物論用在經驗之外的物來說明經驗之後，就剩下唯心主義一條道路了。為此，他改造康德關於「自我」的學說；認為康德僅僅承認「自我」在把感性材料轉化為科學知識方面，即理智概念方面的能動性是不夠的。他指出，「自我」更根本的一種能動性是自己產生自己，自己建立自己，自己發展自己的能動性，而認識或知識的發生正是依賴於「自我」的這種能動作用。因此，他又指出，唯心主義和唯物主義比較，它有一種優越性，即主張「自我」是能動的和自由的，它不需要別的根據，它自己就是自己的根據。因為「自我」作為自由的實體，它不需要任何別的根據；它作為能動的實體，它還可以作一切經驗的根據。由此可見，這個能動的「自我」，它的本質就是行動。在行動中，「自我」創造對象，以自己的形象為模型陶鑄對象，即依據精神的目的去創造和改造對象。所以，「自我」在行動中便能超出對象，達到真正的自由、自主，並在行動中打破「自我」與「非我」，即思維與存在的鴻溝，達到思維與存在的統一。因此，費希特斷言，只有以「自我」的這種能動性為出發點的哲學才能不僅引申出康德所列舉的範疇系統，即知識的形式，而且應當從它引申出知識的內容。總之，只有它才能闡明經驗或知識的根據。要指出的是，這種活動並不是指現實的人類在改造自然界的同時也改造自己的那種

物質的、感性的實踐活動，而是在現實物質世界之外，沒有現實物質基礎的「自我意識」的純粹抽象的思維活動。因此，馬克思和恩格斯在《神聖家族》中指出，費希特的「自我」不是現實的人類精神的科學抽象，而是「形而上學」改了裝的脫離自然的精神。

從上面的論述中可以看到，費希特在確立經驗根據的過程中，透過對以調和唯物論和唯心論為基本特徵的康德哲學的批判，使他認識到，在認識論的研究中，只能有唯物論和唯心論這兩個基本派別才是站得住腳的；這兩個基本派別是從根本上彼此推翻、互相排斥的；在這兩個派別之間採取折衷主義、調和主義就不可能對思維與存在的相互關係作出一貫的說明；因此，認識論的研究必須首先解決思維與存在在誰是第一性的問題。在這個問題上，即哲學基本問題第一方面，費希特是十分自覺的。儘管他站在唯心主義立場上來看待這個問題，但他對調和唯物論和唯心論這種不徹底的哲學傾向的批判，以及他為哲學一元論立場的辯護，對於德國古典哲學自覺地和鮮明地堅持反對哲學中調和派，並在一元論的基礎上，首先是為唯心主義一元論的迅速發展開闢了道路。

費希特從「自我」出發，認為在「自我」之外再也沒有其他任何東西存在。因此，它的活動不受任何外物的限制或規定，但它的活動並不因此是一種任意的活動，而是有它自身所規定的規律的。「自我」活動的基本規律或基本原理不是由一個簡單的判斷所能揭示出來的，而是由「正題、反題、合題」三條基本命題所構成的統一原理，而其他的哲學原理和內容都是由這個統一的基本原理推演出來的。

第一命題，即正題是：「自我設定自身」。所謂「自我設定自身」，是說「自我」的建立是基於「自我」的反省，是「自我」認識

它自身而建立了它自身。這是因為在認識之前，首先要設定一個知覺者存在，這就是絕對的自我。所謂「絕對的」是指在這裡還沒有與「自我」相對的東西；絕對的自我透過「理智的直觀」去察知有這個主體的「自我」存在，即設定了「自我」。費希特就是這樣設定了意識的最後根據；這個根據不是從前提中推論出來的結論，而是自我對自己的設立。這樣設定的「自我」是不依賴於他物而獨立存在的東西，是一切知識的絕對在先的無條件的根據。它的本質就是自己產生自己、建立自己、肯定自己的活動，它是「自因」的。

費希特指出，認識「自我」與認識事物是不同的。「自我」是自明的，它是最後的根據。一切事物都以「自我」為根據，而「自我」用不著再找出它的根據。由此可見，費希特的「自我」與笛卡兒的「自我」是一樣的，都是推論的起點，是一切事物的根據。在這裡，費希特把「自我意識」這種第二性的東西說成是本源的東西，說成是不依賴於外部世界而獨立自存的東西，這顯然是主觀唯心論，透過這一條原理，費希特否定了任何「自我」以外的客觀實在。不過，費希特為了掩蓋他的主觀唯心論的實質，又說他的「自我」並非指個人的經驗的「自我」，而是指人人共有的普遍純粹的「自我」。然而，既然他把「自我」這種精神性的實體看成是最終的實體，那麼，不論這個「自我」是個人的還是共有的，無論是經驗的還是純粹的，主觀唯心論的實質並不因此而有所改變。

在第一原理中，雖然有了「自我」，但是還沒有意識、沒有認識、沒有感覺，因為意識、認識和感覺都必須要有對象，即必須要有規定、有限制和有間接性。因此，要有認識、經驗或知識，就必須從「自我」中分裂出對「自我」的限制，即產生出「自我」的對立面

來。

　　第二原理，即反題是：「自我設定非我」。費希特認為，設定自我之後，如果沒有它自己的對立面，一個區別於它自己的「非我」，即客觀世界存在，「自我」也不能得到理解和說明。他說，純粹的自我只能從反面加以設想，只能被想像為非我的對立面。①例如，沒有「你」，我便永遠不會意識到「我」。因此，有「自我」便必須要有「非我」；甚至可以說，沒有「非我」便不能設想「自我」。這是因為就現實方面來說，「自我」已經足夠了，但就理想性方面說，「自我」還是不夠的。這就是說，「自我」的存在不需要任何別的根據，它自己就是自己的根據；這樣，它就是自足的。但是在這種狀態下的「自我」還沒有意識，沒有感覺和認識；因為一般認識都離不開經驗的對象，而這時的「自我」是沒有規定性的，沒有限制的，不能成為一般的認識對象。所以，它要設定一個「非我」來和它對立，透過這種對立面的鬥爭，才能產生感覺、思維、判斷和推理，產生對「自我」本身的認識，因此，光有第一條原理是不夠的，還需要有第二條原理。一言以蔽之，「自我」進入了經驗世界，成了有限制的、受因果規律支配的實在的東西，只有在這個條件下，才能產生通常的意識，產生經驗的知識，即「自我」透過「非我」的設定才認識了自己。所以，「自我」是現實的根據，而「非我」是理想的根據。這表明了「自我」對「非我」的依賴。然而，當「非我」被「自我」建立起來以後，證明了「自我」不僅是自身的原因，而且還是創造世界的本源：人們周圍的客觀世界都是「自我」創造的，這又說明，「非我」是依賴「自我」的，正因為這個緣故，費希特才把它稱為「非我」。「自我」產生「非我」，思維產生存在，這就是費希特主觀唯

心論的基本思想。

這樣，費希特既承認了「自我」依賴於「非我」，又承認了「非我」依賴於「自我」。這是一個矛盾，費希特承認這一點，實際上說明費希特的主觀唯心論在理論上是站不住腳的。不過在這裡，又表現出他的辯證法思想。他在提出「正題」和「反題」這兩條基本原理時，確立了「自我」與「非我」這兩個對立面的相互依賴和相互聯繫的關係。他認為由此得出的這兩個相互對立的結論都是正確的，矛盾是必然的，而且是可以得到解決的。因此，在唯心主義基礎上，費希特為了解決思維與存在、主體和客體的關係問題，在取消康德「物自體」之後，又力圖在主觀意識的範圍內重建主體和客體，即「自我」與「非我」的區別與對立；在這兩者之間不像康德那樣處於僵死的對立之中，而是彼此限制和相互排斥，正是因為這個原因，從此原理中才可能產生第三原理。

第三原理，即「合題」是：「自我設定自身和非我」。所謂「合題」是指「自我」與「非我」的統一。在這裡，思維與存在的對立是「自我」本身所產生的對立，這種對立是在「自我」範圍內的對立；它們的對立不是僵死的，而是在「自我」範圍內的對立面的相互依賴、相互制約和相互限制。在這種關係中，「自我」克服、揚棄了自己的對立面，「非我」便回復到自己，在「自我」之內達到「自我」和「非我」的同一。在他看來，「自我」和「非我」的區別猶如光明和黑暗一樣，不是絕對對立的，它們只是在程度上有所區別而已。在「自我」中有「非我」，在「非我」中有「自我」。費希特就是這樣在「自我」的圈子裡設置了「自我」與「非我」的對立，並透過「自我」與「非我」的矛盾和鬥爭，實現了「自我」與「非我」即主體與

客體、思維與存在的同一。

可見，這三個原理作為一個哲學體系，已經不像康德哲學那樣，由各種範疇的靜止搭配構成，而是一種能動的、有機聯繫的發展過程，從而否定了康德把思維與存在看作是絕對對立的形而上學觀點，論證了思維與存在的同一性，當然，這是一種主觀唯心論的思維與存在的同一性。

從形式上看，費希特從「自我」出發，在克服康德哲學體系內部矛盾的同時，回復到了巴克萊主觀唯心論的路線。但是，從哲學發展所取得的成就來說，卻不僅大大超過巴克萊，也把康德哲學向前推進了一步，這主要表現在費希特的上述三條原理中包含了具有重要意義的辯證法因素。

一、費希特認為，由於「自我」集知識、情感、意志於一身，它是自由的，這就有可能設立一個「非我」來與自己對立。因此，「自我」與「非我」的對立是必然的和不可避免的。對於這種對立和矛盾，不但不應該像康德那樣採取溫情態度，相反地，他把矛盾看作是整個世界以及自我本身得以存在和發展的根據，是思維和認識最本質的東西。

二、對於他提出的「正題──反題──合題」這個公式，雖然在形式上他把「同一性」放在首位，然而它的實質卻在於強調指出對立的統一。因此，這實際上提出了唯心辯證法以揭露矛盾和解決矛盾為內容的發展公式，從而把辯證發展的思想提出來了。

三、尤其值得重視的是，他抽象地發展了為早期資產階級哲學家所忽視了的人類活動的能動性方面，猜測到了理論活動和實踐活動、人和自然的辯證關係以及勞動、實踐在認識中的能動作用。所有這些

都在哲學發展史上，特別是對於德國古典哲學的發展，都起了重大的推動作用。

註　釋：

① 費希特：《論學者的使命》，商務印書館， 1984 年版，第 8 頁。

32 謝林的「同一哲學」

　　把康德和費希特的主觀唯心論轉變為黑格爾的客觀唯心論的中間環節，並把前者的主觀辯證法推廣到自然和社會歷史領域，從而為後者哲學體系的建立準備條件的哲學家是謝林。

　　謝林（*Friedrich Wilhelm Joseph Schelling*，西元 1775 ～ 1854 年），是一個鄉村牧師的兒子，1790 年進入杜賓根大學神學院學習，和黑格爾是同窗好友。當法國革命者攻下巴士底獄時，他們一塊植自由樹以示慶祝；他還把〈馬賽曲〉譯成德語，使它在德國流傳開來。大學畢業後，他當了幾年家庭教師。在 1978 年到 1806 年間，他先後在耶拿大學和維爾茨堡大學擔任教授，在這個時期裡，他主辦過〈哲學評論〉等刊物，撰寫了他生平最重要的著作，成為他取得學術成就的黃金時期。1806 年到 1820 年間，他擔任慕尼黑美術學院的秘書長；離開這裡以後一直到 1854 年，他先後在愛爾朗根和柏林大學任教；不過，這個時期他不像早期那樣充滿了「真誠的青春思想」，無論政治上還是哲學上，都逐漸墮落下去，最後默默無聞地從人間消失了。

　　謝林的早期哲學活動，與康德和費希特一樣，都是以研究主體和客體的統一為目標的；表現在認識論上，則是尋找科學知識何以可能的根據。謝林認為，把全部知識加以概括，不外兩個方面：一是客觀的，謝林把知識中一切客觀的總和稱為自然，而自然被認為是離開我

們獨立存在的；二是主觀的，謝林把知識中一切主觀的總和稱為自我
或理智，其表象和表象作用是依賴主體的東西。

在知識中，客觀和主觀兩者是什麼關係？謝林在考察它們之間的
關係時，認為這種關係表現在兩個方面：在認識活動中，外部的事物
向我們主觀轉化，客觀事物變成我們的表象。在這種情況下，觀念來
源於物，客觀方面決定主觀方面，並且與物絕對一致符合，謝林把這
種關係稱為從客觀世界、物向主觀世界、觀念的轉化。他認為，如果
沒有客觀有事物向主觀表象的轉化，客觀和主觀不符合，就沒有知識
的真理性，這樣得到的理論就失去了確實性。由此，他確立了哲學的
第一個任務，就是要解決主觀表象何以能與客觀對象一致符合。在實
踐活動中，我們自由地產生的觀念能夠轉化到現實世界中去，獲得客
觀實在性。例如建造房屋，是建造這種房子還是那種房子，這是主體
自由地產生的表象，如果還處在設計構思階段，它只是觀念，當它一
旦被建造成為現實的房屋時，它作為對象便獲得了客觀現實性。在這
種情況下，是主體決定客體，物為觀念所決定，客觀的東西必須依照
主觀表象而變化。這是從主觀世界向客觀世界、從觀念向物的轉化。
謝林認為，如果否認這種轉化，客觀的東西不與主觀的表象完全地、
絕對地一致符合，那就沒有意志的真實性，實踐活動便不能想像。由
此，他又確立了哲學的第二個任務，就是要解釋客觀的東西何以能夠
達到和主觀的東西符合。

這兩個一致符合的解決，目的在於回答主體和客體、思維和存在
的統一問題。主體是有意識的觀念的東西，客體是無意識的實體的東
西。謝林在提出哲學的上述任務時，把主體與客體、思維與存在的統
一分別宣稱是從認識和實踐兩個方面實現的，即在認識中是主體觀念

要依照客體對象而變化，在實踐中是客體對象依照主體觀念而變化。不過，謝林還認為，要解決主體與客體的統一，僅僅知道並停留在這個雙重轉化的認識上還是不夠的，哲學的主要任務還在於解決這個雙重符合、雙重轉化所以可能的根據。或者說，要找到一個最高的原則，以它作為出發點，用以說明這種雙重轉化和一致符合，這就是哲學的基本任務或哲學的基本問題。在這裡，謝林既不像 18 世紀法國哲學家那樣，把主體歸結為客體；也不像費希特那樣，將客體歸結為主體；而是像康德那樣，既承認一個不依賴主體的實在客體，又承認一個觀念的主體，以此解決康德的主體和客體不能統一的問題。他認為，這個統一既不能統一於主體，也不能統一於客體，而是要統一在一個新的基礎之上。問題在於，這個基礎或根據是什麼？

在回答這個問題時，謝林排除了費希特運用「自我」作為根據的可能性。在他看來，費希特的「自我」，既然是一個和「非我」相互對立、相互限制的東西，那麼，它就不可能是絕對的、無條件的。因此，用「自我」作為出發點不能保證知識的真理性，因為知識必須以客觀世界的獨立存在為前提，只有和事物本身一致的知識才是客觀的，它的必然性才有根據；同時，以「自我」為出發點也不能說明意志的實在性，因為「自我」實踐目的實現，要以自然界跟「自我」之間的內在的同一性為保證。如果自然界是一種異己的東西，自我的活動性就失去了必然性的根據和保證。在這個問題上，他也反對像康德那樣，同時以「自我」和「非自我」兩者作為根據，他認為這也是不可能的，因為這種二元論的前提，本身就在表象和對象是間，即思維和存在之間劃下了一道不可踰越的鴻溝，照此辦法，那就完全不能說明表象即主觀和對象或客觀之間的雙重變化、轉化和完全一致符合。

謝林認為，這個根據就是存在於一切有條件的、相對的主體和客體是上、並衍生這一切有條件的、相對的主體和客體的「絕對」。所謂「絕對」，是指主體和客體的「絕對同一」。他說，這種更高的東西本身既不能是主體，也不能是客體，更不能同時是這兩者，而只能是絕對的同一性。①要理解這個「絕對同一性」，首先必須注意，它不是某物質與精神之間的中性的東西，而是一種非人的不自覺的精神力量和衍生萬物的精神實體。用謝林的話說，就是萬物依照它而存在並存在於它之中的「絕對理性」或「宇宙精神」。其次，在這個「絕對理性」中，主體和客體、思維和存在都溶合為一，沒有差別，如謝林所云，「絕對同一」既不是主體，也不是客體，而是主體和客體的絕對無差別，就是因為這個原因，謝林把他的這種哲學稱為「同一哲學」。

謝林指出，作為哲學出發點的「絕對同一」，在其中主體和客體雖然沒有差別，但是，它是一種精神力量，具有潛意識的欲望，要求認識它自己。它把這種自覺的精神力量稱之為「原始衝動」，正是由於這種欲望和認識自己的活動，便超出了「無差別的同一性」範圍，使自己和自己區別開來，結果產生了主體和客體、思維和存在的差別和矛盾，出現了自然和精神這兩個對立面，從而開始了自然和精神的矛盾發展史。在這個過程中，「絕對同一性」隱藏在背後，衍生和主宰世界萬物。謝林認為，宇宙中的一切自然現象和精神現象都是同一「絕對」超出「無差別的同一」範圍之後的產物，從潛意識的狀態達到自我意識狀態的途程中所採取無限多樣的形式，因而也都同樣地保持了「主體——客體」這種同一性，它們都是一個具有這種二重性的統一體。他指出，自然是可見的精神，精神是不可見的自然。宇宙間

沒有什麼東西是絕對純粹的主觀的東西或是絕對純粹客觀的東西。萬事萬物彼此不同，全看在它們裡面是主觀性還是客觀性占優勢，以及它們各占優勢的程度如何。在自然界裡是客觀性占優勢，在精神裡是主觀性占優勢，這樣，自然和精神就成了同一個「絕對」從不自覺到自覺、從潛意識狀態到自我意識狀態發展長途中的兩個不同階段。這個「絕對同一」的發展過程，也就是主體和客體、思維和存在實現統一的過程。

謝林的「同一哲學」就是「絕對同一」發展過程的表現。其中，他把關於物質的自然界的學說叫做「自然哲學」，把關於思維的精神的學說叫做「先驗哲學」。前者以自然界為對象，其任務是從自然追溯精神，即從潛意識的自然引申出一個有意識的理智來，從而表明自然界和我們身內的理智原來是同一個東西。後者則以人類精神生活（社會歷史）為對象，其任務是從理智或自我追溯自然界，即從精神引申潛意識的自然物來，從而證明理智和自然是同一個東西。在謝林看來，無論是自然哲學還是先驗哲學，都是以「絕對同一」為基礎的，都是為了解決自然和精神的同一。

在「自然哲學」中，謝林以當時的自然科學為基礎，用思辨方法描繪了一幅自然界發展的圖畫。在這幅圖畫上，自然界不是一成不變的，由於其內部兩種力量的矛盾，因此，它的發展就是這種矛盾不斷產生、不斷解決的過程。具體說來，這個過程經歷了質料、無機物和有機物三個主要階段。自然界在各個階段上，都有自己獨特的性質和形態，但是，它們又是相互聯繫的，從低級階段發展到高級階段，高級階段包含低級階段，卻不等於低級階段。謝林在對自然現象的論述中，力圖把當時發展起來的自然科學成就在「絕對同一」的思想指導

下，概括為一個統一原則，用以解釋一切自然現象和過程。這就是：他把「絕對同一」這種潛意識的精神力量看作是產生一切自然現象和使它們保持統一的或同一的「原始動力」。他把「絕對同一」由於潛意識的活動超出「無差別的同一」範圍而產生的自我區別，即主體與客體看作是兩種對立的力：主體是肯定的力量，客體是否定的力量；這種對立的力量就是產生千差萬別的自然現象的原則，正是透過這種對立力量的鬥爭和同一把自然界聯繫成為一個從低級階段到高級階段發展的鏈條。例如，在單純的物質中是斥力和引力的對立同一；在物理、化學現象中是陰電和陽電、南極和北極、酸和鹼基等對立的同一；在有機生命中是感受性和感受刺激性的對立同一；在人的意識中則是主觀性和客觀性的對立統一。總之，這種對立的原則貫穿於整個自然界和一切自然現象中，因而使自然界及其發展過程有了一種內在的普遍聯繫。由此他指出，自然學說的第一原理就是要在自然界中發現這些對立性。實際上，他這裡所說的對立性就是費希特所說的「正題」和「反題」。不過他認為，它們兩者的「合題」不能像費希特那樣在「自我意識」中去尋找，而要在自然界中去找。由此他斷言，自然界中較高級的、較複雜的和較多差別的創造物就是那些較低級的創造物的「合題」或綜合。同時，在這種較高級的創造物裡，又以新的對抗性形式產生出新的差別，然後再以新的形式產生更高級的創造物——「合題」。這樣，費希特「自我」的發展公式——正題、反題、合題，在謝林這裡就成了自然界潛意識的精神的發展公式——同一、差別、對立、矛盾——同一。根據這個思想，他還認為，由於自然界的一切都是由對立力量而聯繫和發展的，因此自然界中的一切，沒有什麼是死的和絕對靜止的，就是這個原因，自然界便成為一個相互聯

繫的整體。儘管謝林從「同一」開始，以「同一」結束，他的矛盾學說具有最終調和的性質；但是在德國古典哲學的發展過程中，他是把自然界的辯證統一的思想引入哲學和自然科學的第一個人，這在哲學和科學的歷史發展中，是起了積極作用的。

不過，由於謝林把物質自然界歪曲為「絕對」精神的潛意識活動的產物，這就使他不能不對自然事物作出許多荒謬的論斷。例如，他把自然界所固有的質說成是潛意識的「絕對」精神的感覺；把一切物體說成是潛意識的「絕對」精神的自我表現；把自然界的所有物體都說成是「絕對」精神的自我反映的不成功的嘗試；把整個自然界說成是「不成熟的理智」；把作為自然界發展最高產物的人類理性說成是潛意識的「絕對」精神所達到的「自我意識」。這樣一來，物質自然界的歷史就被他說成是潛意識的精神的歷史。這種自然學說隨著自然科學的發展，特別是在辯證唯物主義自然科學產生以後，它便失去了存在的理由。

註 釋：

① 謝林：《先驗唯心論體系》，商務印書館，1977 年版，第 250 頁。

33 黑格爾的哲學體系和方法的矛盾

　　從康德開始的德國古典唯心主義，它的最後完成者和最大代表是黑格爾。一方面，黑格爾繼承了康德、費希特和謝林等人從思維引出存在的唯心主義原則，使德國古典唯心主義發展到了它的盡頭；另一方面，他又把他們哲學中的辯證法因素加以系統化，使辯證法發展到他的前人所未曾達到的高度，並把辯證法和唯心主義有機地結合起來，論證了思維和存在的統一。

　　黑格爾（*Georg Wilhelm Friedrich Hegel*，西元 *1770* ～ *1831*年）生於德國南部斯圖加特一個顯要的官僚家庭。*1788* 年，他進入杜賓根大學，這時正是法國大革命時期，當法國革命勝利的消息傳來後，他欣喜若狂，儘管後來他對法國人民在革命中的恐怖行動感到害怕，但他對法國革命的信念始終未變。*1793* 年到 *1800* 年，黑格爾一邊當家庭教師，一邊繼續研究哲學、歷史等理論問題。他還十分注意自然科學發展的新成就，在把握自然科學發展總趨勢的基礎上，自覺地對它們進行哲學概括。*1800* 年來到耶拿大學擔任講師，這時，他的哲學思想逐漸成熟，開始獨立地創建他自己的哲學體系，體現其哲學體系總精神的《精神現象學》就是這個時期完成的。*1807* 年在班堡當了一年地方報紙的編輯後，於 *1808* 年到紐倫堡擔任中學校長，在這裡，他撰寫了《邏輯學》，這是一部辯證法的巨著，它以抽象的理論反映了德國資本主義代替封建制度的歷史必然性。從 *1816* 年開

始，黑格爾主持柏林大學的哲學講座，直到 *1831* 年去世。在這期間，他用全部精力來闡發自己哲學體系的各個組成部分，使其哲學在德國相當長的歷史時期內占據著絕對的統治地位。

黑格爾是直接從康德、費希特和謝林等人的基本觀點出發的。不過，他是以更徹底的唯心主義來克服他們哲學中的唯物主義因素和唯心主義的不徹底性；同時，他把他們哲學中的辯證法因素加以發展，力圖辯證地解決他們提出而在黑格爾看來還沒有得到解決的各種哲學問題，主要是思維與存在的統一問題。

黑格爾哲學的基本概念，是他把謝林的非理性的「絕對同一」改造成為邏輯的「絕對精神」；當他確定以「絕對精神」作為他的哲學出發點後，他的哲學研究對象就是「絕對精神」自己發展的歷史，而他的哲學的基本任務，則在於揭示「絕對精神」的發展階段及其內在的必然聯繫。因此，與「絕對精神」經過邏輯、自然和精神三個發展階段相適應，黑格爾把他的哲學體系分為邏輯學、自然哲學和精神哲學三個組成部分。

在他看來，邏輯學所研究的是「絕對精神」還沒有體現為自然界和人類社會以前的、絲毫沒有物質的、超感性的所謂「純粹概念」運動的規律和法則；在這裡，他把邏輯學所闡述的概念、範疇的體系確定為自然界和人類社會的先天性根據，這是黑格爾唯心主義的基本表現，並且還具有神秘主義的色彩。但是，黑格爾提出的任務是要從思維本身的內在活動去研究概念的自己運動和自己發展。由於他是一位淵博的學者，熟悉當時各門科學成就，因此，他在對概念辯證運動本性的研究中，力圖從矛盾發展的辯證法來描述範疇和概念的運動。具體說來，純粹概念的發展是一個從低級到高級、由簡單到複雜、由貧

乏到豐富、由片面到全面的辯證發展過程。其中最大的三個階段是「存在」、「本質」和「概念」。黑格爾在對它們的研究中,「常常在思辨的敍述中作出把握住事物本身的、真實的敍述」。①也就是說,邏輯學充分反映了他對於事物和認識的辯證運動的合理猜測,是黑格爾唯心辯證法的精髓所在。

對於自然界,黑格爾認為,它是理念的外化。這個命題表現了他的唯心主義立場。不過他又認為,這種外化好像是一種「墮落」,「絕對精神」不能長期處在這種「異己」的環境中,而必須從這種外在性中超脫出來,最後還要回到精神。因此,黑格爾自然哲學的任務是要指出自然界是精神的生成過程,是精神揚棄其異在的過程。當精神一旦完全超脫出來之後,自然界也就成了被精神所遺棄的一具「僵屍」。在這裡,他否認自然界本身有發展變化的能力,把自然界本身看作是不變的、孤立而無聯繫的。但是,他又認為,在自然界作為理念的異在這個範圍內,它仍然存在著矛盾;其中一個根本矛盾是必然性和偶然性、規律性和無規律性的矛盾。在研究中,他強調了正確處理這種矛盾的必要性,並且指出,一方面要反對盲目地把自然界的偶然性當作所謂「自由」來加以讚揚,而不去研究透過偶然性表現出來的必然性;另一方面還要反對把必然性降低為偶然性,因而對偶然的事物進行所謂「演繹」和「證明」,而不把自然界作為有機整體的方面來理解其「必然性」。因此,黑格爾認為在自然的研究中,單憑經驗觀察是不夠的,還必須把對自然的思維考察,即辯證的思維方式引入自然界的研究中去。這個思想的提出對於摧毀當時自然科學中占統治地位的形而上學思維方式具有重要意義。

黑格爾指出,在邏輯階段上,「絕對精神」體現為「純粹概

念」，具有內在性即抽象性這個片面性；在自然階段上，它體現為自然界，具有外在性即物質性這個片面性；只有在精神階段上，由於它體現為人類社會歷史，邏輯階段和自然階段的片面性終於得到克服；精神哲學就是對於「絕對精神」在這個發展階段上的描述。在這裡，他把「絕對精神」在精神階段的發展分為主觀精神、客觀精神和絕對精神三個階段。主觀精神描述個人意識的成長及其特徵；客觀精神研究人類社會生活和人類歷史的各個領域；絕對精神消除了主觀精神和客觀精神的對立，又把它們二者的差別包容於自身之中，因而它是主觀和客觀的具體統一。到此，「絕對精神」實現了自己對自己的認識，實現了主體和客體的絕對同一。其中值得注意的是，在對客觀精神的論述中，黑格爾斷言「絕對精神」經過漫長的歷史發展過程，最後終於在普魯士得到了最完滿的體現；因此，他把普魯士國家看作是人類歷史發展的頂峰。而在絕對精神部分，他又宣稱「絕對精神」透過他的哲學最終認識了自己；因此，黑格爾把他的哲學看作是「絕對精神」的最後完成和最終體現，是絕對真理。到此，人類社會和人類認識就不再發展了，這就表明，黑格爾的哲學體系最後是以形而上學結束的。

不過，在黑格爾這個唯心主義體系中，包含著一個極為有價值的東西，即辯證法思想。黑格爾哲學作為一個有機整體來說，它的突出表現和特徵就是它的革命的方法和保守的體系之間的矛盾。正確說明和理解這個矛盾，對於我們認識黑格爾哲學和吸取哲學史的經驗教訓都是十分重要的。

要指出的是，與黑格爾哲學體系相矛盾的，並不是和他的唯心主義體系結合而成為一個整體的全部辯證法，而是指他的辯證法中的

「合理內核」。因為黑格爾的辯證法就他本人所歪曲了的那種形式而言，是用來為他的唯心主義體系作論證的，是不徹底的。那麼，黑格爾的辯證法中的「合理內核」主要有哪些？

一、關於自然、人類社會和人類思維的辯證發展的觀點的提出。正像恩格斯指出的，「黑格爾第一次——這是他的巨大功績——把整個自然的、歷史的和精神的世界描寫為一個過程，即把它描寫為處在不斷的運動、變化、轉變和發展中，並企圖揭示這種運動和發展的內在聯繫」。②又說，「辯證的思維方式以及關於自然的、歷史的和精神的世界在產生和消失的不斷過程中無止境地運動著和轉變的觀念，……這就是黑格爾哲學留給他的繼承者的遺產」。③

二、他還對辯證發展觀念的具體內容和一般運動形式作了科學的概括和詳細的闡述。辯證發展的一般觀念，古代哲學就有了，但是它是樸素和籠統的，不能解釋事物和宇宙的發展，因而後來便被形而上學所代替了。黑格爾的功績在於，他圍繞著辯證發展的觀念，論述了關於矛盾是發展的內在源泉的思想，關於發展是由量變到質變和由質變到量變轉化的思想，關於發展的形式是否定之否定的思想，以及一系列辯證法的範疇；而所有這些都不是無聯繫地提出來的，而是被歸納為一個根本原則，即對立統一原則，把它們從這個原則中引申出來，並加以詳細地論證，從而使辯證法發展觀念成為完全的理論體系。

三、他還論證了辯證法是人類全部認識所固有的，因而辯證法的規律也就是認識的規律，而辯證法也就是認識論。從這一點出發，黑格爾深刻地批判了形而上學的思維方式。關於這一點，恩格斯指出，「黑格爾哲學……的真實意義和革命性質，正是在於它永遠結束了以

為人的思維和行動的一切結果具有最終性質的看法。哲學所應當認識的真理，在黑格爾看來，不再是一堆現成的、一經發現就只要熟讀死記的教條了；現在，真理是包含在認識過程本身中，包含在科學的長期的歷史發展中」④恩格斯又說，「這種辯證哲學推翻了一切關於最終的絕對真理和與之相應的人類絕對狀態的想法」。⑤

然而，前面講過，黑格爾的辯證法是唯心主義的，辯證法在他那裡是用來論證他的唯心主義體系的，因而就不可避免地要出現，為了迎合他的體系的需要，本身革命的方法不得不背叛自己。這主要表現在：

一、辯證法的本質在於承認辯證發展的普遍性，即在自然界、社會歷史和精神生活中都存在辯證發展。但是，黑格爾的唯心主義體系卻使他把辯證發展限制在精神、概念的領域內；他沿襲傳統的形而上學觀點，把惰性看作是物質的本性，根本否認物質有辯證發展的能力，從而根本否認了物質自然界有辯證發展。

二、辯證法的本質還在於承認辯證發展是沒有止境的。但是，黑格爾為了建立絕對真理的哲學體系，他在斷言真理是發展過程的同時，又不得不主張發展過程有一個終點，以便在這個終點上結束他的體系。因此，在社會歷史和人類認識領域內，斷言普魯士君主立憲制度是歷史發展的頂峰，他自己的哲學是真理發展的頂峰。

三、辯證法的本質在於承認對立面的鬥爭是絕對的，對立面的同一是相對的，這是因為運動、發展是絕對的。但是，黑格爾為了結束發展以建立體系，使他不得不把對立面的鬥爭看成是相對的，而對立面的同一則是絕對的，以便最終調和矛盾，使絕對精神最終實現其真實的形態——思維與存在、主體和客體的「絕對同一」。

由此可知，黑格爾的唯心主義體系把他所制定的辯證法中的「合理內核」——辯證思維的基本規律都歪曲了，從而將辯證法的批判的、革命的本質都悶死了。這就說明，黑格爾哲學體系的內在矛盾存在於他的辯證法中的「合理內核」和保守的唯心主義體系之間。對於這種矛盾的分析，使我們認識到，黑格爾的方法就其現存的形式而言，不僅是唯心的。而且最終陷入了形而上學的泥坑。正因為如此，所以恩格斯指出，黑格爾的方法在它現存的形式上是完全不適用的，因此，要使它獲得生命，必須進行批判地改造，使它擺脫它的唯心主義外殼，把它建立在科學的基礎上，這樣的辯證法——唯物辯證法才能成為人們認識世界和改造世界的強大工具。

註　釋：

① 馬克思、恩格斯：《神聖家族》，《馬克思恩格斯全集》第 2 卷，人民出版社， 1957 年版，第 76 頁。

② 恩格斯：《反杜林論》，《馬克思恩格斯選集》第 3 卷，人民出版社， 1972 年版，第 63 頁。

③ 同上。

④ 恩格斯：《路德維希‧費爾巴哈和德國古典哲學的終結》，《馬克思恩格斯選集》第 4 卷，人民出版社， 1972 年版，第 212～213 頁。

⑤ 同上。

34　黑格爾論量變和質變

　　以下四章將分別介紹和論述黑格爾《邏輯學》中「合理內核」的主要內容，以及它在社會歷史領域中，主要是哲學史中的運用，使讀者對他的辯證法思想有個基本的了解。

　　前面說過，《邏輯學》的對象是「絕對精神」在還沒有外化為自然界以前的「理念」，因此，《邏輯學》的任務就是要對「理念」作出全面的論證。然而，黑格爾認為在對它進行論證時，不能從「理念」開始，因為對它作出這樣的論證，那是整個《邏輯學》的任務；只有到達《邏輯學》的末尾，這個任務才能完成。不過，要對它進行論證，思維又不能沒有開端。因此，首先要確定或找到作為開端的概念。

　　黑格爾指出，在思維開始的時候，是沒有現成對象的，它的內容也只能在思維的過程中才能得到。他認為，既然《邏輯學》研究的對象是純粹概念，而這種概念是變動不居的，是不斷發展和深化的。因此，當思維開始的時候，除了知道有一些不確定的思想以外，就沒有別的什麼了。黑格爾研究所謂量變和質變的問題，並不是從什麼是質、什麼是量開始的，而是把這個空洞的思想作為開端的。

　　這個空洞的思想是什麼？黑格爾稱它為「有」，確切地說，是「純有」。所謂「純有」，即除了一般地斷言「有」那麼一個東西之外，對它再也作不出任何規定或說明，既不能說它具有什麼內容，也不能直接感知它，它是極為抽象的，它本身不是任何事物，然而可以

用它來指謂一切事物。實際上，在我們看來，這樣的「純有」，不過是捨棄了事物的具體屬性，僅僅留下事物都是「存在」這個最一般的共性而形成的抽象概念。黑格爾就是用這個最簡單、最貧乏、然而也是一個最普遍的概念作為他的《邏輯學》的出發點的。

世界上存在的任何事物，總是具有這樣或那樣的具體屬性，例如大小、形狀、顏色、輕重等等，如果抽去了諸如此類的各種屬性，剩下的便只能像黑格爾所說的那種完全空虛的「存在」，即「有」。因此，他指出，這個空洞無物沒有任何規定性的「有」，實際上便等於「無」或「非存在」。這樣，黑格爾就從「有」推演出它的對立面「無」。他說，這種純有乃是一純粹的抽象，因此，只是一個絕對的否定。此種否定，同樣地就其直接性而言，即是「無」。①黑格爾認為，從「有」向「無」的轉化，既不是來自「有」之外的外力推動，也不是人們的主觀願望所致，而是因為在「有」之內就包含著與自身相反的，即否定它的因素──「無」。那麼，「無」是什麼？黑格爾指出，「無」這個概念也是毫無內容的，它是沒有任何規定性的東西，除了能夠一般地斷定「沒有」什麼，或一個東西「不是」什麼以外，再也沒有更多的意義。從這個意義上說，它是「有」的對立面，是對「有」的否定，可見，「有」和「無」是有區別的，「有」不是「無」，「無」也不是「有」。然而，這種區別只是表示它們應該有區別罷了，到底有什麼區別，又是無法表述的，所以，實際上又是沒有什麼區別。因為斷言「沒有什麼」本身卻意味著肯定了有點什麼，只是究竟「有」什麼或「是」什麼，卻又說不出來。從這個意義上說，這樣的「無」實際上也就是「有」，它們之間是沒有區別的。由此可見，「有」中有「無」，「無」中有「有」，它們是對立的，又

是相互轉化的。這些看法與形而上學家認為有就是絕對的有，無就是絕對的無思維方式完全不同，它充分反映了黑格爾辯證思維的特色。

「有」可以轉化為「無」，「無」能夠轉化為「有」。黑格爾指出，由於它們之間的這種相互轉化，「有」和「無」兩個概念便融合而為「變易」這個新的概念。他說：「『變易』這個表象，包含有『有』的屬性，同時又包含與『有』正好相反的『無』的屬性，而且這兩種屬性在『變易』這一表象裡，又是不可分離的。所以，『變易』就是『有』與『無』的統一。」②而且，這種統一是具體的，也就是說，在「變易」裡，「有」與「無」不是原封不動地加在一起，也不是取消兩者的差別，而是揚棄兩者，並使它們成為「變易」的兩個環節。即從「有」轉化為「無」是消滅，從「無」轉化為「有」是產生，所以，「變易」就意味著同時有生有滅，它是生滅變化的過程。從這裡可以看出，從「有」到「無」再到「變易」的推演，說明概念在黑格爾那裡是互相聯繫和相互轉化的，並且是不斷發展和逐步深化的。

在黑格爾看來，辯證法講的「變易」是積極的。在「變易」中，「有」與「無」都不斷地消失著和產生著，其結果是使原先某一不確定和毫無規定性的東西獲得了一定的規定性，從而和別的東西明確地區別開來了。黑格爾認為，這種能夠把自己和別物區別開來的東西就是某物所具有的「質」，要是事物失去了它的質，它就再也不能作為這種事物存在了。正如他所說的，「某物之成為某物，乃由於其質，如失掉其質，便會停止其為某物」。③可見，質與事物具有同一的性質和具有直接的同一的規定性。這裡講的質的規定性，實際上是指一種界限，或者對別物的一種否定，例如，肯定這是一支鉛筆，那麼，同時即否定了它是毛筆。所以，在觀察事物的時候，由於質是事

物的直接規定性，首先就要著眼於事物的質，然後再觀察事物的其他方面，這是認識事物的必然秩序。

在對質作了一系列的說明之後，黑格爾認為，由於「質」的內部矛盾揚棄其自身而過渡到「量」。他把「量」規定為「揚棄了的質」。這就是說，「量」不同於「質」，它對於事物的存在只具有外在的關係，表現為一種漠不相干或無關緊要的規定性。事物的量變了，但事物仍可以保持其原有的存在。例如，一幢房子無論是大一點還是小一點，都依舊是一幢房子。同樣，紅的顏色，深一點或淺一點，照樣仍然是紅色。因此，量的規定性既是界限又不是界限，因為在一定的限度內它是可以自由超越的。

後來，隨著量的內在矛盾的發展，不斷充實質的因素，從而使量過渡到質與量的統一，這就是「尺度」。黑格爾指出，「尺度」是有質的限量，是一定的質和一定的量的統一。在「尺度」中，質與量的區別依然存在，這表現在量的變化不影響事物的質；但這種「量」的增減又是有限度的，一旦超出其限度就會引起事物「質」的改變，這又表明「質」與「量」是有聯繫的，它們是統一的；它們的區別是相對的。所以，「尺度」是事物的質所依賴的定量。黑格爾舉例說，「水的溫度最初是不影響水的流動性的，但流質的水的溫度之增加或減少，卻有一個限度，到了這個限度，這水的凝結狀態就會發生質的變化，而這水一方面會變成蒸汽，另一方面會變成冰」。④黑格爾把「尺度」由於量的變化而超出質的範圍的狀態稱為「無尺度」。但是，「無尺度」本身還是一種「尺度」，也是一定的質和一定的量的統一，不過，這已經是新的質和新的量了，這樣，就形成了質和量相互過渡的無限進展，以及由此引起的由舊尺度轉化為新尺度的無限進

展。

黑格爾對質、量和尺度三個概念的規定，雖然他講的是純粹概念，它們都是在推演過程中得到的，因而是極其抽象的；但是，他對這些概念所作的規定有其合理之處。其中，值得重視的是，他認為質與量是辯證統一的，既不能把它們割裂開來，也反對將它們並列起來，而要注意它們之間的辯證轉化，特別是他針對當時形而上學家把事物的差別歸結為量的差別和認為只有用數學計算的才能成為科學的觀點，他痛斥這些觀點是一種最有害的成見。不過，他在批判形而上學觀點時，卻把它與唯物主義等同起來，這種出於唯心主義的偏見當然是十分可笑的。

在考察「尺度」的基礎上，黑格爾還著重論述了由質到量和由量到質的相互轉化；在這裡，他闡明了量變和質變的理論，批判了形而上學的發展觀。

形而上學家認為，世界上的一切事物，它們的形態和種類都是永遠不變的；如果說有變化，也只是數量的增減和場所的變更，而且宣稱量的變化不會引起質的變化。黑格爾與此相反，他認為事物的變化從來不僅有數量的變化，而且是從量到質和從質到量的轉化，由這一事物變為另一事物，就是透過量變和質變來實現的。所謂量變，它的特徵是漸進性的變化；變化的結果只涉及事物的外在方面，而不涉及事物的本質部分。因此，黑格爾指出，只有量的變化說明不了事物的真正發展。他寫道，「用變化的漸進性來理解發生和消逝，就是同語反覆所特有的無聊」。⑤不過，量的變化有一定的限度，當它超出這個限度時，事物就會發生質的變化。因此，量變是質變的準備，沒有量的累積，質變是不可能的。所謂質變，就是漸進性的中斷，即「飛

躍」，它是在量的累積的基礎上發生的。正如黑格爾所說，一切生和死，不都是連續的漸進，倒是漸進的中斷，是從量變到質變的飛躍。⑥黑格爾認為，真正存在的變化，只能是新東西的產生和舊東西的消滅，這就是「飛躍」。因此，否認飛躍，只承認漸進性的變化，實質上就是否認產生和消滅，也就從根本上否認了變化。針對形而上學家所謂「自然中沒有飛躍」的觀點，他寫道：「『有』的變化從來都不僅是從一個大小到另一個大小的過渡，而且是從質到量和從量到質的過渡，是變為他物，即漸進過程之中斷以及與先前實有物有質的不同的他物。水經過冷卻並不是逐漸變成堅硬的，並不是先成為膠狀，然後再逐漸堅硬到冰的硬度，而是一下子便堅硬了。在水已經達到了冰點以後，如果仍舊在靜止中，它還能保持液體狀態，但是，只要稍微振動一下，就會使它變成固體狀態」。⑦在這裡，黑格爾違背自己唯心主義本願，不僅用自然界的事實，而且還用人類社會中的現象來說明飛躍的普遍性。例如，在人類行為中，就同樣存在著從量到質的飛躍。他說：「不同的質的出現，是以量的不同為基礎的。只要量多些或少些，輕率的行為會越過尺度，於是就會出現完全不同的東西，即犯罪，而且正義會過渡為不正義，道德會過渡為惡行。」⑧

在西方哲學史上，黑格爾第一次明確地把量變和質變作為一條普遍的辯證發展規律提出來，這是他的一個重大功績。而且，他以這個理論為武器，一方面尖銳地批判了形而上學家把發展看成是以「預成論」為前提的，即認為正在產生或消滅的東西是早已預先存在或永遠存在的，只是太小不能被感知而已。針對這一點，黑格爾指出，如果這樣看待事物，實際上就沒有新東西的產生和舊東西的消滅，產生和消滅都只被看成外表差異的更替，而不是本質的差別了。另一方面他

還指出，要把握量變和質變這個規律，理解漸進性的中斷或飛躍是至關重要的。如果否認這一點，就會連日常生活中的許多簡單的道理也會理解不了。例如，從頭上拔去一根頭髮，會不會變成禿頂？從穀堆中取走一粒穀子，會不會使它變成不是一個穀堆？在形而上學家眼裡，由於他們看不見量變與質變之間的內在聯繫，因而都持否定態度。而在黑格爾看來，這種似乎是無關緊要的量的增減，也是有一定限度的；如果每次從頭上拔去一根頭髮或從穀堆中取走一粒穀子，這樣不斷重複下去，到最後頭上只剩下一根頭髮或穀堆裡只留下一粒穀子時，都不能算是禿頂或穀堆不存在了；然而，當最後拔去那剩下的一根頭髮或拿走那留下的一粒穀子時，頭便禿了，穀堆也消失了，這就是說，發生質變了。黑格爾指出，這個古老而著名的詭辯，「並不是空洞的和咬文嚼字的遊戲，而是本身正確的」。⑨因為它們表明了量變引起質變的普遍性。

黑格爾提出的這條規律得到了馬克思的肯定。在《資本論》中，馬克思用歷史和經濟的事實說明手工業師傅由於貨幣量的累積而變成資本家後，指出：「在這裡，也像在自然科學上一樣，證明了黑格爾在他的《邏輯學》中所發現的下列規律的正確性，即單純的量的變化到一定點時轉化為質的區別。」⑩

但是，必須指出，黑格爾把這條規律神秘化了，因為他講的量變和質變都是絕對理念自身的邏輯發展，而自然界和人類社會的變化不過是理念自身邏輯發展的體現。由於這種顛倒使他對這條規律的表述，不僅是唯心主義的，而且是神秘主義的。因此，經典作家首先剝下了這個規律的唯心主義外衣，然後用當時的社會實踐和自己的科學研究的成果為根據，指出其中的「合理內核」。正因為這個緣故，就

黑格爾歪曲了的量變質變規律而言，只有在科學的基礎上加以改造才
能成為科學的規律。

註　釋：

① 黑格爾：《小邏輯》，商務印書館， 1960 年版，第 202 頁。

② 同上，第 207 頁。

③ 同上，第 212 頁。

④ 同上，第 245 頁。

⑤ 黑格爾：《小邏輯》上卷，商務印書館， 1974 年版，第 404 ～ 405
　頁。

⑥ 同上。

⑦ 同上。

⑧ 同上。

⑨ 同上，第 364 頁。

⑩ 馬克思：《資本論》，《馬克思恩格斯全集》第 23 卷，人民出版社，
　1972 年版，第 342 ～ 343 頁。

35　黑格爾論矛盾

像在《邏輯學》的「存在論」中集中論述量變質變規律一樣,黑格爾在「本質論」中系統地闡述了他的矛盾學說。恩格斯指出,「黑格爾從存在進到本質,進到辯證法。在這裡他研究反思的規定,它們的內在的對立和矛盾。」①

關於矛盾的學說,黑格爾不是開門見山從矛盾講起,而是從「同一」開始論述的。為了說明「同一」概念,他把「同一」區分為兩種:一種是抽象的同一,即排除任何差別與矛盾的同一。這種抽象的同一是透過兩種方法形成的,一是借助分析的作用,捨棄具體事物的多種特性,而只舉其一;二是透過抹煞這些特性的差別,而將它們概括為一。可見,這種抽象的同一是知性活動的產物,形式邏輯同一律的那個 $A = A$ 的公式就是它的具體表現。他指出,如果一切事物都是與它自身等同的,就像說心靈是心靈,磁石是磁石,這雖是同一的,但對它所說的內容,並沒有增加任何東西,這種作法不過是同語反覆的空話而已,在現實生活中,誰也不會依照這種方式進行思維、說話或行動,正因為這個原因,那些專門倡導這種思維方式的經院哲學家,早已被常識和理性所嘲弄和拋棄。這就說明,對於「同一」的真正意義必須加以正確的理解,在某種意義上說,這是區別辯證法和形而上學的關鍵所在。

在黑格爾看來,不應該把「同一」理解為抽象的完全等同,而應

該理解為包含差別的同一，這便是另外一種「同一」，即具體的同一。這種「同一」不僅不排斥差別，而是在它自身之內就包含著差別，是異中之同，是包含多樣性、特殊性和差別性的同一。黑格爾指出，如果「同一」概念中不包含差異，這樣的概念是不可思議的；而包含差異的同一，實際上是對立的同一。他認為，事物本身在同一中有矛盾，在自身等同中存在不等同，這樣，從「同一」便過渡到「差別」。在考察「差別」這個範疇時，黑格爾也把它區分兩種：一是雜多的差別，這種差別是指有差別的事物發生聯繫後，各自的性質不受影響，事物與事物之間仍然彼此獨立。可見，它們的聯繫是外在的，如駱駝不是鋼筆這種差異。黑格爾認為，這種差別實際上是由抽象同一轉化而來，因為抽象的同一表現為甲是甲，而雜多的差別則表現為甲不是乙，每個東西都是其自身，而不是他物，這就等於所有各種事物之間都存在差別。可見，抽象的同一和抽象的差別是同一事物兩種不同的說法，凡物都是自身同一的，也就是凡物都是有差別的。黑格爾舉例批評這種差別。據說，有一次萊布尼茨在宮廷裡對女王說過，「天地間沒有任何東西是完全相同的」，結果引起了不少人的懷疑。有些宮女到御花園尋找兩片相同的樹葉，企圖以此推翻萊布尼茨的上述論斷。黑格爾指出，宮女們的這種作法，完全把萊布尼茨的本意誤解了，因為萊氏所說的真實意義，並不是指兩片樹葉外在的非根本性的不相同，而是指事物本身與自己相異。事物本身就包含有差別，這種事物自身的差異，就是事物本質的差別。黑格爾說，發現雜多的差異並不難，但對人的認識意義不大。在他看來，人們認識事物的目的在於把握本質的差別，黑格爾把這種差別稱為「對立」。所謂「對立」，是在相同的範圍內以及在共同的基礎上產生出來的差別。他寫

道：「在對立中，相異者，不是任一別物，而是與它正相反對的別物，這就是說，每一方面只由於與另一方面有了關係中方得到它自己的性格，此一方面只有從另一方面反映回來方能自己照映自己，另一方面亦然，這樣每一方面都是對方自己的對方。」②在這個意義上，「對立」已經就是「矛盾」了。

從上面的介紹可以看到，「矛盾」概念的出現是從「同一」和「差別」發展而來，有人以此為理由認為黑格爾把「同一」和「差別」放在「矛盾」之前，這表明在黑格爾那裡，先有一個無矛盾的「同一」階段，然後才產生「矛盾」。這種看法是對黑格爾思想的誤解。事實上，雖然他把「同一」放在「差別」和「矛盾」之前，但他所主張的同一不是抽象的同一，而是具體的同一，在具體同一中即包含著「差別」和「對立」。所以，黑格爾雖然從同一講起，但這並不表示他主張有一個不包含「差別」、「對立」和「矛盾」的先行階段；相反地，從他對具體同一的論述來看，只不過其中包含的矛盾還處於潛在狀態，後來經過「差別」、「對立」、「矛盾」才得到全面展開。可見，黑格爾把「同一」和「差別」、「對立」、「矛盾」密切聯繫起來，認為「同一」中即包含和潛伏著「差別」、「對立」和「矛盾」。「差別」、「對立」和「矛盾」從「同一」發展而來，這是黑格爾關於對立面同一和矛盾學說中的合理思想和他超過前人的地方。

在推論出「矛盾」概念後，黑格爾提出了「一切事物本身都自在地是矛盾的」這個命題，並且認為這個命題比其他命題更能表達事物的本質。因此，針對形而上學家的看法，集中對於矛盾問題，他進一步作出了全面而系統的論述。在這些論述中，包含著特別值得我們重

視的「合理內核」。

一、他對「矛盾」概念的具體含義作出了規定。黑格爾認為，「對立」已是設定起來的矛盾了。因為「矛盾」是指出同一事物中對立的雙方，一方面相互排斥，另一方面相互依存；這樣，雙方便構成一個具有內在聯繫的整體。具體說來，矛盾的雙方具有下列屬性：

(1)對立的雙方不是跟一個一般的他物對立，而是同一個與它正相反對的他物對立。彼此正相反對的對立面，每一方都是自己他物的他物。例如，「上是那個不是下的東西，上被規定為只是這個而不是下，並且只是在有了一個下的情況下才有的，反過來也是如此。每一個規定中就包含著它的對立面。父親是兒子的另一方，兒子也是父親的另一方，而每個另一方都是這樣另一方的另一方。」③因此，同一事物中彼此互相對立的雙方，肯定自己就必然否定對方，因而各是其所是，各非其所非。

(2)然而，處於對立中的任何一方，如果把它們孤立起來，與對方割裂開來；黑格爾說，「這些規定，單獨地看來都沒有真理，唯有它們的統一才有真理」。④因此，雖然對立的雙方都堅持自身而否定對方，可是離開了對方，沒有對方的存在，它本身也不能存在。這樣，彼此對立的雙方，每一方都只有在跟對方的相互關係中才能得到自己存在的條件和前提。因而對立雙方之間的關係，不僅互相排斥，而且它們之間還存在著一種內在的必然聯繫，即它們相互依存、相互包含、彼此互為條件，誰也離不開誰，形成一個緊密結合在一起的統一體。可見，對立的雙方，二者結合，雙方皆存，二者割裂，雙方皆亡，它們是對立的，又是同一的。

(3)由於雙方無論對於自己的一方，還是對立的一方，都是既肯定又否定，既揚棄自己又揚棄對方，從而最後揚棄雙方，使之相互轉化，形成一個新的統一體。例如，「有」與「無」的對立，由於「有」中包含著「無」，包含著自己的反面，才可能從「有」進展到「無」，轉化到自己的反面；同樣地，「無」中也包含著「有」，包含著自己的反面，才有可能從「無」進展到「有」，轉化到自己的反面。正是這種相互轉化，必然形成一個新的統一體，即「變易」。黑格爾的這種矛盾觀，得到了列寧的充分肯定，並在改造它的基礎上把辯證法規定為「關於對立面的統一的學說」。⑤

二、他肯定了矛盾的普遍性和客觀性。在哲學史上，矛盾問題從來是哲學家所探討的問題之一；在這個問題上，有些哲學家雖然不像形而上學家那樣否認事物內部的矛盾性，但卻懷疑這種矛盾的真實性和客觀性。例如康德，他提出了理性二律背反的學說，認為當主體去認識世界時陷入矛盾是必然的。但是，他又把這種矛盾說成是理性要求認識絕對完整的東西產生的，矛盾只存在於人類理性之中，並不是客觀世界所固有的一種本質；而且，他只列舉了四對二律背反，並不具有普遍性。針對康德的觀點，黑格爾不僅責備他對待矛盾的「過度的溫情主義」，而且指出，「矛盾不僅僅呈現於外在的反思中，而且也呈現在它們本身中」。⑥也就是說，矛盾是事物本身所固有的，沒有矛盾，就沒有世界，矛盾是無所不在的。他寫道，事實上無論在天上或地上，無論在精神界或自然界，絕對沒有像知性所固執的那種（非此即彼）的抽象事物。無論什麼都可以說得上存在的東西，必定是具體的，包含有區別和對立於其自身。⑦「舉凡環繞著我們的一切

事物，都可以認作是矛盾進展法則的一個例證」。⑧例如，一條往東的路與一條往西的路即是同一條路；陰電和陽電並不是兩個獨立的流質；磁石的北極沒有南極就不能存在；酸本身就是鹽基；債權與債務也不是兩種特殊的各自獨立的財產；無機物和有機物、自然與精神，乃至上與下、父與子、左與右、大與小等等，其中每個規定都包含著對立面，它之所以存在只是由於它與其對立面的關係，在此關係之外，它便不再是它自己了。所以，一切真實存在的東西都是具體的，即都是不同規定的統一。總之，「不僅那四個特別從宇宙論中所提出的對象裡可以發現矛盾，而乃在一切種類的對象裡，在一切的表象、總念和理念裡，均可發現矛盾」。⑨從黑格爾這些廣泛已極的用語中，充分表述了矛盾存在的客觀性和普遍性。

　　三、論述了矛盾是事物發展的源泉和動力的思想。形而上學家由於把矛盾看作是偶然的東西或不正常的現象，因而，他們找不到發展的原因，便不能不把事物看作是靜止不變的。相反地，黑格爾把矛盾認作是發展的源泉和動力，從而找到了事物發展的真正根源。他寫道：「矛盾是某種更深刻更本質的東西。同為同一和矛盾相反，它只是簡單的直接的僵死存在的規定；而矛盾卻是一切運動和生命力的根源；事物只因為在本身之中包含著矛盾，所以它才能運動，才具有趨向和活動。⑩十分清楚，黑格爾是從事物的內部去尋找發展的原因，強調了事物的必然的自己運動。正如他說的，「辯證法是實在世界中一切運動、一切生命、一切事業之推動的原則。……凡有限之物不僅是受外面的限制，而乃為它自己的本性所揚棄，由於自身的活動自己過渡到自己的反面。所以，當我們譬如說，人是要死的，似乎以為人之所以要死，是由於外在的情況，照這種看法，人具有兩種特性：有

生亦有死。但這事的真正看法應該是說，生命本身即具有死亡的種子。凡有限之物即是自相矛盾的，由於自相矛盾而自己揚棄自己」。⑪又說，「由於內在的矛盾，便被迫超出當下的存在，因而過渡到它的反面。……矛盾是一普遍而無法抵抗的力量，在這個大力之前，無論表面上如何穩定堅固的事物，沒有一個能夠支持不搖」。⑫在這裡，他不僅肯定了矛盾是事物發展的動力，而且還從理論上論證了矛盾所以成為事物發展的動力的根源，從而把矛盾和發展聯繫起來了。正是由於這個原因，所以黑格爾在解釋自然界、精神和社會歷史的發展時，像恩格斯指出的，他都力求找出貫穿其中的發展線索，把它們看作是矛盾的發展過程。因此，儘管黑格爾的矛盾學說是建立在唯心主義基礎上的，但他提出的這個發展觀，卻是認識世界的辯證方法，這是應該肯定的。

全面地看，矛盾學說不僅是黑格爾的邏輯學，而且也是他的全部哲學的中心範疇；在他所研究的任何領域，他都力圖揭示其內在的矛盾性。馬克思對他的這個重大發現給予了高度評價。他指出，黑格爾「一向認為，自然界的基本奧秘之一，就是他所說的對立統一規律。在他看來，『兩極相緣』這個習俗用語是偉大而不可移易的適用於生活一切方面的真理，是哲學家不能漠視的定理，就像天文學家不能漠視克卜勒的定律或牛頓的偉大發現一樣」。⑬正是黑格爾不僅發現了矛盾，而且他還要求人們勇於正視矛盾，把認識一切對象的矛盾性當作哲學思維的本質。這對於摧毀形而上學觀點的統治，確實是一個重大的歷史功績。因此，列寧認為，矛盾學說是黑格爾哲學的實質。

不過，黑格爾這一學說又是和他的唯心主義體系結合為一的，因此，對於他的這一根本缺陷必須揭發、清洗和拯救。例如，他主要到

概念和邏輯中發現矛盾，而不把矛盾概念看作客觀世界上中矛盾的反映；這種錯誤使他不能正確地認識矛盾的真實性質；他為了遷就保守的體系，對於矛盾往往採取調和態度，以至在「絕對精神」中，全部矛盾終於解決了。這就表明，他的矛盾發展觀是不徹底的。經典作家批判了黑格爾矛盾學說的唯心主義基礎及其不徹底性，並在新的實踐基礎上吸取了黑格爾矛盾學說中的合理部分，從而創立了唯物辯證法的對立統一規律。

註　釋：

① 恩格斯：《反杜林論》，《馬克思恩格斯選集》第 3 卷，人民出版社，1972 年版，第 85 頁。

② 黑格爾：《小邏輯》，商務印書館， 1960 年版，第 263 頁。

③ 黑格爾：《邏輯學》下卷，商務印書館， 1976 年版，第 67 ～ 68 頁。

④ 黑格爾：《邏輯學》上卷，商務印書館， 1974 年版，第 208 頁。

⑤ 列寧：《哲學筆記》，人民出版社， 1956 年版，第 210 頁。

⑥ 黑格爾：《邏輯學》下卷，商務印書館， 1976 年版，第 66 頁。

⑦ 黑格爾：《小邏輯》，商務印書館， 1960 年版，第 266 ～ 267 頁、第 190 頁。

⑧ 同上。

⑨ 黑格爾：《小邏輯》，商務印書館， 1960 年版，第 143 ～ 144

頁。

⑩ 轉引自列寧《哲學筆記》，人民出版社， 1956 年版，第 119 頁。

⑪ 黑格爾：《小邏輯》，商務印書館， 1960 年版，第 188 頁、第 190 頁。

⑫ 同上。

⑬ 馬克思：《中國革命和歐洲革命》，《馬克思恩格斯選集》第 2 卷，人民出版社， 1972 年版，第 1 頁。

36 黑格爾論否定之否定

　　否定之否定的規律作為思維的普遍規律，本是客觀世界本身發展的規律在人們頭腦中的反映。恩格斯指出，「在它被認識以前，它也在我們的頭腦中不自覺地起著作用；這個規律只是被黑格爾第一次明確地表述出來而已」。①黑格爾對這個規律的論述，不像前面講的兩個規律那樣，在《邏輯學》的「存在論」和「本質論」裡集中論述，除了在該書「概念論」部分對這個規律作了比較多的闡述外，主要是在邏輯概念的推演過程中實際運用了這個規律。

　　下面把黑格爾對這個規律內容所作的主要論述，概括地介紹如下：

　　一、黑格爾認為，邏輯概念的發展是從抽象到具體的過程。大家知道，黑格爾哲學的唯一目標是要認識和把握「絕對精神」，具體到《邏輯學》中，他要認識和把握的則是「絕對理念」。而「絕對理念」是一個自身包含著各個環節在內的有機聯繫和相互轉化的統一體。那麼，這個由各種邏輯規定結合而成的整體按什麼規律向前發展？

　　在黑格爾看來，邏輯概念的發展，從它們所包含的感性材料而言，愈是在前的概念愈是具體；但是他所要著重把握的邏輯概念的發展不是指這種感性的發展，而是就其所包含的思想成分來說的。例如，在《邏輯學》中最初的範疇，如質、量等，從它們所包含的材料來說，的確是最具體和最豐富的，但它反映了事物的表面，而不能把握

事物的本質。黑格爾把事物的內在本質看成是屬於思想範圍的。因此，在《邏輯學》裡，愈是在後的範疇愈是擺脫了感性的具體性而深入到事物的內在本質，因此，它所包含的成分愈加具體和豐富。他說，在邏輯概念的發展過程中，必須「純化這些範疇，從而在它們中把精神提高到自由與真裡，乃是更高的邏輯事業」。②所謂「純化這些範疇」，就是盡可能地使它們擺脫感性的具體性，使其在逐步的發展過程中揭示的事物的內在本質愈深刻，其思想的成分也就愈具體和豐富，愈能顯示事物發展的必然趨勢。

這是因為，邏輯概念的發展是從內容到內容。這就是說，在邏輯概念的發展過程中，最初的概念由於它的內容還沒有展開或充分展開，因此，它是抽象的、低級的。然而，其中又包含著真理，潛伏著它後來發展中將要展開的那些環節；隨著它的向前發展，它所包含的這些內容不斷地被推演出來，因此，就其內容來說，便愈加具體和豐富。可見，邏輯概念的發展過程是導循如下的規則進行的，即：「它從單純的規定性開始，而後繼的總是愈加豐富和愈加具體。因為結果包含它的開端，而開端的過程以新的規定性豐富了結果，……普遍的東西在以後規定的每一階段，都提高了它以前的全部內容，它不僅沒有因它的辯證的前進而喪失什麼，丟下什麼，而且還帶著一切收獲和自己一起，使自身更豐富、更密實。」③正像他說過的，概念在它的推演過程中，「只是把涵蘊在總念中的道理，加以明白的發揮罷了」。④「就內容來說，透過這一過程，並未增加任何新的東西」。⑤這些話反覆強調的意思是，在邏輯階段作為認識所要把握的目標的「絕對理念」是一個由許多規定構成的統一體，是認識所要達成的結果；但在開始時，卻只能認識它的一些簡單的規定性；這些簡單的規

定性是一種抽象的、孤立的片面的東西。隨著邏輯概念的發展，愈是在後的概念，它所包含的「絕對概念」的方面和環節也愈多，也就是說，它所包含的概念的具體性也愈多；因此，愈是在後的概念，其內容愈是豐富和愈是具體。在《邏輯學》的範圍內，「絕對理念」便是這樣的概念。黑格爾把它比喻為老年人所說的格言。例如，「人如逆水行舟，不進則退」這句話，雖然小學生也會說，但老年說這句話，卻充滿了他全部生活體驗的意義，比小孩說出來的，顯然要具體和豐富得多。

二、邏輯概念是按圓圈式的形式向前發展的。在邏輯概念從抽象到具體的發展過程中，如果對它再作進一步的考察，黑格爾指出，邏輯概念是按圓圈式、而不是按直線式向前發展的。前面已經指出，因為概念的發展是一個從內容到內容的過程，因此，在它向前發展的過程中，作為開端的環節是以後諸環節的出發點和根據，沒有開端，其後的諸環節無從得到說明。而作為開端的環節又以隨後的諸環節為內容，當完成了對最後的環節的說明時，同時也就等於回頭對開端的環節作了說明。也就是說，一方面較高的概念包含著較低的概念在內；另一方面較低級的概念也潛伏著較高級的諸概念。不過，這兩種包含是不同的。低級的包含高級的是指它包含發展到高級階段的內容還是潛在地尚未顯露出來，而較高的概念包含低級的概念則是指低級概念的內容已經展開並顯露出來了。在這個意義上還可以說，開端即最後，最後即開端，二者正好形成一個圓圈。

就以邏輯概念的運動來說明這一點。在邏輯階段，黑格爾唯心主義出發，認為邏輯學乃是一個有先後秩序的概念系列，在所有的邏輯概念中，每一個較後、較高的概念，都是從較前、較低的概念推演出

來的，都是從對於較前、較低的概念分析中引申出來的。因此，當對後面的概念進行規定時，也就是返回來對開端的概念作了深入的規定。以「有」、「無」、「變易」三個概念為例。「有」是《邏輯學》中最初最低的概念，是一個沒有任何規定的、毫無內容的概念。這樣的「有」實際上等於「無」，所以從「有」這個概念可以推演出「無」；換句話說，「無」不是在「有」之外加入到《邏輯學》的概念系列之內的，而是從「有」這個概念的分析中引申出來的。因為在「有」中就潛伏著「無」，因此，「有」可以說是「無」，反之，「無」也可以說是「有」，因為思想到一種虛空，而這種虛空同樣是一種「有」，只不過它是純粹的「有」罷了。由此再作進一步的推演，就是「有」與「無」相結合的「變易」。這時，不僅「無」潛伏在「有」之內，就是「變易」也同樣潛伏在「有」之內。由此可知，概念每向前發展一步，即對開端概念作了深刻的說明，而當完成了對最終概念的說明，也即完成了對最初概念的說明。不過，這個發展過程不是直線式的，因為概念在它的發展途程中是按「正、反、合」運動的：從「正」過渡到「反」，從內容來說，「反」比「正」必然要增加新的東西，這是概念的擴展和前進；而從「反」過渡到「合」，因為在「合」中還包含「正」的因素，從形式上看，似乎是對「正」的回復，因而好像是後退；但從內容上說，由於它包含了「正」和「反」兩個環節於自身，因此，這個回復並非循環往復或重複過去，而是在更高的基礎上的回復，因而它的概念的深化。總之，概念在前進過程中不斷擴展，概念在後退過程中不斷深化，由此形成的概念運動，開端概念是最後的概念，最後的概念即開端的概念，二者正好像是一個圓圈。

我們認為，黑格爾的這個觀點，猜測到了這樣一種實際情況，即：人類的實際認識只是按圓圈式的道路進行的。這是因為世界上的任何事物都是具體的，所以，對於它們的認識也就是要把握它的不同規定的統一。但是，這種認識不可能一下子達到，而必須經過從抽象到具體，從簡單到複雜的過程。所以，要對一個對象或一門科學所研究的那個現象作完整的了解，就必須將最初的和最終的兩者結合起來。黑格爾把這個認識過程比喻為一個圓圈，它的合理性在於猜測到了科學認識的實際途徑。正如列寧在摘引這些觀點後說的，「科學是一種自身封閉的圓圈」，⑥並認為這是一個深刻的比喻。

三、概念的圓圈式發展是在否定之否定的過程中實現的。黑格爾認為，任何真實的東西，或者說表現真理的概念都是一個包含對立規定「具體同一」。但是，這樣對立統一的具體概念是一個發展過程的產物，即前面講的從「潛在」變成「現實」這樣一個過程的結果，而且，它的具體途徑就表現為否定之否定。

他指出，任何概念（正）本來在它自身之中即包含有「反」或對它自身的「否定」，就此而言，它是一個潛在的對立統一，因為思維還沒有意識到「正」中有「反」；它只是孤立地肯定這個概念，還沒有意識到這個「肯定」概念中包含有對自身的「否定」，因而它把「反」、「否定」都看作與「正」、「肯定」沒有內在聯繫的東西。他認為，單純和孤立的、離開了「反」的「正」是沒有規定性的，因而是無所肯定的。這是概念運動的第一階段，即「肯定」階段。

要對「正」有所肯定和有所規定，必須對「正」加以否定。黑格爾指出，對一物不加否定，也就會無從對該物加以肯定。例如，光明（正）離開了黑暗（反），就不成其為光明。因此，當思維進一步發

展，必然要意識到「正」中有「反」，「正」與「反」相互排斥、相互矛盾，就是由於這種矛盾，「正」才能轉化為「反」，即把「反」看作是對「正」的自我否定。這在概念的形式上就表現為從原先的概念（正）中發展出與之正相反對的另一個概念（反）。這是由「肯定」到「否定」的第一次否定，也是概念發展的第二階段，即「否定」的階段。在這個階段，只是指明了概念的差別、聯繫和轉化。黑格爾指出，任何一個最初的直接的概念，它既是自身又是別一概念，否定了自身。所以否定（轉化）是由內在矛盾的必然結果。但是，透過第一次否定，思維只是把「否定」（反）看成是「肯定」（正）的單純的否定。這種否定正像磨碎了的麥粒、踩死了的昆蟲一樣，它排斥了發展，使第二次否定不可能發生，那就無法實現發展的整個過程。

概念的發展不能停留在這種表面的簡單的否定上，而必須認識到，這種「否定」恰恰使它本身的一個隱藏著的環節明白地建立起來，因而概念的發展才能把「正」（肯定）與「反」（否定）聯繫和統一起來，從而產生出第三個概念（合）。不過，這第三個概念的產生並不是把前面兩個對立的概念機械地相加，而是辯證地綜合，是思維在其深化運動中克服了兩者各自的片面性，取消了兩者之間的僵硬的對立，把兩者化為自身內的環節而融合為一個新的概念。因而只有這第三者才是真實的、全面的和具體的，比前面兩者包含了更高的真理。這就是概念運動的第三階段，即第二次否定，「否定之否定」。黑格爾認為，只有在這個階段上，第一個概念，即作為出發點的「正」才從潛在變成了現實，並使它由片面、抽象和空洞變成了全面、具體和深刻。

從這些論述可以看到，由第一個概念變為第三個概念，不是直線式地發生的，而必須經過這個概念本身的內在矛盾的揭露（否定）和解決（否定之否定）的曲折過程才能實現。因此，肯定、否定、否定之否定是密切聯繫在一起而有其內在必然性的。黑格爾指出，概念在完成一辯證運動時所達到的否定之否定又成為進一步發展的基礎，成為新的肯定，然後又循著肯定、否定、否定之否定的三段式繼續發展。

四、要把握上述各點，關鍵在於理解黑格爾提出的「揚棄」概念。揚棄觀即是他的否定觀。黑格爾常常把他的否定觀稱為「辯證的否定」，並且將它和形而上學的否定對立起來。他認為，形而上學的否定是抽象或消極的否定；它是對肯定的簡單否定，否定的結果只能是完全消滅。辯證的否定與此相反，在否定的東西中既包含著肯定的東西，正如他說的，這樣一個否定並非全盤否定，而是自行消解的被規定的事情的否定，因而是規定了的否定。⑦否定並非全盤否定，在否定的結果中即包含著肯定。列寧肯定黑格爾這種思想，認為「否定是某種規定的東西，具有規定的內容，內部的矛盾使舊的內容為新的更高級的內容所代替」。⑧

黑格爾把這種辯證的否定稱為「揚棄」。所謂「揚棄」，它有雙重意義：一方面，它意味著保持或保存；另一方面也意味著停止和終結。也就是說，「揚棄」不是簡單的否定，即不是簡單的停止和終結，它同時也是將被揚棄的東西的一種提高。經過這樣否定的結果，不是拋棄舊事物，不是舊事物的徹底消滅，不是否定一切，只是拋棄舊事物中的片面性和直接性，也就是消極因素；在新事物中還保持舊事物，也不是把舊事物原封不動不加改造或不加批判地全盤保持下

來，而是吸收舊事物的積極因素，並把他作為新事物的一個構成環節，保持於新事物的進一步的發展中，使舊事物在內容上得到提高和發展。所以，「揚棄」是事物發展過程中新事物與舊事物之間的聯繫和繼承的環節，它起了一種推陳出新、繼往開來的作用。經過「揚棄」，新事物從舊事物中產生出來，但在新事物對舊事物的否定中包含著舊事物，是對舊事物的發展。這正好說明，為什麼「正、反、合」中，「合」這個概念比前兩者更具體、豐富和高級，也說明了黑格爾的圓圈並不意味著簡單的循環和簡單的回復。

總而言之，在黑格爾的否定之否定的思想中，猜測到了認識過程是從貧乏到豐富、由膚淺到深刻、由抽象到具體的前進過程；並把這一過程具體地表述為按圓圈式發展的否定之否定的過程。這些「合理內核」都受到馬克思主義創始人的重視，並在唯物主義的基礎上改造和吸取了這些思想。但是，像其他規律一樣，黑格爾認為否定之否定的主體是純粹概念，因此，它不是以物質世界作為基礎的。這樣一來，這個規律不能不遭到嚴重的歪曲，例如，他把人類認識的過程當作事物產生的過程，而所謂否定之否定的過程，實際上也不過是一種分析和推演的過程等等，所有這些都是應該加以排除的消極因素。

註　釋：

① 恩格斯：《反杜林論》，《馬克思恩格斯選集》第 3 卷，人民出版社，1972 年版，第 182 頁。

② 黑格爾：《邏輯學》上卷，商務印書館，1974 年版，第 15 頁。

③ 黑格爾：《邏輯學》下卷，商務印書館，1976 年版，第 549 頁。

④ 黑格爾：《小邏輯》，商務印書館，1960 年版，第 205 頁、第 335 頁。

⑤ 同上。

⑥ 列寧：《哲學筆記》，人民出版社，1956 年版，第 222 頁。

⑦ 黑格爾：《邏輯學》上卷，商務印書館，1974 年版，第 36 頁。

⑧ 列寧：《哲學筆記》，人民出版社，1956 年版，第 72 頁。

37 黑格爾論哲學史上不同哲學體系之間的關係

　　黑格爾把他提出的辯證法思想，運用到哲學史的研究上來，揭示了哲學史上各種哲學體系之間的內在的和必然的聯繫，在一定程度上概括出哲學發展的前進運動規律。

　　黑格爾指出，哲學發展過程中所以會出現繁雜的哲學形態，各個體系之間所以存在必然的聯繫，要從哲學對象的特性中尋找原因。

　　黑格爾從他的客觀唯心主義出發，認為哲學的唯一對象是理念。理念的特性決定了由它衍生和反映它的哲學以及哲學史的性質。所以，只有弄清了理念的性質，才能從根本上揭示各種哲學體系出現的必然性以及它們之間的必然聯繫的客觀規律。

　　理念的特性在於它是具體的和發展的。

　　理念是具體的，不是說它是一個可以直接觸摸到的東西，而是指它「包含很多的階段和環節在它自身內」。①它是一個「不同規定的統一」，②「是相異者的統一」。③猶如花一樣，花不可能只有一種特性，而是具有許多的特性。同時，「花雖說具有多種的性質，如香、味、形狀、顏色等，但它卻是一個整體。在這一朵花裡，這些性質中的任何一種都不可缺少，這朵花的每一個別部分，都具有整個花所有的特性」。④總之，理念是由無數特性構成的，每種特性各自區別，然而都是理念的不同表現。所以，它們又是統一的，理念便是這種相互區別的特性的有機統一體。

理念是發展的，不是說可以簡單地生長、變大、變多，或者由一物變為另一物，而是理念的自身展開和深化。包含無數特性的理念，開始只是潛在的存在，尚未展開，因此它起初是簡單的、抽象的，像一粒尚未發芽的種子。理念雖是簡單的，但卻不是無矛盾的。它的矛盾首先就在於它是潛在（自在）的，但又不應當是潛在的。它的這種內在矛盾引起它發生變化，推動它向前發展，使它成為現實的（自為的）存在。在這個發展過程中出現的它的一切表現形態，都是原先就蘊含在理念中的，只是在經過這一系列的轉化和推移，即一系列的發展階段，才逐步地把它裡面潛在的這些成分，一一發揮出來。這就猶如種子的發芽、生長、開花、結果一樣。原先潛在的豐富內容，就這樣地變化成現實的豐富內容了。理念的發展愈往後，它的內容就表現得愈是豐富、深刻、具體、明確。黑格爾把理念的這個發展過程，概括為從自在到自為即潛在到現實的過程。

由此可知，「作為自身具體，自身發展的理念，乃是一個有機的系統，一個全體，包含很多的階段和環節在它自身內。」⑤黑格爾進而指出，「哲學就是對於這種發展的認識。」⑥他認為，理念的不同特性不僅構成哲學的內容，而且，理念的這種自身具體的發展的特性，還制約著人們對它的認識和反映，決定著哲學和哲學史的性質，決定著哲學史上各種哲學體系的特有內容及其產生和發展的必然性。

這是因為，既然理念是一個包含無數特性、環節和階段的全體，因此，它就不可能由一個人或一代人完全認識或把握到。一個人或一代人只能認識它的一個部分，一個環節或一個方面。人們對理念的這種局部認識，便表現為各種不同的哲學體系，這樣一來，不僅在一個時代裡會產生紛繁的哲學形態，而且在不同的時代裡，還會出現哲學

形態的前後更迭的現象。這就說明了，一切哲學體系出現在哲學史上，都是必然的，正如黑格爾指出的，所有這些不同的哲學形態，雖然表現各異，但「不是一根草燃燒起來的火所發出的閃光」，⑦轉瞬即逝，也不是「這裡那裡隨意冒出來的東西」，⑧飄忽不定，也就是說，它們「不是偶然的產物」。⑨相反地，由於它們在特定的形式下包含了理念，它們都是理念的不同方面的反映，所以，哲學史上出現多種多樣的哲學體系，「是有必然性的」。⑩

在這裡，哲學史上出現不同哲學體系的必然性問題，黑格爾在唯心主義的基礎上得到了解決，應當指出，黑格爾把哲學的對象說成是理念，把不同的哲學體系的出現，說成是由理念的特性所決定的，這完全是出自其體系需要的唯心主義說法，當然是錯誤的、荒謬的。但是，這層層唯心主義的迷霧無論怎樣也掩蓋不了這樣一個天才思想的奪目光輝，即出現在哲學史上的哲學體系的多樣性，不是偶然的，而是必然的。同時，還必須指出，黑格爾所講的理念，即是作為客觀性（客觀世界）和主觀性（人的認識）的統一的真理，這個統一在黑格爾看來，乃是一個無限的辯證的發展過程。因此，只要我們善於「順過來」考察黑格爾關於理性特性決定哲學體系的必然性的唯心主義說法，就可以發現其中包含的一個極其有價值的思想，那就是哲學體系的產生、發展及其相互關係的必然性，歸根到底是由無限發展的客觀世界的發展過程和人們對客觀世界的認識的無限發展的本性所決定的。

黑格爾具體考察了哲學史上不同哲學體系之間的真實關係。他認為，無論是同時出現，還是前後相繼出現的哲學體系，它們之間都毫無例外地存在著必然的有機的聯繫。根據黑格爾對這些體系之間的關

係的論述，我們可以對它們進行兩個方面的分析。

(一)從橫的方面分析

黑格爾認為，由於人們對理念的認識，既受理念特性的客觀限制，又受人們自身條件的主觀限制，「只能認識暫時的、有限的真理」。①這種對理念一部分的認識的理論表現，就是各個不同的哲學體系。這些體系雖然出現在不同的時間、地域、民族、政治環境等不同的條件中，都採取了外在的、經驗的形態，但是，它們又都受到理念內在法則的支配，各種特定的形態包含著理念。也就是說，都是這樣或那樣地包含著真理。理念是具體的，歷史上的任何哲學體系都是以理念和範疇的形式，揭示了理念的某一特性、方面、環節或階段，把它們所認識了的這一部分歸結為一個原則，並把它們發揮成為一個整體，用黑格爾的話說，就是把它們發揮成為世界觀，用以解釋整個自然界和人類歷史。由於它們的原則是不同的，甚至是對立的，因而這些體系便有了區別和多樣性的形態。但是，不管它們怎樣分歧和對立，它們都是哲學，而且正是它們構成了作為全體的哲學。正如櫻桃、杏子和葡萄等等儘管是如何的不相似，但它們都是水果，而且正是它們才構成了作為全體的水果一樣。沒有這些分歧的體系，固然沒有作為全體的哲學，但是反過來說，也正是作為全體的哲學賦予這些哲學體系以生命，使它們每一個都成為有機全體中的一個有機組成部分。黑格爾寫道：「當幾種哲學同時出現時，它們乃是以一個全體為根據，並構成這個全體的不同方面或片面性的原則。」②正因為如此，所以對於各種分歧的和多樣性的哲學體系，如果把它們各自孤立起來，那它們便會成為不可理解的東西；要是把它們聯繫起來，作為

全體的一個有機部分來考察，那我們就可以把握到它們在哲學中所占的特定位置和所具有的特殊意義。

在這裡，黑格爾實質上指出了哲學體系之間的兩種必然聯繫：一是各個哲學體系和作為全體的哲學的關係，二是各個哲學體系之間的聯繫。

前一種聯繫，是部分和全體、特殊和一般的關係。在他看來，歷史上的一切哲學體系都是哲學全體的肢體，都是一個包羅萬象的更高級的統一體的個別環節和方面。它們作為這樣的環節或方面雖然各自特殊，但是「特殊性也包含普遍性在內」，⑬不管它們如何分歧，「卻至少有一個共同點，即它們同是哲學」。⑭換句話說，不管它們之間如何特殊，它們每一個作為哲學都是同一全體的有機環節。因此，在考察個別哲學體系時，切不可只見樹木，不見森林，即離開哲學全體對它們進行孤立的研究。黑格爾認為，個別哲學體系之所以有價值，正是由於它們對哲學全體的關係。他諷刺那些離開哲學全體去考察哲學體系的人，不是遊山玩水時只流連於某個角落的風光而不去欣賞它與全景的聯繫的書呆子，就是只吵著要吃水果而不吃櫻桃或杏子的學究，這種挖苦是值得玩味的。

後一種聯繫是同一全體中各個體系之間的關係。由於各個不同的體系，都這樣或那樣包含著真理，因此它們之間不僅存在著對立的一面，還存在著統一的一面。用這種觀點看待和處理它們之間的關係，就不能只看到它們之間的對立，而忽視它們之間的同一，也不能只看到它們之間的同一，而忽視它們之間的對立，要是片面地看待它們，把它們絕對化，就會看到某個體系的一點積極因素便全面肯定，發現某個體系的一點消極成分便全盤否定。黑格爾指出，這種思維方法，

是「不知道在看起來衝突矛盾著的形態裡去認識相反相成的環節」，⑮不能在相互鬥爭中把握相互依存的關係，從而把哲學體系的分歧看作是意味著「真理與錯誤是抽象地對立著的」。⑯正如普列漢諾夫指出的，「在黑格爾看來，把真理和錯誤這樣抽象地對立起來，是『知性』思維常常陷入的荒謬情況之一種」。⑰這就是說，由於對於哲學史上各種哲學體系之間的真實關係缺乏認識，結果把它們看作僵死的存在。黑格爾認為，抽象的肯定或抽象的否定，都是片面的，不符合哲學史的事實，在哲學史的研究中，不能採取這種態度。正確的態度應該是：

一、「在統一中認識對立，在對立中認識統一。」⑱既要看到不同哲學體系之間的差別和對立，在對立中把握它們之間的依存關係；又要看到不同哲學體系之間的聯繫和統一，在統一中掌握它們之間的對立關係。

二、對待任何哲學體系，都「必包含一個肯定的和一個否定的方面」。⑲因為儘管這些體系各自研究的問題大不相同，或者對同一個問題作了不大相同的回答，但都從不同的方面包含了真理，都在同一個哲學的全體中占有不可抹煞的地位；然而，由於這樣或那樣的原因，它們也都不可避免地具有錯誤的方面，以及偶然的或外在的成分；所以對它們決不能簡單粗率，而應該具體分析。只有這樣，才能真正揭示它們在整個哲學發展中的地位和作用，對它們作出正確的評價。

㈡從縱的方面分析

黑格爾認為，歷史上的哲學體系不僅作為主體的必然部分包含著

理念，而且它們出現在歷史上的次序也是必然的。應當如何來理解這種必然性呢？黑格爾認為，任何一個哲學體系都是以理念的某一特性、區別或它的發展的某個階段作為基礎或原則，把它們發展成一個全體，以片面表現全面，以部分表現全體，以有限表現無限，這是歷史上任何一個哲學體系的內在矛盾。他說：「『由於它們的片面性』，我們看到一種哲學被另一種哲學所推翻。」⑳也就是說，這個矛盾的發展必然導致這個哲學體系的被摧毀，並過渡到以另一個更廣泛的原則為基礎的哲學體系的誕生。這就是哲學史上哲學體系的前後更替。前後相繼的哲學體系，作為哲學史的各個環節，就這樣地把人類對理念的認識組成一條神聖的鏈條，一步一步地由抽象到具體，由低級到高級地把理論潛在的內容發揮了出來。

在這裡，黑格爾實質上指出了前後相繼的每一哲學體系都有兩個方面的聯繫：一是與它先行的哲學體系的聯繫，二是它與後起的哲學體系的聯繫。

就每一哲學體系與先行哲學體系的關係來說，它既是對於先行體系的否定，又是先行體系發展的結果。從表面上看去，新起的體系的出現意味著原先的體系的被推翻或消失。不過，這不是簡單的或抽象的否定。他說：「每當說到推翻一個哲學系統時，總是常被誤認為單純抽象的否定的意義，以為那被推翻的哲學已經毫無效準了，被置諸一旁或根本完結了。如果真是這樣，那麼，哲學史的研究必會被認作異常苦悶的工作了，因為在哲學史所能昭示的，將會只是所有一切在時間的過程裡所發生的哲學系統如何一個一個地被推翻的情形罷了。」㉑他指出，實際情況並非如此。因為「所謂推翻一個哲學，意思只是指超出了那一哲學的限制，並將那一哲學的特殊原則降為較完

備的系統中之一成分罷了。」㉒在後者對前者的否定中，即包含著對前者的肯定。它否定的只是前者把自身的基本原則發揮為全體時所誇大的、絕對化了的部分，而同時又吸取了前者的基本原則中反映了理念本質的合理部分。這樣，前者的基本原則就變成了後者基本原則的基礎，並且屬於後面的這個更高的原則，從而被保留在後面的體系中。這是一種與肯定相聯繫的辯證的否定，即保留肯定的東西於它的否定中，保持前提的內容於它的結果中的否定。歷史上的一切哲學體系毫無例外地都是這樣在克服前者的偶然性和片面性，保留它的合理內核的基礎上建立起來的。後起的哲學體系既是先行體系的總結和發展的結果，又是對它的具體化和豐富發展。可見，一方面新起的哲學體系是對先行的否定，另一方面它離開了對前者的肯定或不會有自身的誕生。

黑格爾認為，這個既肯定又否定的活動是一個繼承的過程。不過這種繼承，不是管家婆的工作，也不像沒有進步的自然過程那樣，永遠保持著原始的狀態，而是把它作為現存的材料進行加工和改造。其目的不在於增加一些瑣碎的材料，而是要克服、消化它們，使那經過加工的材料不僅被保存下來，而且變得豐富、具體、深刻、全面起來，從而把哲學提昇到一個新的階段。因此，哲學史上從一個體系過渡到另一個體系，既不是內容的簡單重複，也不是把新的珍寶輕鬆地和平靜地加到現存的基礎上去的過程，用黑格爾的話說，而是陶鑄、冶煉和前進的過程。

就它和繼起的哲學體系的關係來說，任何哲學體系必然要被後來出現的體系所否定，並且只有經過這種否定，它本身中所包含的肯定因素即合理因素才能在否定過程中獲得新生和發展。所以，它被後者

所否定，實質上是它自身的前進。這個道理前面已經講了，這裡只須說明一點：它雖然必然要被後者所否定，但它卻是後者的起點和開端；後起的體系比起以前的體系來，雖是「最發展、最豐富、最深刻的哲學」；㉓但它必須以前者為前提，而且從本質上說，它就是前者自身的辯證發展的結果是前者自身曲折地、經過否定之否定的道路發展的結果。因此，黑格爾對不同哲學體系的縱向關係的分析，已為哲學體系按圓圈式地向前發展的原理奠定了基礎。

從這種關係的考察中，使我們知道，哲學史上過去的東西與現在的東西是不可分割地聯繫著的。其中每一個哲學體系都構成哲學史上不可缺少的環節，因此，沒有一個哲學體系是能夠被完全否定了的。他寫道：「這種看法才表明了哲學史上常被誤解的現象：一個哲學系統為另一個哲學系統推翻，或前面的哲學系統為後來的哲學系統推翻的真意義。」㉔不僅如此，「早期的體系被後來的體系所揚棄，並被包括在自身之內」，㉕因而匯成一條洶湧澎湃、滔滔不絕的洪流，「離開它的源頭愈遠，它就膨脹得愈大」。㉖人類的認識便是沿著這條河流，由片面到全面、由抽象到具體、不斷地豐富起來的。

用這種觀點考察哲學史上每一個哲學體系，不僅要著眼於分析它們在哲學發展長河中的地位，而且就哲學史作為發展的系統來看，前後相繼出現的哲學體系，愈在先者愈抽象、愈膚淺，愈在後者愈具體、愈深刻。因此，在哲學史的研究工作中必須堅持歷史主義的原則。

一、「對於古代的哲學必須尊重它（發生）的必然性，尊重它是這個神聖鏈條中的一個環節，但也只是一個環節。」㉗就是說，既不因為古代哲學是認識的低級階段，而動輒責備古人；也不能將自己的

主觀思想或出於某種需要，任意塗抹和改鑄古人、從古人的思想中去發揮古人沒有的原則。

二、「一個時代的最後一種哲學是哲學發展的成果，是精神的自我意識可以提供的最高形態的真理。」㉘特別是當代哲學，更是時代精神的集中體現，絕不能以「時髦哲學」為名，加以輕視。他認為，要是被這種錯誤思想纏住，必然無法正確評價各個哲學體系。只有「毫無偏見地陳述事實，不要把它作為工具去達到任何特殊的利益或目的」，㉙「忠於歷史去進行工作」，㉚堅持歷史主義原則，才能透過這些先後出現的哲學體系的聯繫，揭示出哲學發展的規律。

從上面這些考察可以看到，從橫的關係而言，黑格爾是著重於對同時存在的不同哲學體系的相互關係進行分析；透過這種分析，展現了哲學史上一幕幕多樣性統一的畫面。就縱的關係而言，黑格爾著重歷史進程的分析；透過這種分析，揭示了哲學史上人類哲學思想從低級到高級的發展過程。但是，不管是前者還是後者，在黑格爾看來，對於哲學史的研究來說都是必需的，而且也都應當是不可分割地聯繫著的。由此可見，黑格爾是把哲學史上出現的一切哲學體系作為一個整體來考察的，他力圖透過對這個整體的全面的（橫向的和縱向的）分析來把握其間的必然聯繫，並進而發現貫穿其中的發展規律。黑格爾對這個問題的論述，十分精彩、十分深刻，是其辯證法「合理內核」在哲學史上的具體運用。反過來說，它們也從一個側面光輝地證實了他的辯證法的「合理內核」。

但是，黑格爾的這些觀點又是在神秘主義的基礎上論述的。在他看來，哲學並非人們對獨立於自己以外的客觀物質世界過程的反映，而是所謂的「絕對精神」的自我認識。哲學史也就是「絕對精神」自

我認識的歷史，過去的哲學體系則是「絕對精神」自我認識的一個階段，而決定著哲學史發展的則是作為「絕對精神」的實質的理念。因此，不是客觀的物質過程決定著歷史的發展，而是精神的，即思維的過程在那裡創造歷史。這樣，黑格爾就從根本上歪曲了哲學史，而且，還由於黑格爾是德國資產階級思想家，畢竟擺脫不了庸人習氣，因此，他不可能把哲學史的研究變成一門真正的科學。

註　釋：

① 黑格爾：《哲學史講演錄》第 1 卷，三聯書店， 1956 年版，第 29 ～ 30 頁、第 32 頁、第 36 頁。

② 同上。

③ 同上。

④ 同上。

⑤ 黑格爾：《哲學史講演錄》第 1 卷，三聯書店， 1956 年版，第 32 頁。

⑥ 同上。

⑦ 黑格爾：《哲學史講演錄》第 4 卷，商務印書館， 1978 年版，第 374 頁。

⑧ 同上。

⑨ 同上。

⑩ 黑格爾：《哲學史講演錄》第 1 卷，三聯書店， 1956 年版，第 38

頁。

⑪ 黑格爾：《哲學史講演錄》第 1 卷，三聯書店，1956 年版，第 24 頁。

⑫ 黑格爾：《哲學史講演錄》第 4 卷，商務印書館，1978 年版，第 374 頁。

⑬ 黑格爾：《哲學史講演錄》第 1 卷，三聯書店，1956 年版，第 11 頁、第 23 頁。

⑭ 同上。

⑮ 黑格爾：《精神現象學》上卷，商務印書館，1962 年版，第 12 頁。

⑯ 黑格爾：《哲學史講演錄》第 1 卷，三聯書店，1956 年版，第 23 頁。

⑰ 普列漢諾夫：《普列漢諾夫哲學著作選集》第 1 卷，三聯書店，1959 年版，第 472 頁。

⑱ 黑格爾：《哲學史講演錄》第 4 卷，商務印書館，1978 年版，第 377 頁。

⑲ 黑格爾：《哲學史講演錄》第 1 卷，三聯書店，1956 年版，第 41 頁。

⑳ 黑格爾：《哲學史講演錄》第 4 卷，商務印書館，1978 年版，第 374 頁。

㉑ 黑格爾：《小邏輯》，商務印書館，1960 年版，第 201 頁。

㉒ 同上。

㉓ 黑格爾：《哲學史講演錄》第 1 卷，三聯書店，1956 年版，第 45 頁。

㉔ 黑格爾：《小邏輯》，三聯書店， 1956 年版，第 201 頁。

㉕ 同上，第 200 ～ 201 頁。

㉖ 黑格爾：《哲學史講演錄》第 1 卷，三聯書店， 1956 年版，第 8 頁。

㉗ 黑格爾：《哲學史講演錄》第 4 卷，商務印書館， 1978 年版，第 374 頁。

㉘ 同上，第 378 頁、第 416 頁。

㉙ 黑格爾：《哲學史講演錄》第 1 卷，三聯書店， 1956 年版，第 4 頁。

㉚ 黑格爾：《哲學史講演錄》第 4 卷，商務印書館， 1978 年版，第 378 頁、第 416 頁。

38 費爾巴哈「人本主義」唯物主義的「基本內核」

　　儘管在黑格爾哲學中辯證地解決了思維和存在的同一性問題，但是，這個同一是在唯心主義的基礎上實現的；思維與存在所以是同一的，原因在於存在本身就是思維。可見，在這個同一裡，黑格爾是把存在理解為思維，在思維之外，沒有獨立存在的物質實體。這樣，物質實體在被他排除之後，所謂思維與存在的矛盾只能被看作是不真實的，因而在黑格爾哲學中思維與存在並沒有達到真正的統一。要真正解決這個問題，必須重新確立物質世界在思維和存在統一中的基礎地位。這是德國古典哲學也是整個西方哲學發展的要求，費爾巴哈提出的「人本主義」唯物主義，為完成這個任務作出了傑出的貢獻。

　　費爾巴哈（*Ludwig Feuerbach*，西元 *1804 ～ 1872* 年），出生在巴伐利亞一個律師家庭。*1823* 年，他進入海德堡大學學習神學。進校不久，由他對神學感到失望，第二年便轉入柏林大學。在這裡，他聽完了黑格爾的課程。一方面，他對黑格爾推崇理性表示讚賞；另一方面對其抽象性，特別是理念轉化為自然這一套推演感到懷疑，因而開始研究與思辨哲學直接對立的其他科學，即自然科學。*1828* 年，費爾巴哈在愛爾朗根大學當講師。*1830* 年他從黑格爾唯心主義出發，以〈論死和不死〉為題發表論文，批判了靈魂不死等信條。由於這個內容觸犯了德國統治階級的利益，因而遭到反動派的迫害，從此喪失了在德國大學教書的權利，被迫於 *1837* 年於開始隱居

在魯克堡的鄉村從事唯物論和無神論方面的研究和宣傳，並發表了大量具有戰鬥性的著作，這些著作標誌著德國古典哲學從唯心主義階段轉變到了唯物主義階段。晚年，費爾巴哈開始對社會主義文獻感到興趣，並讀了馬克思的《資本論》，參加了德國社會民主黨。 1872 年，在窮困中離開人世。

費爾巴哈哲學是從反宗教鬥爭的需要提出問題的。正是由於反宗教鬥爭的實際需要，使他從唯心主義者轉變為唯物主義者。他認為，從笛卡兒開始的近代思辨唯心主義，本來都是以恢復人的理性權利來對抗宗教的精神統治的，它以神聖化的理性形式確立了人的思維的意義與價值，說明它對於確立人的思維價值方面曾經起過積極作用。但是，唯心主義並不能導致個性的最終解放，因為它與宗教有共同的根源、共同的思想和共同的結局，它不僅不能克服宗教，而且還跟宗教結成彼此支援的同盟，把宗教作為神聖不可侵犯的和統治人類理性的枷鎖保留下來，原因就在於唯心主義和宗教具有共同的本質聯繫；實際上，唯心主義不過是宗教神學的理性加工而已。因此，費爾巴哈指出，不否定唯心主義就不能否定宗教，要反對宗教，則首先要反對唯心主義。當他認識到這一點以後，他即把從理論上推翻唯心主義和恢復唯物主義權威作為自己的主要任務，他並從這裡出發，自覺地在唯物主義基礎上著手解決思維和存在的關係問題。

唯心主義所以不能解決思維和存在的統一問題，在費爾巴哈看來，根本原因在於它把本來是人的本質的思維理性從人分離出來，變成了在人之外獨立存在的精神實體，然後又說自然和人是由這種精神實體產生出來的。因此，要解決思維與存在的統一問題，不能像黑格爾的思辨哲學那樣，對思維與存在的統一或同一作出虛偽的、不真實

的證明。他在批判唯心主義的過程中清楚地認識到，解決這個問題的關鍵是把思維、精神還原給人，把人的思維、精神的內容還原給自然。一言以蔽之，把人作為思維與存在統一的基礎就行了。正如費爾巴哈說的，「思維與存在的統一，只有在將人理解為這個統一的基礎和主體的時候，才有意義，才有真理」。①把人作為出發點，這就是費爾巴哈哲學的突出特點。「觀察自然，觀察人吧！在這裡你們可以看到哲學的秘密。」②就是因為費爾巴哈把對人的研究作為自己哲學的出發點，所以他把他的哲學稱為人本主義。

「人」是什麼？為什麼以「人」為基礎才能解決思維與存在的同一？費爾巴哈認為：

一、人是以肉體為基礎的精神與肉體的統一體：這裡講的統一體是指個體。就它作為個體而言，它包含靈魂和肉體，思維和存在兩個方面，人是這兩個方面的統一體。在這個統一體中，上述兩個方面並不是平列的，靈魂和思維必須以肉體和存在為基礎，只有當它們不可分割地聯繫在一起時，也就是說，既有肉體又有精神，才能成為一個現實的人。然而，在這個統一體中的兩個方面是有差別的，肉體和精神並不是一個東西，它們是人這個實體兩個不可缺少的方面。就是這個原因便有把兩者加以分離的主觀可能性，唯心主義者的錯誤即在於利用了這種可能性，把本來只是從理論上才能分別開來的精神和肉體這兩個方面說成是在現實中也是能分開的。黑格爾就是這樣，他不承認精神是身體的活動，而是把人的思維說成是抽象的「絕對理念」的自我意識活動。一切唯心主義者都認為精神只能從精神而來，而不能從物質而來。費爾巴哈指出，這是精神的「神秘論」。他運用大量事實證明了，即便在我們不感知大腦也能思維的情況下，兩者依然是不

可分割地聯繫在一起的。他說：「對我說來，即主觀上說來，是純精神的、非物質的、非感性的活動，那麼，就其本身說來，即客觀上說來，是物質的、感性的活動。」③因此，世界上根本就不存在的唯心主義者所說的那種無大腦的、脫離大腦的精神、思維。在現實中，精神只能是活的物質身體的活動。具體地說，精神就是人的大腦的機能和產物。因此可見，精神和物質，思維和存在的關係這個哲學問題，在人身上就體現為意識和大腦的關係問題。

二、人是以自然為基礎的人與自然的統一體：所謂人以自然為基礎，一方面是指人是自然界長期發展的產物，是依賴於自然界而存在的，而自然界則是在人以外唯一獨立存在的實在；另一方面是指，在自然界產生出人之後，人又仍然生活於自然界之中，仍然屬於自然界的一部分。這就證明了，人與自然界是處在不可分割的統一之中，而且這個統一是以自然界為基礎的。這首先表現在，人依靠身體與自然界聯繫在一起，並依靠自然界才能存在。離開了自然界的食物、水、空氣等等就無所謂身體的存在。其次，透過精神、思維和自然界聯結在一起，自然界就是人類思維的內容。因此，人作為身體和靈魂（思維）的完整的物質實體，不僅是自然界的產物，而且也只有借助於他的身體和思維與自然界發生實的聯繫才能再生產自己，這就有力地證明了人是自然界的人，人與自然界是統一而不可分割的。然而，在這個統一體中，人與自然界又是不同的兩個方面。就人是自然界的產物和人依賴於自然界才能生存來說，只是指人離不開自然，而自然界卻可以離開人。所以，我們應該承認，自然界是在這個主體之外獨立的存在；就自然界的食物、水、空氣等構成人的身體的物質資料來說，自然界不僅在人之外，而且也處在人的身體之中。如果說自然界

是客體，人是主體，那麼主體和客體就是這樣在人身上不可分割地統一著的。費爾巴哈就是這樣，在思維、精神是身體、大腦的機能和產物的基礎上，又進一步論證了它們兩者都以自然界為共同的來源和基礎，都是自然界的產物，都依賴於自然界才有其存在。這對於那種把人的精神與人的頭腦割裂，進而把人的精神與自然界割裂，並將其轉變為自然界的創造者的唯心主義觀點是一個有力的駁斥。

三、人是以「你」為基礎的「我」與「你」的統一體：從前面的分析可以看到，既然人本身是自然界的一部分，而自然對人來說是主體之外的客體，那麼，當一個人作為主體時，另一個人便成了作為自然界一部分的這個主體之外的客體了。因而，從人與自然界的關係中必然引申出人與他人即「我」與「你」的關係來。因為既然自然界是在人之外的真實存在，那麼，在我之外的「你」也是真實的存在。自然界是人的感覺對象。「你」對「我」來說是這樣，「我」對「你」來說也是這樣，這樣一來，「我」和「你」便處在一種不可分割的聯繫之中了。不過在這種統一中，「我」必須以「你」為基礎，就是說，人只能是人類的一分子，沒有人類也沒有「我」。我的感覺、思想都是在與他人的實際交往中產生、形成和證實的。唯心主義者宣揚的那種超於人類之上的或之外的孤獨的不受任何限制的「自我」或「主體」是不存在的。當然，「我」與「你」的統一是有差別的統一，我對自己而言是我，是主體；對別人而言卻是你，是客體。我既是主體又是客體。我也並非只是在以你為對象時就是主體，我不僅能以你為對象，我還可以以自己為對象，當我以自己為對象時，這個對象也成了客體。這時，我便成了自己思維之外的感性存在，我也就成了自己的對象。在「我」和「你」的關係中，「我」只能稱自己為

「我」，對於對方來說，「我」就成了「你」。這是在我和你的關係中表現出來的主體和客體的統一。在人以自身為對象時，在自身中也表現出主體和客體的統一。只有這種既是主體又是客體，即主體和客體的統一的人，才是真實的人。反之，只有以人為基礎的主體和客體的統一，才是真實的統一。

四、人是以感性為基礎的感性與理性的統一體：在費爾巴哈看來，一個現實的人在認識過程中，既具有感性的功能又具有理性的功能，這兩種認識功能在人身上不是分割的而是統一的。但是，在這個統一體中，理性必須以感性為基礎，這是因為人作為一種感性存在，感性必先於理性，理性必以感性為前提。所以理性只有透過感性才能找到通向客體的道路。因為「世界只對於開放的頭腦才是開放的，而頭腦的門戶是感官。但是那個孤立的、封閉在自身之內的思維，那個沒有感覺、沒有人的、在人以外的思維，……它無論怎樣努力也永遠不能找到一條走向客體、走向存在的道路」。④如果思維把自己封閉在自身之內，就像把自己的腦袋從身軀上砍下之後，就失去了通向客體的官能和手段。而在他看來，感性所以能成為通向客體的通道，乃是因為感覺是對客體特性的反映。費爾巴哈由此出發，透過肯定感覺內容的客觀性和確實性，論證了外物的客觀實在性和認識世界的可能性，即透過論證感性與理性的統一論證了思維與存在的統一。

從上述人本主義學說出發，費爾巴哈進一步論證了思維和存在的統一；他認為只要像他那樣如實地看待人，在哲學基本問題的第一方面，就可以得到如下結論：

一、我們生活於其中的自然界是唯一的客觀實在，而人則是自然界的產物和一部分。

二、人的精神、思維、意識則是人的肉體的一部分，即大腦的屬性和產物，而歸根到底也都是自然界的產物。

三、物質自然就是本質，它既是自身的原因，也是產生人和人的意識的原因；它是沒有開端和終結的。

四、時間和空間是自然界本身固有的形式，因果必然聯繫的規律是自然界本身所固有的規律，不是把時間、空間和因果性等觀念給予自然界，恰恰相反，倒是自然界把它們給予人們。

總之，物質先於精神，存在先於思維，物質不是精神的產物，相反地，應該從存在引出思維。他說：「思維與存在的真實關係是這樣的：存在是主體，思維是賓詞。思維是從存在而來的，然而存在並不來自思維。……存在只能為存在所產生。」⑤由此可見，在哲學基本問題的第一方面，他肯定了自然界、物質、存在是第一性的，而精神、思維、意識則是物質所衍生的，是第二性的，這是唯物主義的。

費爾巴哈還指出，只要像他那樣如實地看待人，在哲學基本問題的第二方面，還可以得到如下結論：

一、現實的人都是生活在現實世界上的人，是現實世界的一部分，這種人為了能夠生活在現實世界中，必須運用他的思維活動去認識世界上的事物。

二、作為現實世界一部分的主體，由於它有通向客體的道路，因此能夠認識世界上的事物。人依賴感官獲得感覺，透過大腦進行思維，感官和大腦都是一種物質，感覺和思維這種認識是物質的屬性，作為物質屬性的認識內容必然是物質的特性。因此，主體和客體、思維和存在自然地就是同一的。

可見，在哲學基本問題的第二方面，既然思維是以存在為前提

的，所以，思維才能認識存在，而思維不過是存在的反映，它以存在為根據和內容。在這個問題上，同樣得到了唯物主義的解決。

全面地看，費爾巴哈從人的學說出發，強調人是自然的一部分，堅持人是一個感性的物質實體，認為精神不過是從它衍生出來的屬性。就這一點來說，在人的自然性質這個範圍，費爾巴哈是堅持了唯物論的觀點，並且把基督教生活在天上的人，拉回到自然之中，把黑格爾的抽象思辨，變成了有血有肉的存在，這是從幻想的人向實在的人前進了一步，在當時具有重要的反封建、反神學、反唯心論的進步意義。馬克思和恩格斯指出：「費爾巴哈把形而上學的絕對精神歸結為『以自然為基礎的現實的人』，從而完成了對宗教的批判。同時也巧妙地擬定了對黑格爾的思辨以及一切形而上學的批判的基本要點。」⑥費爾巴哈就是運用他的「以自然為基礎的現實的人」即人本主義的觀點，把宗教和唯心論所顛倒的自然觀、認識觀，重新顛倒過來，放在唯物論的基礎之上，從而結束了唯心論在這個領域的統治，恢復了唯物論的理論權威。

而且，他以人為基礎論證了存在是思維的根源；認為個體事物是實體，否認了任何抽象實體存在的可能；繼承了從物到思想的認識路線，堅持了唯物主義的反映論。這些在哲學基本問題上所得到的結論，構成了一套完整的唯物主義觀點，這些觀點就是他的「人本主義」唯物主義的「基本內核」，也是他在哲學史上的主要貢獻。費爾巴哈的唯物主義之所以在人類思想史上占有不可磨滅的光榮地位，就在於他的這些哲學思想不僅對於德國民族文化思想發生過重大影響，而且主要是它對於馬克思主義哲學的形成直接起了重要的作用，成為馬克思主義哲學的直接先驅。

註　釋：

① 費爾巴哈：《未來哲學原理》，《費爾巴哈哲學著作選集》上卷，商務印書館，1984 年版，第 181 頁

② 費爾巴哈：《關於哲學改造的臨時綱要》，《費爾巴哈哲學著作選集》上卷，商務印書館，1984 年版，第 115 頁。

③ 費爾巴哈：《反對身體和靈魂、肉體和精神的二元論》，《費爾巴哈哲學著作選集》上卷，商務印書館，1984 年版，第 195 頁。

④ 費爾巴哈：《未來哲學原理》，《費爾巴哈哲學著作選集》上卷，商務印書館，1984 年版，第 182 頁。

⑤ 費爾巴哈：《關於哲學改造的臨時綱要》，《費爾巴哈哲學著作選集》上卷，商務印書館，1984 年版，第 115 頁。

⑥ 馬克思、恩格斯：《神聖家族》，《馬克思恩格斯全集》第 2 卷，人民出版社，1957 年版，第 117 頁。

39 費爾巴哈上半截陷入唯心主義的教訓

　　在「人」的學說的基礎上，費爾巴哈建立的「人本主義」哲學，在解釋自然現象時，他是唯物主義者。但是，當他從此出發解釋社會生活和社會歷史時，他卻成了不折不扣的唯心主義者。正如恩格斯指出的，費爾巴哈「作為一個哲學家，他停留在半路上，他下半截是唯物主義者，上半截是唯心主義者」。①

　　這首先表現在他的道德學說上。費爾巴哈認為，追求幸福是人的本性，也是自然的本性，唯有幸福的人才是完全的、自由的和真實的人。不過，幸福和道德是不可分開的，真正的道德必須以滿足個人幸福的願望為基礎，人的一切行動均以追求幸福為目的，這便是他主張的利己主義道德。只是他的「利己主義」不同於那種只顧自己不顧別人的利己主義。因為他認為，人只有在人與人的不可分割的聯繫或統一中才是人，因而便決定了每個人追求幸福的願望都只有依靠別人才能得到滿足。也就是說，只有在每個人都尊重別人同樣的追求幸福的願望的情況下，大家的願望才能同時得到滿足。因此，為了自己的利己主義得到實現，還必須承認和尊重別人的利己主義。由此可見，真正的道德就在於自覺自願地把自己追求幸福的願望和別人追求幸福的願望協調起來，以達到「共同的幸福」。這種「利己主義」是既考慮自己的幸福，又考慮到別人幸福的「利己主義」。從這裡費爾巴哈得出了他所謂道德的基本原則或「絕對命令」，這就是：對己以合理的

自我節制和對人以愛。

費爾巴哈指出，每個人都有天生的追求幸福的欲望，因此，人與人之間為了追求自己的幸福，彼此之間必然發生矛盾，發生衝突。這個時候，人們如果不以理性為指導，合理地節制自己，互相忍讓，互相妥協，互不阻礙別人，勢必由於無限制地追求滿足自己的欲望，反而損害了自己的幸福（如酗酒之後必然頭痛），或者影響了別人對幸福的追求，以致引起別人的反抗，結果還是損害了自己的幸福。因此，在追求幸福時必須運用理性對每個人的幸福加以調整。一方面，不要因為暫時的幸福而損害了更高的更長遠的幸福；另一方面，追求自己的幸福也要尊重別人幸福的願望。就是說，希望別人幸福，對人以愛，使別人幸福。顯然，正是「愛」才能使個人追求幸福的願望和別人追求幸福的願望協調起來，從而才能使個人追求幸福的願望得以實現。由此可以看到，所謂道德，就是自覺自願地把自己追求幸福的願望和別人追求幸福的願望之間協調當作人類思想和行動的準則；所謂「義務」，就是「自我節制」；不因為無限制地滿足自己的欲望而損害別人。所以，在費爾巴哈的道理理論中，特別強調和放肆地鼓吹「對人以愛」，彷彿「愛」能夠創造奇蹟，解決實際生活的一切矛盾和問題似的。

從這裡還可以看到，費爾巴哈的道德理論是十分貧乏和膚淺的。他根本沒有涉及到人們的道德觀念的形成和變化及其彼此分歧乃至尖銳對立等等事實，更說不上去探究這些道德現象背後的物質原因是什麼了。他只滿足於空談什麼「共同幸福」、「追求幸福的平等權利」、「愛」等等，自以為制定了一種適合於任何時代、任何情況的道德原則。其實他的道理理論，在任何時候和任何地方都是不適用

的，原因很簡單，因為在階級社會裡剝削者和被剝削者、壓迫者和被壓迫者之間是沒有什麼「共同幸福」和「愛」可言的。費爾巴哈的道德論在當時條件下有其反封建宗教道德的進步意義，但同時也有很大的消極作用。這主要是這種理論是在無產階級正在登上歷史舞台及無產階級和資產階級之間的階級分野日益明朗的歷史時期提出的，它在實際生活中只能引起鼓吹階級調和、抹煞階級對立、取消階級鬥爭的作用。因此，馬克思和恩格斯對費爾巴哈關於「愛」的說教進行了無情的批判。

其次，還鮮明地表現在他對國家的看法上。費爾巴哈認為，國家是以「人成為人」的利益為基礎的。換句話說，「人成為人」是在國家中實現的。他寫道，「在國家中，一個人代替另一個人，一個人補足另一個人，——我所不能做到的，別人可以做到，我不是聽命於自然力的偶然性的孤獨的人；別人會保護我，我處於共同的本質之中，我是整體的一員」。②可是，國家的利益又不應當與個人的利益相牴觸，因為如果個人利益被犧牲了，人也就不成其為人了。因此，只有與全體人民的利益相適應的國家制度或社會制度，才能使人成為人。顯然地，在費爾巴哈看來，個人利益和公共利益的一致既是道德的基礎，也是國家的基礎。他認為，由於人只有在國家中才實際成為人，所以，人的實際願望就是積極參加國家事務的願望，廢除封建等級制和專制制度的願望；而人的利己主義願望則要求每個人都擁有私有財產，反對少數人占有財產而其餘的人一無所有的「極端利己主義」。因此，在費爾巴哈看來，真正能夠使人成為人的國家，真正實現了人的本質的國家，就只能是民主共和國。這些觀點表明他是一個政治上的激進主義者，具有強烈的反封建的進步意義。

但是，他的關於國家的觀點是唯心主義的，也是很清楚的。誠然，費爾巴哈不是像黑格爾那樣，把國家看作是「倫理理念的實現」，而把國家歸結為「人的實現」或「人的本質」的現實化。但二者並沒有本質的區別，只不過是歷史唯心主義的兩種不同形式罷了。因為費爾巴哈所謂的人是一個抽象的人，也就是一個抽象的人的觀念，而他所謂的「人的本質」也都不過是一些觀念形態的東西如願望、理性、愛等。不僅如此，當費爾巴哈把國家歸結為抽象的超歷史、超階級的人或人的本質的實現時，他也就同樣地把國家變成了一個超歷史、超階級的範疇，從而抹煞了國家的階級性。例如，他認為，「『真正的』國家是無限的、沒有止境的、真實的、完全的、神化的人」，③「國家對人們來說就是上帝」；④「國家是人的實在化了的、經過發揮的、明確化的總體。在國家裡面，人的主要性質和活動現實化成為特殊的等級，但是這些性質和活動在國家領袖的個人身上又重新回到了同一性。國家領袖無差別地代表一切等級，在他的面前，一切等級都是同樣必要，同樣有權利的。國家領袖是普遍的人的代表」。⑤

　　在這裡，費爾巴哈所指的是民主共和國。但是，他不理解，即便最民主的資產階級共和國也是資產階級對勞動群眾實行階級壓迫的工具。很明顯，費爾巴哈的國家觀點也和他的道德觀點一樣，不管他的主觀意圖如何，是完全適合於現代資本主義社會的。

　　除此以外，費爾巴哈的政治、法律和經濟觀點，也是唯心主義的。因此，整個說來，費爾巴哈的唯物主義比起 18 世紀法國唯物主義來說，儘管他不把人看作機器了，機械性少些，但仍然是形而上學的、直觀的，在社會歷史觀上仍是唯心主義的。這是怎樣造成的呢？

在我們看來，主要原因是他脫離革命實踐，使他關於用來作為哲學研究出發點的人，並不是真正現實的人，而是抽象的人。費爾巴哈關於人的本質的說法有很多，但歸納起來主要有：首先，在他強調人跟動物一樣是一種自然實體時，他就把人滿足生理需要的願望或追求幸福的意向，即所謂人類利己主義看作是人的本質，是決定人的行為的基本出發點和動力。其次，在他強調人跟動物有本質的區別時，他就把「理性、意志、心（即愛）」看作是人的「絕對本質」和「生存的目的」。在他看來，人之成其為人，就是由於人具有理性、意志和心；而人之所以生存，就是為了認識、為了愛、為了願望；而且人是為認識而認識、為愛而愛、為願望而願望。最後，在他強調人還是一個「社會實體」時，他就認為孤立的、個別的人還不具備人的本質，「人的本質只是包含在團體之中，包含在人與人的統一之中，但是這個統一只是建立在『自我』和『你』的區別的實在性上面的」。⑥不過，費爾巴哈實際上只指出了一種人與人的實在差別，那就是男女的差別；也只指出了一種人與人的統一，那就是男女之間的性愛，用一種抽象的說法，就是人對人的愛。由此可見，費爾巴哈所謂人的本質無非就是追求幸福的意向、理性和愛。我們看到，費爾巴哈不是從人生活於其中的現實的社會物質生活關係中去尋求、考察人的本質，而是從人的某些生理需要和精神屬性去推論出所謂人的本質，把這樣推論而來的本質加到社會的一切成員和一切時代的人們身上去，他的這種考察人的本質的方式就已經背離了唯物主義反映論，而陷入到唯心主義先驗論去了。特別是當他把這樣先驗地構造起來的人的本質當作解釋社會歷史的根本原則時，他便成了完完全全的歷史唯心主義者了。所以，馬克思恩格斯指出，「當費爾巴哈是一個唯物主義者的時候，

歷史在他的視野之外；當他去探討歷史的時候，他決不是一個唯物主義者。在他那裡，唯物主義和歷史是彼此完全脫離的」。⑦具體而言，由於費爾巴哈用自然主義、人本主義觀察問題，對「人」的理解是抽象的，因此，他「不能找到從他自己所極端憎惡的抽象王國通向活生生的現實世界的道路。他緊緊地抓住自然界和人；但是，在他那裡，自然界和人都只是空話。無論關於現實的自然界或關於現實的人，他都不能對我們說出任何確定的東西」。⑧這就是說，從思想根源來看，人本主義和自然主義是造成費爾巴哈哲學缺陷的根本原因。

所以會這樣，是由於他離開了人的社會關係、歷史發展和社會實踐來考察人。首先，他不了解人是生活在一定的生產關係、社會關係之中，因此在說明人的本質的時候，就應當把人當作整個社會關係來考察，而不應當把人當作與社會關係根本無關的東西去考察；而在階級社會中，生產關係和以此為基礎的各種複雜社會關係，又都不能離開階級關係去考察。總之，由各種社會關係的總和所構成人的本質，在階級社會裡都是帶有階級性的。費爾巴哈不是把人看作從屬於特定階級活動的主體，在他看來，似乎所有的人都有著共同的「人類」本質。當然，費爾巴哈把人與人的關係納入了他所謂的人的範疇，這正是他比 18 世紀唯物主義前進了一步的地方。但是，他除去人與人之間的兩性關係或友誼交往以外，再也說不出別的關係，他所講的實際上只是一種人與人之間的「自然關係」、一般關係。其次，他不是把人看作從屬於他所生活的一定歷史時代的人，因而他也就看不到不同歷史時期的人具有極其不同的社會本質；在他看來，似乎人的本質是永遠不變、始終如一的。最後，他只把人看作「感性的對象」，而不是同時也從其主觀能動性方面理解為人的「感性的活動」，即理解為

在一定社會歷史前提下改變著自然和社會，同時又改變著自己的實踐活動，即生產和革命的客觀的物質活動。人不僅是一個認識的主體，而且首先是這種實踐活動的主體。總之，費爾巴哈不理解不同時代、不同階級的人有著不同的觀點和欲求，從事著不同的實踐活動。像他所說的那種一般的人，僅僅從事著直觀、認識活動的人，事實上是不存在的，因而這樣的人也就是一個抽象的人。當他從人是一個自然實體出發時，他和唯心主義者不同，在物質和精神、思維和存在的一般關係上，是可以堅持唯物主義的。但是，當他以抽象的人、一般的人為出發點去解釋人的本質時，他便離開唯物主義了。

還有，費爾巴哈的唯物主義體系仍然是形而上學的，也就是說，他雖然批判了黑格爾的唯心主義，但是他在批判時卻沒有正確地對待黑格爾的辯證法，不善於運用辯證法去觀察自然和社會，不懂得把辯證法運用於認識論。例如，他只看到了黑格爾用辯證法論證唯心主義，即辯證法和唯心主義統一的一面，而沒有看到黑格爾的概念辯證法把握了事物的某些真實的聯繫，因而和唯心主義存在相矛盾的一面。因此，在費爾巴哈的心目中，黑格爾的辯證法不過是「寂寞思想家的獨白」，是為了論證唯心主義而玩弄的思辨把戲。這樣，在費爾巴哈與黑格爾的唯心主義決裂的時候，他也一並拋棄了黑格爾的辯證法。例如，他始終不理解黑格爾關於矛盾的客觀性的思想。在他看來，客觀事物本身是沒有矛盾的，無所謂對立統一。所謂矛盾、對立統一，只是思維抽象的產物。又如，他認為對立物是透過一個中間概念而聯繫起來的，這個中間概念就是對象，就是對立物的主體。如果我們將對立屬性所依存的對象或主體抽象掉，對立屬性之間的界限便消滅了，達到了統一。再如，我如果將存在只看成存在本身，將它們

一切特性都抽出去，那麼，我所得到的仍然只有那等於一無所有的存在，存在便與非存在（無有）統一了。因此，費爾巴哈說：「對立範疇的直接統一，只有在抽象之中才是可能的和有效用的。」⑨他也不理解黑格爾關於矛盾雙方相互反映的思想，即肯定中包含著否定、否定中包含著肯定的思想。他說：「將對立的或矛盾的特性以一種適合實際的方式統一於同一實體中的中介，只是時間。」⑩照費爾巴哈的理解，一個事物可能有不同的、甚至是相反的屬性，但是，這些不同的或相反的屬性之間並沒有內在的聯繫，而是在各不相同的時間裡出現的。比如，一個人是一個音樂家，又是一個著作家，並且還是一個醫生，這是可能的。但是，這個人絕不可能在同一時間內既演奏、又寫作、又治病。因此，費爾巴哈說：「在同一個本質中統一對立面、矛盾的手段，不是黑格爾的辯證法，而是時間。」⑪按照費爾巴哈的這種矛盾觀，矛盾雙方的關係不是內在的相互包含關係，而只是時間上先後出現的外在關係。可見，費爾巴哈對事物的矛盾性的理解是形而上學的，很膚淺的。因此，儘管他不自覺地接受了黑格爾辯證法思想的某些影響，但他對黑格爾的辯證法採取的則是自覺的絕對否定的態度。

恩格斯指出，「費爾巴哈突破了黑格爾的體系，並且乾脆把它抽在一旁。但是僅僅宣布一種哲學是錯誤的，還制服不了這種哲學。像對民族的精神發展有過如此巨大影響的黑格爾哲學這樣的偉大創作，是不能用乾脆置之不理的辦法加以消除的。必須從它的本來的意義上『揚棄』它，也就是說，要批判地消滅它的形式，但是要救出透過這個形式獲得新內容。」⑫正因為費爾巴哈不能正確對待黑格爾的辯證法，不能自覺地把唯物論和辯證法結合起來，所以，他的人本主義具

有明顯的形而上學性質。正是這個原因，儘管他力圖透過唯物地解決自然和人、物質和精神、感性和理性等關係，進而解決思維與存在的統一，但是由於他不能辯證地處理這些矛盾，不但未能真正得到解決，反而在社會歷史問題上陷入唯心主義。

　　從這裡可以看到，把抽象的人作為無所不包的原則，是費爾巴哈哲學的致命弱點，是他從唯物主義的自然觀轉向唯心主義歷史觀的關鍵所在。為了把唯物主義貫徹到底，即從自然領域一直貫徹到歷史領域。必須用關於現實的人及其歷史發展的科學來代替對抽象的人的崇拜，而費爾巴哈本人是不可能走這一步的。我們知道，正是馬克思和恩格斯走了費爾巴哈所沒有走的這一步，從而把唯物主義貫徹到社會歷史領域，創立了嚴整的、科學的唯物主義世界觀體系——辯證唯物主義和歷史唯物主義。

註　釋：

① 恩格斯：《路德維希・費爾巴哈和德國古典哲學的終結》，《馬克思恩格斯選集》第 4 卷，人民出版社， 1972 年版，第 237 頁。

② 費爾巴哈：《改革哲學的必要性》，《費爾巴哈哲學著作選集》上卷，商務印書館， 1984 年版，第 98 頁。

③ 同上，第 98 頁。

④ 同上。

⑤ 費爾巴哈：《關於哲學改造的臨時綱要》，《費爾巴哈哲學著作選集》

上卷，商務印書館， 1984 年版，第 118 ～ 119 頁。

⑥ 費爾巴哈：《未來哲學原理》，《費爾巴哈哲學著作選集》上卷，商務
印書館， 1984 年版，第 185 頁。

⑦ 馬克思、恩格斯：《德意志意識形態》，《馬克思恩格斯選集》第 1
卷，人民出版社， 1972 年版，第 50 頁。

⑧ 恩格斯：《路德維希‧費爾巴哈和德國古典哲學的終結》，《馬克思恩
格斯選集》第 4 卷，人民出版社， 1972 年版，第 236 頁。

⑨ 費爾巴哈：《未來哲學原理》，《費爾巴哈著作選集》上卷，商務印書
館， 1984 年版，第 177 頁。

⑩ 同上。

⑪ 費爾巴哈：《基督教的本質》，《費爾巴哈哲學著作選集》下卷，商務
印書館， 1984 年版，第 49 頁。

⑫ 恩格斯：《路德維希‧費爾巴哈和德國古典哲學的終結》，《馬克思恩
格斯選集》第 4 卷，人民出版社， 1972 年版，第 219 頁。

40 馬克思主義哲學的產生是西方哲學發展過程中的根本變革

　　毫無疑問，費爾巴哈以人為基礎解決思維和存在的理論，對於西方哲學的發展具有重大意義，這是必須加以肯定的。但是，他所說的人，卻不是生活在一定歷史發展階段上和一定社會關係中實踐著的人，他並不了解人與人之間的生產關係和現實中的階級關係。實際上，這樣的人僅僅是生物學上的人，在現實生活中是不存在的。因此，以這種人為出發點建立起來的費爾巴哈哲學，雖然批判了黑格爾的唯心主義，卻沒有能夠戰勝黑格爾的唯心主義；雖然論證了唯物主義自然觀和認識論的一般原則，卻未能建立起唯物主義的歷史觀。為了把哲學推向前進，必須克服費爾巴哈哲學的不徹底性，把思維與存在的關係問題的解決建立在真實的科學的基礎之上。

　　費爾巴哈哲學是在黑格爾學派解體過程中產生出來的一個學派。恩格斯指出：「從黑格爾學派的解體過程中還產生了另一個派別，唯一的產生、真實結果的派別，這個派別主要是和馬克思的名字聯繫在一起的。」①繼費爾巴哈之後產生的馬克思主義哲學是西方哲學邏輯發展的必然結果。

　　提起馬克思主義哲學的產生，當然首先必須看到它的深刻的社會背景。19世紀初期的歐洲，由英國開始的工業革命使機器大工業普遍地發展起來。隨著生產力的迅速，資本主義制度所固有的生產的社會化和資本主義私人占有制之間的矛盾、個別企業生產的高度計劃性

和整個社會生產的無政府狀態的矛盾，無產階級和資產階級的矛盾日益尖銳。社會矛盾的明朗化，社會生活的急劇變化，經濟活動的聯繫在民族的、以至世界範圍內的展開，階級關係的簡單化，以及與經濟地位、物質利益之間的直接聯繫，所有這一切都充分顯示出社會歷史唯物辯證性質。

隨著資本主義的發展，無產階級隊伍不斷擴大，組織性不斷加強，戰鬥力不斷提高。從三〇年代起，先後爆發了法國里昂工人起義、英國憲章運動、德國西里西亞紡織工人起義等等，說明無產階級已由原來的資產階級的附庸成長為獨立的政治力量，正式登上了歷史舞台。解決資本主義的矛盾，推翻資本主義制度，建立社會主義社會的偉大使命，歷史地落在無產階級的身上。為了完成這一使命，無產階級不能從資產階級那裡借用現成的哲學武器，它迫切要求有代表自己利益、指導自己行動的革命的理論和世界觀。

除了上述條件外，馬克思主義哲學還是當時自然科學迅速發展的產物，生產力的發展促進了自然科學的發展。進入 19 世紀以後，自然科學由原來主要是「搜集材料的科學」發展為「整理材料的科學」。一些以研究自然物質發展過程為特徵的科學，如地質學、胚胎學、動植物生理學和有機化學等，紛紛建立和發展起來。其中，特別是細胞學說、能量守恆和轉化的原理和達爾文進化論具有劃時代的意義。由於細胞的發現，人們不僅知道植物和動物有機體都是由細胞構成的，是按細胞的繁殖和分化這一共同規律發育和生長起來的，而且，透過細胞的變異能力，看出了物種變化的現實可能。由於能量守恆和轉化定律的發現，使人們知道在自然界（當時主要是無機界）中起作用的各種能，如機械能、熱能、光能、電磁能、化學能等等，都

是物質運動的各種表現形式，它們按照一定的質量關係互相轉化，而在互相轉化中，總的能量是不變的即守恆的。這說明了運動和物質一樣，是可以轉化而不能創造和消滅的。由於達爾文創立了進化論，使人們知道，今天存在的千姿百態的生物，包括人在內，都是由少數原始單細胞胚胎按照「適者生存」的規律長期發展的結果。總之，「由於這三大發現和自然科學的其他巨大進步，我們現在不僅能夠指出自然界中各個領域內的過程之間的聯繫，而且總的說來也能夠指出各個領域之間的聯繫了，這樣，我們就能夠依靠經驗自然科學本身所提供的事實，以近乎系統的形式描繪出一幅自然界聯繫的清晰的圖畫」。②這就是說，從哲學上概括自然科學的成就，全面深刻地揭示自然界唯物辯證性質的條件，這時已經完全成熟了。

但是，我們絕不能忽視馬克思主義哲學產生的理論根源。列寧指出：「哲學史和社會科學史已經十分清楚地表明：在馬克思主義裡絕沒有與『宗派主義』相似的東西，它絕不是離開世界文明發展大道而產生的故步自封、僵死不變的學說。恰巧相反，馬克思的全部天才正在於他回答了人類先進思想已經提出的種種問題。他的學說的產生正是哲學、政治經濟學和社會主義的最偉大代表的學說的直接繼續。」③

列寧的這些話，既說明了馬克思主義與整個以往人類思想發展的內在聯繫和繼承性，也說明了是什麼新東西使馬克思主義的產生成為人類精神史上的轉折和革命變革。可以說，沒有對於以往的先進哲學思想所提供的東西進行批判的吸取和改造，馬克思主義哲學的產生在這個意義上，也是不可能的。而這首先表現在，它是近代西方哲學，特別是德國古典哲學的直接繼承者。

大家知道，馬克思主義哲學的創始人是馬克思和恩格斯。作為一

種新的哲學的奠基人，他們並不是一下子就確立了這種哲學的原則的。當他們踏上哲學舞台的時候，黑格爾的唯心主義哲學在德國正居於統治地位，這個哲學對於馬克思、恩格斯觀點的形成和發展起了巨大的作用。正如本書前面說的，黑格爾哲學是矛盾的，他的辯證法在實質上是革命的，而他的唯心主義體系則是保守的。馬克思和恩格斯在建立科學的世界觀時，在批判地改造黑格爾辯證法的同時，還吸取了其中的「合理內核」。同樣，費爾巴哈哲學對於馬克思、恩格斯觀點的形成也起了重要作用。費爾巴哈對黑格爾唯心主義有力而激烈的批判，幫助馬克思和恩格斯脫離唯心主義而堅實地走上唯物主義的道路。正如恩格斯在談到費爾巴哈《基督教的本質》時所講的，「這部書的解放作用，只有親身體驗過的人才能想像得到」。④也就是說，他們從唯心主義轉到唯物主義，費爾巴哈哲學的影響起了巨大的促進作用。但是，馬克思恩格斯和費爾巴哈不同，他們沒有拋棄黑格爾的辯證法，而是用唯物主義的精神改造了它。所以，德國古典哲學，特別是黑格爾的辯證法和費爾巴哈的唯物論，都是馬克思主義哲學產生的直接的理論來源。

馬克思和恩格斯在總結工人運動的豐富經驗和自然科學最新成果的基礎上，剝掉了黑格爾哲學的唯心主義外殼，批判地吸收了辯證法思想中的「合理內核」；排除了費爾巴哈哲學中的宗教的、倫理的唯心主義雜質，批判地吸收了他的唯物主義的「基本內核」，並溶入了他們自己的新發現，從而創造了馬克思主義哲學——辯證唯物主義和歷史唯物主義。

馬克思主義哲學中，對哲學基本問題的解決，既不把主體和客體，思維和存在的統一歸結為其中任何一方，也不把這個統一歸結為

抽象的人，而是認為主體和客體，思維和存在的統一是一種辯證的統一，這種統一的基礎是人類的社會實踐或以社會實踐為本質的人類。這樣，馬克思主義哲學不但找到了主體和客體，思維和存在統一的真正根源，而且在這個基礎上建立了馬克思主義哲學的完整的科學體系。

這裡的關鍵，是馬克思主義哲學確立了人類社會實踐的觀點。實踐的觀點儘管不是馬克思主義哲學首先提出來的，但是，這種觀點的傑出貢獻在於，它透過對認識對象和主體的科學考察，進而對實踐概念作出科學規定。

一、實踐具有客觀物質性：因為作為實踐主體的人，本來就是自然的產物；它的一切活動都是接觸物質世界，運用客觀事物和引起客觀事物變化的活動。在這個意義上，人的活動仍然屬於物質世界的一部分的活動，是物質運動中的一種高級的運動形式。人為了生存必須從物質世界獲取生活資料，人在獲取生活資料時作用的對象是物質世界，作用的條件（如使用的生產工具）和作用的結果（物質財富）都是物質性的東西。正因為如此，所以馬克思指出，人的活動本身，應「理解為客觀的活動」。⑤馬克思主義哲學堅持實踐的客觀物質性，就是堅持實踐觀上的唯物論。

二、實踐具有社會性：因為作為實踐主體的人是組成社會的，社會同樣是自然發展的產物，人就像不能離開自然一樣不能離開社會。實踐活動是社會的人所進行的改造自然和社會的活動，承認實踐的社會性，是馬克思主義哲學的一個顯著特點，是辯證唯物主義和唯心主義以及舊唯物主義的根本區別之一。馬克思指出：「直觀的唯物主義，即不是把感性理解為實踐活動的唯物主義，至多也只能做到對（市民社會）的單個人的直觀。」「舊唯物主義的立足點是『市民』社

會；新唯物主義的立足點是人類社會或社會化了的人類。」⑥馬克思主義哲學堅持實踐的社會性，就是堅持實踐論上的唯物史觀。

三、實踐還具有能動性：因為作為實踐主體的人，由於其自然的機能和社會屬性而具有理性思維。人與思維的這種關係說明，實踐是人們為了達到一定預想的目的而進行的有意識活動。人們在社會實踐中，將主體自身的目的、計劃轉移到事物中去，改造客觀事物使之符合主觀的要求。正如列寧指出的：「世界不會滿足人，人決心以自己的行動來改造世界。」⑦人在以自己的行動來改變世界時，總是受到一定的思想意識的指導，所以「人的意識不僅僅反映客觀世界，並且改造客觀世界」。⑧堅持實踐的能動性就是堅持實踐觀上的辯證法。

正是社會實踐所具有的物質性、社會性和能動性，使它成為思維和存在、主體和客體統一的基礎，並得以完成西方哲學史的革命變革，而且還使它有可能克服過往哲學發展過程中的各種錯誤觀點。

例如，舊唯物主義，把意識與存在的同一性只是理解為意識對存在的消極被動的反映，始終未能形成能動的反映論。就是因為它對於反映的主體，只是理解為自然的人，而不是人類社會實踐的人。馬克思主義哲學則不同；這種不同不僅表現在認識主體方面，也表現在認識對象方面。

從認識主體方面來說，感官對外物的反映不能只是從感官的生理構造上去理解。實際上，即使感覺經驗，也並非只是消極被動的直觀，而是人將外物作為實踐活動改造的對象，有目的、有選擇、有意識地進行反映的。主體對外物的本質的認識，更是能動的反映。人們為了認識事物的本質即規律性，不能僅靠直觀，而是需要透過人們的實踐活動去干預事物的變化過程，用人工的辦法創造一定的條件，使

過程的規律性暴露出來，人們才能獲得這種認識。大量的自然規律，都是在科學實驗的條件下被認識的，社會規律更是直接地要透過人的實踐表現出來。離開主體的能動性，人們實際上是不可能真正掌握客觀規律的。

從認識的對象方面來說，舊唯物主義一般只是把自然界的事物作為認識的對象，不了解在人類社會實踐發展過程中認識對象的變化。如果古代人認識對象的著眼點在於現存的自然事物對人的有用性，那麼近代以來人們認識對象的著眼點，則已經主要地成了經過人的實踐改造過的事物對人的有用性。因而作為認識對象的事物，越來越多地是經過實踐改造過的事物，進而還以實踐活動本身作為認識的對象。這樣，作為意識對象的存在，就已經不是和意識處於僵硬對立狀態的單純直觀的存在，而是和意識處於交互作用中的活生生的存在了。

馬克思主義哲學的能動的反映論既表現在主體方面，也表現在對象方面，主體方面和對象方面也就是意識和存在統一的兩個方面。這兩個方面的統一正是建立在馬克思主義哲學關於實踐觀點上的，可見，實踐觀點是能動的反映論和舊唯物主義的直觀的反映論的一個根本的區別。從這裡出發，在解決思維發展存在的關係時，以實踐為基礎，一方面論證了存在第一性意識第二性，因而和唯心主義哲學劃清了界限；另一方面還論證了意識和存在具有同一性，因而和不可知論劃清了界限。同時，還以實踐為基礎，一方面論證了意識與存在的統一是一個過程，因而和獨斷論哲學劃清了界限；另一方面又論證了意識與存在的相互作用，因而和舊唯物主義劃清了界限。以實踐為基礎實現思維和存在的統一，不但使馬克思主義回答了過去西方哲學史上各個學派未能科學解決的問題，而且也是在這個基礎上建立了它自己

嶄新的科學體系。

馬克思主義哲學認為,它是關於自然、人類社會和思維的共同本質及其運動和發展的普遍規律的科學。這裡包含有兩種不同層次的共同本質和普遍規律:一種是共同存在於自然界、人類社會和思維三個領域的共同本質和普遍規律,另一種是自然界、人類社會和思維三個不同領域中單獨存在的共同本質和普遍規律。這兩種不同層次的共同本質和普遍規律都是馬克思主義哲學的研究對象。因此,在整個馬克思主義哲學體系中,包含有兩個層次的基本原理。第一個層次是辯證唯物主義的一般原理,它是上述三個領域共同本質和規律的反映,因而對自然界、人類社會和思維領域是普遍適用的,主要是關於世界統一性的原理和世界發展的原理。第二個層次是辯證唯物主義的一般原理在這三個領域的不同表現,它們是各個領域的各自的共同本質和普遍規律的反映,因而只適用於自然界、人類社會和思維的不同領域。在這個層次中,包括辯證唯物主義的自然觀、歷史觀、認識論和邏輯學(即辯證邏輯)。辯證唯物主義的自然觀是關於自然界的本質及其運動和發展的普遍規律的科學;辯證唯物主義的歷史觀是關於人類社會的本質及其運動和發展規律的科學;辯證唯物主義的認識論是關於人類認識的本質及其運動和發展的普遍規律的科學;辯證唯物主義的邏輯學是關於思維的本質及其運動和發展的普遍規律的科學;這四門科學都是馬克思主義哲學不可分割的組成部分。

馬克思主義哲學這兩個層次的原理之間的關係,是一般和特殊的關係。辯證唯物主義的自然觀、歷史觀、認識論和邏輯學,雖然對各自研究的領域是普遍原理,但對於整個世界來說,又是特殊的理論;而辯證唯物主義的一般原理,則是這四門學科所包含的普遍原理的更

高概括，具有更大的普遍性。辯證唯物主義的一般原理只能包括而不能代替辯證唯物主義的自然觀、歷史觀、認識論和邏輯學。但是，這四門學科對於它們所研究的領域的具體科學來說，又是普遍原理，對於具體科學的研究，同樣具有普遍的指導意義，它們是聯絡辯證唯物主義一般原理和各門具體科學的橋樑。辯證唯物主義的一般原理和它的四門科學，構成了整個馬克思主義的完整體系，是無產階級嚴謹而完備的科學世界觀和方法論。

馬克思主義哲學的創立是西方哲學發展史上的一次偉大變革，它使哲學的對象、內容以及社會作用等方面都起了根本的變化，把人類的哲學思想推進到了一個嶄新階段。

一、馬克思主義哲學和舊哲學的區別，表現在它科學地確立了哲學研究的對象，馬克思主義以前的舊哲學，沒有科學地確定哲學的研究對象，哲學家們都把建立一個包羅萬象的絕對真理的哲學體系作為自己哲學研究的任務。在古代，這種哲學被稱為科學的科學，隨著近代資本主義和資產階級的發展，哲學雖然也獲得了新的發展，但當時哲學的研究也沒有擺脫科學的科學的框架，並且由於自然知識和社會知識不足，哲學家們在很多方面往往用幻想的聯繫來代替尚未知道的現實的聯繫，用主觀臆測來補充缺少的知識。馬克思主義哲學科學地確立了自然界、人類社會和思維的共同本質及其運動和發展的普遍規律作為自己的研究對象，從而結束了哲學作為科學的科學的舊體系，使哲學真正成為指導各門具體科學的世界觀和方法論。

二、馬克思主義哲學和舊哲學的區別還表現在內容上，它第一次把哲學變成了一門完備的科學。在馬克思主義以前的舊哲學中，辯證法和唯物主義是互相脫節的，尤其是近代，唯物主義是形而上學的唯

物主義，辯證法是唯心主義的辯證法。同時，由於形而上學限制著唯物主義，唯心主義窒息著辯證法，從而使唯物主義和辯證法不能貫徹到底。馬克思主義哲學第一次把唯物主義和辯證法有機地統一起來了，馬克思主義唯物主義是辯證的唯物主義，馬克思主義的辯證法是唯物辯證法。舊唯物主義的另一個缺陷是唯物主義的觀點沒有貫徹到社會歷史領域，他們的社會歷史觀從總體上說都是唯心主義的。馬克思發現了唯物史觀，使唯物主義的自然觀和唯物主義的歷史觀有機地統一起來了，第一次使唯物主義貫徹到一切領域。馬克思主義把實踐引入認識論，運用辯證法研究反映過程使認識論成為能動的反映論，並把辯證邏輯建立在唯物主義基礎上，使哲學成為一門完備的科學。

三、馬克思主義哲學與舊哲學的區別，還表現在社會作用上。它是無產階級認識世界和改造世界的強大思想武器。舊哲學一般都是剝削階級的世界觀，是為剝削階級服務的。馬克思主義哲學公然申明自己是無產階級的世界觀，是為無產階級的解放事業服務的，從而把哲學和無產階級的革命實踐密切結合起來，馬克思主義哲學的這個特點決定了它的群眾性。無產階級哲學是廣大人民群眾的偉大認識工具。馬克思主義哲學的階級性和實踐性決定了它的革命性和科學性的統一，由於無產階級是人類歷史上最進步、最革命的階級，它的根本利益是與歷史發展的必然趨勢相一致的，因此，無產階級利益要求正確地認識客觀世界。這就決定了馬克思主義哲學的科學性。科學性是無產階級革命利益的必然要求，一切違背科學性的理論與無產階級的利益是根本不相同的。

總之，馬克思主義哲學的產生，是人類認識發展的必然結果，是哲學發展的嶄新階段，也是哲學史上的偉大變革。正因為它是人類認

識發展的產物，它也必然會在人類認識的繼續發展中得到豐富和發展，正像毛澤東講的那樣，馬克思主義哲學並沒有窮盡真理，而是為人類認識真理開闢了無限廣闊的道路。自然界、人類社會和人們的思維都是不斷發展的，人類的實踐活動也是不斷發展的，人們對真理的認識活動，永遠也不會完結。因此，馬克思主義哲學也必然要隨著社會實踐的發展，而不斷地豐富和發展。

註　釋：

① 恩格斯：《路德維希‧費爾巴哈和德國古典哲學的終結》，《馬克思恩格斯選集》第 4 卷，人民出版社， 1972 年版，第 238 頁。

② 同上，第 241 ～ 242 頁。

③ 列寧：《馬克思主義的三個來源和三個組成部分》，《列寧選集》第 2 卷，人民出版社， 1960 年版，第 441 頁。

④ 恩格斯：《路德維希‧費爾巴哈和德國古典哲學的終結》，《馬克思恩格斯選集》第 4 卷，人民出版社， 1972 年版，第 218 頁。

⑤ 馬克思：《關於費爾巴哈的提綱》，《馬克思恩格斯選集》第 1 卷，人民出版社， 1972 年版，第 16 頁、第 18 ～ 19 頁。

⑥ 同上。

⑦ 列寧：《哲學筆記》，人民出版社， 1956 年版，第 199 ～ 200 頁。

⑧ 同上。

後　記

　　《西方哲學的發展軌跡》，是供自然辯證法和馬克思主義哲
學專業以外的研究生選修「西方哲學史」的教材。

　　在〈前言〉中，對於本書的寫作目的和撰寫思路，都有詳細
的說明和交待。這裡，我還想指出，不僅寫作目的和編寫思路
是在不斷探索中提出並逐漸明確的，而且在撰寫時，從體系的
建構、材料的選擇到論點的確定，也都是我多年反覆探索的結
果。在這個過程中，我廣泛地參考和汲取了國內外一個時期以
來西方哲學史的研究成果，其中主要是與本書寫作思路相同的
研究成果。由於論著篇目和作者姓名太多，這裡不能一一列
舉。

　　同時，在一邊寫作，一邊講授的過程中，我們教研室的毛
羽、譚仲鸕、王新力，以及聽過課的不少研究生，也先後提供
過很好的建議；這些建議使我鼓起了按照這個思路繼續進行探
索的勇氣，而且在修改中使書稿的內容不斷充實和完善。
1988 年，在講稿的基礎上整理成書，送給中南財經大學郝俠

君教授審閱。他全面而仔細地審閱了原稿；從書的立論思路到體系的建構，從論點的概括到文字的表述，都提出了許多寶貴的意見。根據他的意見，我又按照我校研究生院提出的研究生應有的知識層次，進行了不少的修改，並作了必要的補充，最後才有呈現在讀者面前的《西方哲學的發展軌跡》。書雖然出來了，但按照本書思路進行的探索仍在繼續中。因此，十分希望對這個問題有興趣的學者和使用本書參照學習「西方哲學史」的研究生，對本書存在的缺點，甚至錯誤，提出批評和意見。

這裡，我要特別感謝姚啟和先生，是他最先提出和支持我寫作這本書的。在成書過程中，劉曉明、柳燕、胡龍英和程紅等，提供了許多不同形式的具體幫助。此外，本書的出版，還得到了研究生院吳炳榮、王宏元、蔡子安和出版社等的熱情支持和大力幫助，特向他們表示深切的敬意和衷心的謝忱。

黃見德

西方哲學的發展軌跡　　　　　　　　揚智叢刊 7

著　　　者／黃見德
出　版　者／揚智文化事業股份有限公司
登　記　證／局版臺業字第4799號
發　行　人／林智堅
副總編輯／葉忠賢
責任編輯／賴筱彌
執行編輯／鄭美珠
文字編輯／劉孟琦
地　　　址／台北市新生南路三段88號5樓之6
電　　　話／366-0309　366-0313
傳　　　眞／366-0310
印　　　刷／偉勵彩色印刷股份有限公司
法律顧問／聲威法律事務所　陳慶尚律師
初版一刷／1995年11月
I S B N ／957-9272--34-4
定　　　價／新台幣300元

南區總經銷／昱泓圖書有限公司
地　　　址／嘉義市通化四街45號
電　　　話／(05) 231-1949　231-1572
傳　　　眞／(05) 231-1002

國立中央圖書館出版品預行編目資料

西方哲學的發展軌跡／黃見德著. --初版. --
臺北市：揚智文化，1995〔民84〕
面； 公分. --（揚智叢刊；7）
ISBN 957-9272-34-4(平裝)

1.哲學－西洋

140   84008223